"法律法规简明实用版系列"丛书

# 中华人民共和国刑法

### 简明实用版

法律出版社法规中心 编

法律出版社
LAW PRESS·CHINA
北京

## 图书在版编目（CIP）数据

中华人民共和国刑法：简明实用版／法律出版社法规中心编. -- 北京：法律出版社，2025. --（法律法规简明实用版系列）. -- ISBN 978-7-5244-0304-3

Ⅰ. D924

中国国家版本馆 CIP 数据核字第 2025BS9944 号

中华人民共和国刑法（简明实用版）
ZHONGHUA RENMIN GONGHEGUO
XINGFA(JIANMING SHIYONGBAN)

法律出版社法规中心 编

责任编辑 赵雪慧
装帧设计 苏 慰

| | |
|---|---|
| 出版发行 法律出版社 | 开本 A5 |
| 编辑统筹 法规出版分社 | 印张 11.5　字数 413 千 |
| 责任校对 张红蕊 | 版本 2025 年 7 月第 1 版 |
| 责任印制 耿润瑜 | 印次 2025 年 7 月第 1 次印刷 |
| 经　　销 新华书店 | 印刷 北京中科印刷有限公司 |

地址：北京市丰台区莲花池西里 7 号（100073）
网址：www.lawpress.com.cn　　　　　销售电话：010-83938349
投稿邮箱：info@lawpress.com.cn　　客服电话：010-83938350
举报盗版邮箱：jbwq@lawpress.com.cn　咨询电话：010-63939796
版权所有·侵权必究

书号：ISBN 978-7-5244-0304-3　　　　定价：29.00 元
凡购买本社图书，如有印装错误，我社负责退换。电话：010-83938349

# 编辑出版说明

　　法治社会是构筑法治国家的基础,法治社会建设是实现国家治理体系和治理能力现代化的重要组成部分。法治社会建设以人民群众的切身利益为中心,需通过法律保障公民的权利义务,强调多元主体协同参与,形成共建共治共享的社会治理格局,推动政府、社会组织、市场主体、广大人民群众共同参与法治社会建设,使法律成为解决社会问题的基本工具。

　　为帮助广大读者便捷、高效、准确地理解和运用法律法规,我们精心策划并组织专业力量编写了"法律法规简明实用版系列"丛书。现将本丛书的编辑理念、主要特色介绍如下:

　　**一、编辑宗旨与目标**

　　**1. 立足实用:** 本丛书的核心宗旨是服务于法律实践和应用。我们摒弃繁琐的理论阐述和冗长的历史沿革,聚焦法律条文本身的核心内容及其在现实生活中的直接应用。

　　**2. 力求简明:** 针对法律文本专业性强、条文众多的特点,本丛书致力于通过精炼的提炼、清晰的编排和通俗的解读,化繁为简,使读者能够迅速把握法规的核心要义和关键条款。

　　**3. 文本准确:** 收录的法律、行政法规、部门规章及重要的司法解释均现行有效,与国家正式颁布的版本一致,确保法律文本的权威性和准确性。

　　**4. 突出便捷:** 在编排体例和内容呈现上,充分考虑读者查阅的便利性,力求让读者"找得快、看得懂、用得上"。

## 二、主要特色

**1. 精选核心法规：**每册围绕一个特定法律领域，精选收录最常用、最核心的法律法规文本。

**2. 条文精要解读：**在保持法律条文完整性的基础上，以【理解适用】的形式对重点法条进行简明扼要的解读，以【实用问答】的形式对疑难问题进行解答，旨在提示适用要点、阐明核心概念、提示常见实务问题，不做过度的学理探讨。

**3. 实用参见索引：**设置【条文参见】模块，帮助读者高效地查找相关内容和理解法条之间的关联。

**4. 典型案例指引：**特设【案例指引】模块，精选与条文密切相关的经典案例，在书中呈现要旨。

**5. 附录实用信息：**根据需要，附录包含配套核心法规或实用流程图等实用信息，提升书籍的实用价值。

**6. 版本及时更新：**密切关注立法动态，及时推出修订版或增补版，确保读者掌握最新有效的法律信息。

我们深知法律的生命在于实施。编辑出版"法律法规简明实用版系列"，正是期望能在浩繁的法律条文与具体的实践需求之间架设一座便捷、实用的桥梁。我们力求精益求精，但也深知法律解读与应用之复杂。我们诚挚欢迎广大读者在使用过程中提出宝贵的意见和建议，以便我们不断改进，更好地服务于法治实践。

法律出版社法规中心

2025 年 7 月

# 《中华人民共和国刑法》适用提要

法律是治国之重器，良法是善治之前提。《刑法》*是国家基本法律，在中国特色社会主义法律体系中居于基础性、保障性地位，对于打击犯罪、维护国家安全、社会稳定和保护人民群众生命财产安全具有重要意义。自1997年全面修订《刑法》，形成一部统一的、比较完备的刑法典以来，我国主要通过修正案的方式对刑法作出修改完善。总体来看，现行刑法适应我国经济社会发展情况，以修正案方式对刑法作出修改完善，能够及时贯彻落实党中央决策部署和适应预防、惩治犯罪的新情况、新需要，较好地维护了刑法的稳定性和适应性。2023年12月29日，第十四届全国人民代表大会常务委员会第七次会议通过了《刑法修正案(十二)》，这是我国刑法发展历程中的又一重要里程碑。此次修正主要是就行贿和民营企业内部人员腐败相关犯罪规定作进一步完善。

总则编(第1~101条)作为整部法典的纲领，确立刑事法治的根基。开篇明确罪刑法定、法律面前人人平等、罪责刑相适应三大基本原则，奠定现代刑法价值取向。在此基础上系统规定犯罪与刑罚的通用规则：犯罪论部分涵盖故意与过失的罪过形式、刑事责任年龄与能力标准、正当防卫与紧急避险等违法阻却事由，以及犯罪预备、未遂、中止等形态划分和共同犯罪认定规则，刑罚论部分详细规范管制、拘役、有期徒刑、无期徒刑、死刑五类主刑和罚金、剥夺政治权利、没收财产、驱逐出境四类附加刑，同时构建累犯、自首、立功、数罪并罚等量刑制度和缓刑、减刑、假释等刑罚执行规则。

分则编(第102~451条)采用"法益分类法"构建罪名体系，依犯罪侵害客体分为十章。第一章危害国家安全罪保护国家政权与领土完整，第二章危害公共安全罪维护不特定多数人生命财产安全，第三章破坏社会主义市场经

---

\* 为方便阅读，本书中的法律法规名称均使用简称。

济秩序罪保障市场机制健康运行,第四章侵犯公民人身权利、民主权利罪守护个体基本尊严与自由,第五章侵犯财产罪防御公私财物非法侵害,第六章妨害社会管理秩序罪维系公共治理效能,第七章危害国防利益罪巩固国家安全屏障,第八章贪污贿赂罪与第九章渎职罪共同约束公权力廉洁规范行使,第十章军人违反职责罪强化军事纪律约束。各章内部根据具体法益类型细分节次,形成"类罪—节罪—个罪"的精细化规制网络,实现对社会关系的全面保护。

  附则(第452条)作为法典的技术性收尾,明确法律生效时间及旧法废止效力,保障法律适用的平稳过渡。在规范体系之外,我国刑法体系还包含单行刑法与司法解释等补充渊源,最高人民法院和最高人民检察院通过发布指导性案例和司法解释,不断细化法律适用标准,推动刑法规范与司法实践的动态调适。这种"法典主干+修正案补充+司法解释细化"的立体结构,既保持法典的稳定性和权威性,又赋予法律体系必要的时代适应性。

# 目　　录

## 中华人民共和国刑法

**第一编　总则** ... 004
 **第一章　刑法的任务、基本原则和适用范围** ... 004
  第一条　立法目的和根据 ... 004
  第二条　任务 ... 004
  第三条　罪刑法定原则 ... 004
  第四条　法律面前人人平等原则 ... 005
  第五条　罪责刑相适应原则 ... 005
  第六条　属地管辖权 ... 005
  第七条　属人管辖权 ... 006
  第八条　保护管辖权 ... 007
  第九条　普遍管辖权 ... 007
  第十条　域外刑事判决的消极承认 ... 007
  第十一条　外交代表的刑事豁免 ... 008
  第十二条　溯及力 ... 008
 **第二章　犯罪** ... 009
  **第一节　犯罪和刑事责任** ... 009
   第十三条　犯罪概念 ... 009
   第十四条　故意犯罪 ... 009
   第十五条　过失犯罪 ... 009
   第十六条　不可抗力和意外事件 ... 010
   第十七条　刑事责任年龄 ... 010
   第十七条之一　已满七十五周岁的人犯罪的刑事责任 ... 011
   第十八条　精神病人与醉酒的人的刑事责任能力 ... 011
   第十九条　又聋又哑的人或盲人犯罪的刑事责任 ... 012

第二十条　正当防卫　　　　　　　　　　　　012
　　第二十一条　紧急避险　　　　　　　　　　　014
　第二节　犯罪的预备、未遂和中止　　　　　　　014
　　第二十二条　犯罪预备　　　　　　　　　　　014
　　第二十三条　犯罪未遂　　　　　　　　　　　014
　　第二十四条　犯罪中止　　　　　　　　　　　015
　第三节　共同犯罪　　　　　　　　　　　　　　015
　　第二十五条　共同犯罪概念　　　　　　　　　015
　　第二十六条　主犯　　　　　　　　　　　　　015
　　第二十七条　从犯　　　　　　　　　　　　　017
　　第二十八条　胁从犯　　　　　　　　　　　　017
　　第二十九条　教唆犯　　　　　　　　　　　　017
　第四节　单位犯罪　　　　　　　　　　　　　　018
　　第三十条　单位负刑事责任的范围　　　　　　018
　　第三十一条　单位犯罪的处罚原则　　　　　　018
第三章　刑罚　　　　　　　　　　　　　　　　　018
　第一节　刑罚的种类　　　　　　　　　　　　　018
　　第三十二条　刑罚的分类　　　　　　　　　　018
　　第三十三条　主刑种类　　　　　　　　　　　019
　　第三十四条　附加刑种类　　　　　　　　　　019
　　第三十五条　驱逐出境　　　　　　　　　　　019
　　第三十六条　民事赔偿责任　　　　　　　　　020
　　第三十七条　非刑罚性处置措施　　　　　　　020
　　第三十七条之一　从业禁止　　　　　　　　　020
　第二节　管制　　　　　　　　　　　　　　　　021
　　第三十八条　管制的期限与执行　　　　　　　021
　　第三十九条　被管制罪犯的义务与权利　　　　021
　　第四十条　管制的解除　　　　　　　　　　　022
　　第四十一条　管制刑期的计算和折抵　　　　　022
　第三节　拘役　　　　　　　　　　　　　　　　022
　　第四十二条　拘役的期限　　　　　　　　　　022
　　第四十三条　拘役的执行　　　　　　　　　　022
　　第四十四条　拘役刑期的计算　　　　　　　　023

## 第四节 有期徒刑、无期徒刑 ... 023
第四十五条 有期徒刑的期限 ... 023
第四十六条 有期徒刑与无期徒刑的执行 ... 023
第四十七条 有期徒刑刑期的计算 ... 023

## 第五节 死刑 ... 024
第四十八条 死刑的适用对象及核准程序 ... 024
第四十九条 死刑适用对象的限制 ... 024
第五十条 死缓变更 ... 025
第五十一条 死缓执行期间的计算 ... 026

## 第六节 罚金 ... 026
第五十二条 罚金的判处 ... 026
第五十三条 罚金的缴纳 ... 026

## 第七节 剥夺政治权利 ... 027
第五十四条 剥夺政治权利的内容 ... 027
第五十五条 剥夺政治权利的期限 ... 027
第五十六条 剥夺政治权利的适用对象 ... 027
第五十七条 对死刑、无期徒刑罪犯剥夺政治权利的适用 ... 028
第五十八条 剥夺政治权利的刑期计算与执行 ... 028

## 第八节 没收财产 ... 028
第五十九条 没收财产的范围 ... 028
第六十条 以没收的财产偿还债务 ... 029

# 第四章 刑罚的具体运用 ... 029
## 第一节 量刑 ... 029
第六十一条 量刑根据 ... 029
第六十二条 从重处罚与从轻处罚 ... 029
第六十二条 减轻处罚 ... 030
第六十四条 犯罪物品的处理 ... 030

## 第二节 累犯 ... 030
第六十五条 一般累犯 ... 030
第六十六条 特殊累犯 ... 030

## 第三节 自首和立功 ... 031
第六十七条 自首 ... 031
第六十八条 立功 ... 031

## 第四节　数罪并罚　032
### 第六十九条　判决宣告前一人犯数罪的并罚　032
### 第七十条　判决宣告后发现漏罪的并罚　032
### 第七十一条　判决宣告后又犯新罪的并罚　033

## 第五节　缓刑　033
### 第七十二条　适用条件　033
### 第七十三条　考验期限　034
### 第七十四条　不适用缓刑的对象　034
### 第七十五条　缓刑犯应遵守的规定　035
### 第七十六条　缓刑的考察　035
### 第七十七条　缓刑的撤销　035

## 第六节　减刑　036
### 第七十八条　适用条件与限度　036
### 第七十九条　减刑程序　037
### 第八十条　无期徒刑减刑的刑期计算　037

## 第七节　假释　038
### 第八十一条　适用条件　038
### 第八十二条　假释程序　039
### 第八十三条　考验期限　039
### 第八十四条　假释犯应遵守的规定　039
### 第八十五条　假释考验　040
### 第八十六条　假释的撤销　040

## 第八节　时效　040
### 第八十七条　追诉时效期限　040
### 第八十八条　追诉期限的延长　041
### 第八十九条　追诉期限的计算　042

# 第五章　其他规定　042
## 第九十条　民族自治地方刑法适用的变通　042
## 第九十一条　公共财产的范围　042
## 第九十二条　公民私人所有财产的范围　042
## 第九十三条　国家工作人员的范围　043
## 第九十四条　司法工作人员的范围　043
## 第九十五条　重伤的范围　043

| | |
|---|---|
| 第九十六条 违反国家规定之含义 | 044 |
| 第九十七条 首要分子的范围 | 044 |
| 第九十八条 告诉才处理的含义 | 044 |
| 第九十九条 以上、以下、以内之界定 | 044 |
| 第一百条 前科报告制度 | 045 |
| 第一百零一条 总则的效力 | 045 |

## 第二编 分则 045
### 第一章 危害国家安全罪 045

| | |
|---|---|
| 第一百零二条 背叛国家罪 | 045 |
| 第一百零三条 分裂国家罪 | 045 |
| 　　　　　　 煽动分裂国家罪 | 046 |
| 第一百零四条 武装叛乱、暴乱罪 | 046 |
| 第一百零五条 颠覆国家政权罪 | 046 |
| 　　　　　　 煽动颠覆国家政权罪 | 046 |
| 第一百零六条 与境外勾结的处罚规定 | 047 |
| 第一百零七条 资助危害国家安全犯罪活动罪 | 047 |
| 第一百零八条 投敌叛变罪 | 047 |
| 第一百零九条 叛逃罪 | 047 |
| 第一百一十条 间谍罪 | 048 |
| 第一百一十一条 为境外窃取、刺探、收买、非法提供国家秘密、情报罪 | 048 |
| 第一百一十二条 资敌罪 | 049 |
| 第一百一十三条 危害国家安全罪适用死刑、没收财产的规定 | 049 |

### 第二章 危害公共安全罪 049

| | |
|---|---|
| 第一百一十四条 放火罪、决水罪、爆炸罪、投放危险物质罪、以危险方法危害公共安全罪 | 049 |
| 第一百一十五条 放火罪、决水罪、爆炸罪、投放危险物质罪、以危险方法危害公共安全罪 | 049 |
| 　　　　　　　 失火罪、过失决水罪、过失爆炸罪、过失投放危险物质罪、过失以危险方法危害公共安全罪 | 050 |
| 第一百一十六条 破坏交通工具罪 | 050 |

| | | |
|---|---|---|
| 第一百一十七条 | 破坏交通设施罪 | 050 |
| 第一百一十八条 | 破坏电力设备罪、破坏易燃易爆设备罪 | 050 |
| 第一百一十九条 | 破坏交通工具罪、破坏交通设施罪、破坏电力设备罪、破坏易燃易爆设备罪 | 051 |
| | 过失损坏交通工具罪、过失损坏交通设施罪、过失损坏电力设备罪、过失损坏易燃易爆设备罪 | 051 |
| 第一百二十条 | 组织、领导、参加恐怖组织罪 | 051 |
| 第一百二十条之一 | 帮助恐怖活动罪 | 052 |
| 第一百二十条之二 | 准备实施恐怖活动罪 | 054 |
| 第一百二十条之三 | 宣扬恐怖主义、极端主义、煽动实施恐怖活动罪 | 055 |
| 第一百二十条之四 | 利用极端主义破坏法律实施罪 | 056 |
| 第一百二十条之五 | 强制穿戴宣扬恐怖主义、极端主义服饰、标志罪 | 057 |
| 第一百二十条之六 | 非法持有宣扬恐怖主义、极端主义物品罪 | 057 |
| 第一百二十一条 | 劫持航空器罪 | 058 |
| 第一百二十二条 | 劫持船只、汽车罪 | 058 |
| 第一百二十三条 | 暴力危及飞行安全罪 | 059 |
| 第一百二十四条 | 破坏广播电视设施、公用电信设施罪 | 059 |
| | 过失损坏广播电视设施、公用电信设施罪 | 059 |
| 第一百二十五条 | 非法制造、买卖、运输、邮寄、储存枪支、弹药、爆炸物罪 | 059 |
| | 非法制造、买卖、运输、储存危险物质罪 | 059 |
| 第一百二十六条 | 违规制造、销售枪支罪 | 060 |
| 第一百二十七条 | 盗窃、抢夺枪支、弹药、爆炸物、危险物质罪 | 061 |
| | 抢劫枪支、弹药、爆炸物、危险物质罪；盗窃、抢夺枪支、弹药、爆炸物、危险物质罪 | 061 |
| 第一百二十八条 | 非法持有、私藏枪支、弹药罪 | 061 |
| | 非法出租、出借枪支罪 | 061 |
| | 非法出租、出借枪支罪 | 061 |
| 第一百二十九条 | 丢失枪支不报罪 | 062 |
| 第一百三十条 | 非法携带枪支、弹药、管制刀具、危险物品危及 | |

公共安全罪 062
　第一百三十一条　重大飞行事故罪 062
　第一百三十二条　铁路运营安全事故罪 062
　第一百三十三条　交通肇事罪 063
　第一百三十三条之一　危险驾驶罪 064
　第一百三十三条之二　妨害安全驾驶罪 065
　第一百三十四条　重大责任事故罪 065
　　　　　　　　　强令、组织他人违章冒险作业罪 065
　第一百三十四条之一　危险作业罪 066
　第一百三十五条　重大劳动安全事故罪 067
　第一百三十五条之一　大型群众性活动重大安全事故罪 067
　第一百三十六条　危险物品肇事罪 067
　第一百三十七条　工程重大安全事故罪 067
　第一百三十八条　教育设施重大安全事故罪 068
　第一百三十九条　消防责任事故罪 068
　第一百三十九条之一　不报、谎报安全事故罪 068

**第三章　破坏社会主义市场经济秩序罪** 069
**第一节　生产、销售伪劣商品罪** 069
　第一百四十条　生产、销售伪劣产品罪 069
　第一百四十一条　生产、销售、提供假药罪 070
　第一百四十二条　生产、销售、提供劣药罪 071
　第一百四十二条之一　妨害药品管理罪 072
　第一百四十三条　生产、销售不符合安全标准的食品罪 073
　第一百四十四条　生产、销售有毒、有害食品罪 074
　第一百四十五条　生产、销售不符合标准的医用器材罪 075
　第一百四十六条　生产、销售不符合安全标准的产品罪 076
　第一百四十七条　生产、销售伪劣农药、兽药、化肥、种子罪 076
　第一百四十八条　生产、销售不符合卫生标准的化妆品罪 077
　第一百四十九条　对生产、销售伪劣商品行为的法条适用原则 078
　第一百五十条　单位犯本节规定之罪的处罚规定 078
**第二节　走私罪** 078
　第一百五十一条　走私武器、弹药罪；走私核材料罪；走私假币罪 078

|  |  |  |
|---|---|---|
|  | 走私文物罪；走私贵重金属罪；走私珍贵动物罪、珍贵动物制品罪 | 078 |
|  | 走私国家禁止进出口的货物、物品罪 | 079 |
| 第一百五十二条 | 走私淫秽物品罪 | 079 |
|  | 走私废物罪 | 079 |
| 第一百五十三条 | 走私普通货物、物品罪 | 080 |
| 第一百五十四条 | 走私普通货物、物品罪 | 081 |
| 第一百五十五条 | 间接走私行为以相应走私犯罪论处的规定 | 081 |
| 第一百五十六条 | 走私共犯 | 082 |
| 第一百五十七条 | 武装掩护走私、抗拒缉私的处罚规定 | 082 |
| 第三节 妨害对公司、企业的管理秩序罪 |  | 082 |
| 第一百五十八条 | 虚报注册资本罪 | 082 |
| 第一百五十九条 | 虚假出资、抽逃出资罪 | 083 |
| 第一百六十条 | 欺诈发行证券罪 | 083 |
| 第一百六十一条 | 违规披露、不披露重要信息罪 | 084 |
| 第一百六十二条 | 妨碍清算罪 | 084 |
| 第一百六十二条之一 | 隐匿、故意销毁会计凭证、会计帐簿、财务会计报告罪 | 085 |
| 第一百六十二条之二 | 虚假破产罪 | 085 |
| 第一百六十三条 | 非国家工作人员受贿罪 | 086 |
| 第一百六十四条 | 对非国家工作人员行贿罪 | 087 |
|  | 对外国公职人员、国际公共组织官员行贿罪 | 087 |
| 第一百六十五条 | 非法经营同类营业罪 | 087 |
| 第一百六十六条 | 为亲友非法牟利罪 | 088 |
| 第一百六十七条 | 签订、履行合同失职被骗罪 | 088 |
| 第一百六十八条 | 国有公司、企业、事业单位人员失职罪；国有公司、企业、事业单位人员滥用职权罪 | 089 |
| 第一百六十九条 | 徇私舞弊低价折股、出售公司、企业资产罪 | 090 |
| 第一百六十九条之一 | 背信损害上市公司利益罪 | 090 |
| 第四节 破坏金融管理秩序罪 |  | 091 |
| 第一百七十条 | 伪造货币罪 | 091 |
| 第一百七十一条 | 出售、购买、运输假币罪 | 092 |
|  | 金融工作人员购买假币、以假币换取货币罪 | 092 |

|  |  |  |
| --- | --- | --- |
|  | 伪造货币罪 | 092 |
| 第一百七十二条 | 持有、使用假币罪 | 093 |
| 第一百七十三条 | 变造货币罪 | 094 |
| 第一百七十四条 | 擅自设立金融机构罪 | 094 |
|  | 伪造、变造、转让金融机构经营许可证、批准文件罪 | 094 |
| 第一百七十五条 | 高利转贷罪 | 095 |
| 第一百七十五条之一 | 骗取贷款、票据承兑、金融票证罪 | 095 |
| 第一百七十六条 | 非法吸收公众存款罪 | 096 |
| 第一百七十七条 | 伪造、变造金融票证罪 | 097 |
| 第一百七十七条之一 | 妨害信用卡管理罪 | 098 |
|  | 窃取、收买、非法提供信用卡信息罪 | 098 |
| 第一百七十八条 | 伪造、变造国家有价证券罪 | 099 |
|  | 伪造、变造股票、公司、企业债券罪 | 099 |
| 第一百七十九条 | 擅自发行股票、公司、企业债券罪 | 100 |
| 第一百八十条 | 内幕交易、泄露内幕信息罪 | 100 |
|  | 利用未公开信息交易罪 | 100 |
| 第一百八十一条 | 编造并传播证券、期货交易虚假信息罪 | 102 |
|  | 诱骗投资者买卖证券、期货合约罪 | 102 |
| 第一百八十二条 | 操纵证券、期货市场罪 | 103 |
| 第一百八十三条 | 职务侵占罪 | 104 |
|  | 贪污罪 | 104 |
| 第一百八十四条 | 非国家工作人员受贿罪 | 104 |
| 第一百八十五条 | 挪用资金罪 | 104 |
|  | 挪用公款罪 | 104 |
| 第一百八十五条之一 | 背信运用受托财产罪 | 105 |
|  | 违法运用资金罪 | 105 |
| 第一百八十六条 | 违法发放贷款罪 | 105 |
| 第一百八十七条 | 吸收客户资金不入账罪 | 106 |
| 第一百八十八条 | 违规出具金融票证罪 | 106 |
| 第一百八十九条 | 对违法票据承兑、付款、保证罪 | 106 |
| 第一百九十条 | 逃汇罪 | 107 |
| 第一百九十一条 | 洗钱罪 | 107 |

### 第五节　金融诈骗罪　　　　　　　　　　　108

第一百九十二条　集资诈骗罪　　　　　　　108
第一百九十三条　贷款诈骗罪　　　　　　　110
第一百九十四条　票据诈骗罪　　　　　　　110
　　　　　　　　金融凭证诈骗罪　　　　　111
第一百九十五条　信用证诈骗罪　　　　　　111
第一百九十六条　信用卡诈骗罪　　　　　　112
　　　　　　　　盗窃罪　　　　　　　　　112
第一百九十七条　有价证券诈骗罪　　　　　113
第一百九十八条　保险诈骗罪　　　　　　　113
第一百九十九条　金融诈骗罪适用死刑和没收财产的规定　　114
第二百条　单位犯金融诈骗罪的处罚规定　　114

### 第六节　危害税收征管罪　　　　　　　　　114

第二百零一条　逃税罪　　　　　　　　　　114
第二百零二条　抗税罪　　　　　　　　　　115
第二百零三条　逃避追缴欠税罪　　　　　　116
第二百零四条　骗取出口退税罪　　　　　　116
　　　　　　　逃税罪、骗取出口退税罪　　116
第二百零五条　虚开增值税专用发票、用于骗取出口退税、抵扣税款发票罪　　117
第二百零五条之一　虚开发票罪　　　　　　118
第二百零六条　伪造、出售伪造的增值税专用发票罪　　118
第二百零七条　非法出售增值税专用发票罪　　119
第二百零八条　非法购买增值税专用发票、购买伪造的增值税专用发票罪　　119
第二百零九条　非法制造、出售非法制造的用于骗取出口退税、抵扣税款发票罪　　120
　　　　　　　非法制造、出售非法制造的发票罪　　120
　　　　　　　非法出售用于骗取出口退税、抵扣税款发票罪　　120
　　　　　　　非法出售发票罪　　　　　　120
第二百一十条　盗窃罪　　　　　　　　　　120
　　　　　　　诈骗罪　　　　　　　　　　121
第二百一十条之一　持有伪造的发票罪　　　121

第二百一十一条　单位犯危害税收征管罪的处罚规定　121
　　第二百一十二条　税务机关征缴优先原则　122
　第七节　侵犯知识产权罪　122
　　第二百一十三条　假冒注册商标罪　122
　　第二百一十四条　销售假冒注册商标的商品罪　123
　　第二百一十五条　非法制造、销售非法制造的注册商标标识罪　124
　　第二百一十六条　假冒专利罪　124
　　第二百一十七条　侵犯著作权罪　125
　　第二百一十八条　销售侵权复制品罪　127
　　第二百一十九条　侵犯商业秘密罪　127
　　第二百一十九条之一　为境外窃取、刺探、收买、非法提供商业秘密罪　128
　　第二百二十条　单位犯侵犯知识产权罪的处罚规定　128
　第八节　扰乱市场秩序罪　128
　　第二百二十一条　损害商业信誉、商品声誉罪　128
　　第二百二十二条　虚假广告罪　129
　　第二百二十三条　串通投标罪　129
　　第二百二十四条　合同诈骗罪　130
　　第二百二十四条之一　组织、领导传销活动罪　130
　　第二百二十五条　非法经营罪　131
　　第二百二十六条　强迫交易罪　133
　　第二百二十七条　伪造、倒卖伪造的有价票证罪　133
　　　　　　　　　　倒卖车票、船票罪　133
　　第二百二十八条　非法转让、倒卖土地使用权罪　134
　　第二百二十九条　提供虚假证明文件罪　134
　　　　　　　　　　出具证明文件重大失实罪　134
　　第二百三十条　逃避商检罪　135
　　第二百三十一条　单位犯扰乱市场秩序罪的处罚规定　135
第四章　侵犯公民人身权利、民主权利罪　135
　　第二百三十二条　故意杀人罪　135
　　第二百三十三条　过失致人死亡罪　136
　　第二百三十四条　故意伤害罪　136
　　第二百三十四条之一　组织出卖人体器官罪　137

| | |
|---|---|
| 第二百三十五条　过失致人重伤罪 | 138 |
| 第二百三十六条　强奸罪 | 138 |
| 第二百三十六条之一　负有照护职责人员性侵罪 | 139 |
| 第二百三十七条　强制猥亵、侮辱罪 | 140 |
| 　　　　　　　　猥亵儿童罪 | 140 |
| 第二百三十八条　非法拘禁罪 | 141 |
| 　　　　　　　　非法拘禁罪、故意伤害罪、故意杀人罪 | 141 |
| 第二百三十九条　绑架罪 | 141 |
| 第二百四十条　拐卖妇女、儿童罪 | 142 |
| 第二百四十一条　收买被拐卖的妇女、儿童罪 | 143 |
| 第二百四十二条　妨害公务罪 | 144 |
| 　　　　　　　　聚众阻碍解救被收买的妇女、儿童罪 | 144 |
| 第二百四十三条　诬告陷害罪 | 145 |
| 第二百四十四条　强迫劳动罪 | 145 |
| 第二百四十四条之一　雇用童工从事危重劳动罪 | 146 |
| 第二百四十五条　非法搜查罪；非法侵入住宅罪 | 146 |
| 第二百四十六条　侮辱罪；诽谤罪 | 146 |
| 第二百四十七条　刑讯逼供罪；暴力取证罪；故意伤害罪；故意杀人罪 | 148 |
| 第二百四十八条　虐待被监管人罪；故意伤害罪；故意杀人罪 | 148 |
| 第二百四十九条　煽动民族仇恨、民族歧视罪 | 149 |
| 第二百五十条　出版歧视、侮辱少数民族作品罪 | 149 |
| 第二百五十一条　非法剥夺公民宗教信仰自由罪；侵犯少数民族风俗习惯罪 | 149 |
| 第二百五十二条　侵犯通信自由罪 | 149 |
| 第二百五十三条　私自开拆、隐匿、毁弃邮件、电报罪 | 150 |
| 　　　　　　　　盗窃罪 | 150 |
| 第二百五十三条之一　侵犯公民个人信息罪 | 150 |
| 第二百五十四条　报复陷害罪 | 152 |
| 第二百五十五条　打击报复会计、统计人员罪 | 152 |
| 第二百五十六条　破坏选举罪 | 152 |
| 第二百五十七条　暴力干涉婚姻自由罪 | 152 |
| 第二百五十八条　重婚罪 | 153 |

| | |
|---|---|
| 第二百五十九条　破坏军婚罪；强奸罪 | 153 |
| 第二百六十条　虐待罪 | 153 |
| 第二百六十条之一　虐待被监护、看护人罪 | 155 |
| 第二百六十一条　遗弃罪 | 155 |
| 第二百六十二条　拐骗儿童罪 | 155 |
| 第二百六十二条之一　组织残疾人、儿童乞讨罪 | 156 |
| 第二百六十二条之二　组织未成年人进行违反治安管理活动罪 | 156 |

## 第五章　侵犯财产罪　157

| | |
|---|---|
| 第二百六十三条　抢劫罪 | 157 |
| 第二百六十四条　盗窃罪 | 158 |
| 第二百六十五条　盗窃罪 | 160 |
| 第二百六十六条　诈骗罪 | 160 |
| 第二百六十七条　抢夺罪 | 161 |
| 第二百六十八条　聚众哄抢罪 | 162 |
| 第二百六十九条　转化抢劫 | 163 |
| 第二百七十条　侵占罪 | 163 |
| 第二百七十一条　职务侵占罪 | 164 |
| 　　　　　　　　贪污罪 | 164 |
| 第二百七十二条　挪用资金罪 | 165 |
| 第二百七十三条　挪用特定款物罪 | 166 |
| 第二百七十四条　敲诈勒索罪 | 167 |
| 第二百七十五条　故意毁坏财物罪 | 167 |
| 第二百七十六条　破坏生产经营罪 | 168 |
| 第二百七十六条之一　拒不支付劳动报酬罪 | 168 |

## 第六章　妨害社会管理秩序罪　169

### 第一节　扰乱公共秩序罪　169

| | |
|---|---|
| 第二百七十七条　妨害公务罪 | 169 |
| 　　　　　　　　袭警罪 | 169 |
| 第二百七十八条　煽动暴力抗拒法律实施罪 | 170 |
| 第二百七十九条　招摇撞骗罪 | 170 |
| 第二百八十条　伪造、变造、买卖国家机关公文、证件、印章罪；盗窃、抢夺、毁灭国家机关公文、证件、印章罪 | 170 |

　　　　　　　　　伪造公司、企业、事业单位、人民团体印章罪　　170
　　　　　　　　　伪造、变造、买卖身份证件罪　　170
第二百八十条之一　使用虚假身份证件、盗用身份证件罪　　171
第二百八十条之二　冒名顶替罪　　171
第二百八十一条　非法生产、买卖警用装备罪　　172
第二百八十二条　非法获取国家秘密罪　　172
　　　　　　　　　非法持有国家绝密、机密文件、资料、物品罪　　172
第二百八十三条　非法生产、销售专用间谍器材、窃听、窃照专用器材罪　　173
第二百八十四条　非法使用窃听、窃照专用器材罪　　173
第二百八十四条之一　组织考试作弊罪　　173
　　　　　　　　　　非法出售、提供试题、答案罪　　173
　　　　　　　　　　代替考试罪　　173
第二百八十五条　非法侵入计算机信息系统罪　　174
　　　　　　　　　非法获取计算机信息系统数据、非法控制计算机信息系统罪　　174
　　　　　　　　　提供侵入、非法控制计算机信息系统程序、工具罪　　174
第二百八十六条　破坏计算机信息系统罪　　175
第二百八十六条之一　拒不履行信息网络安全管理义务罪　　177
第二百八十七条　利用计算机实施犯罪的提示性规定　　178
第二百八十七条之一　非法利用信息网络罪　　178
第二百八十七条之二　帮助信息网络犯罪活动罪　　179
第二百八十八条　扰乱无线电通讯管理秩序罪　　179
第二百八十九条　对聚众"打砸抢"行为的处理　　180
第二百九十条　聚众扰乱社会秩序罪　　180
　　　　　　　　聚众冲击国家机关罪　　181
　　　　　　　　扰乱国家机关工作秩序罪　　181
　　　　　　　　组织、资助非法聚集罪　　181
第二百九十一条　聚众扰乱公共场所秩序、交通秩序罪　　181
第二百九十一条之一　投放虚假危险物质罪；编造、故意传播虚假恐怖信息罪　　181
　　　　　　　　　　编造、故意传播虚假信息罪　　181

| | |
|---|---|
| 第二百九十一条之二　高空抛物罪 | 182 |
| 第二百九十二条　聚众斗殴罪 | 183 |
| 　　　　　　　　故意伤害罪;故意杀人罪 | 183 |
| 第二百九十三条　寻衅滋事罪 | 184 |
| 第二百九十三条之一　催收非法债务罪 | 185 |
| 第二百九十四条　组织、领导、参加黑社会性质组织罪 | 185 |
| 　　　　　　　　入境发展黑社会组织罪 | 185 |
| 　　　　　　　　包庇、纵容黑社会性质组织罪 | 185 |
| 第二百九十五条　传授犯罪方法罪 | 187 |
| 第二百九十六条　非法集会、游行、示威罪 | 188 |
| 第二百九十七条　非法携带武器、管制刀具、爆炸物参加集会、游行、示威罪 | 188 |
| 第二百九十八条　破坏集会、游行、示威罪 | 188 |
| 第二百九十九条　侮辱国旗、国徽、国歌罪 | 189 |
| 第二百九十九条之一　侵害英雄烈士名誉、荣誉罪 | 189 |
| 第三百条　组织、利用会道门、邪教组织、利用迷信破坏法律实施罪 | 190 |
| 　　　　　组织、利用会道门、邪教组织、利用迷信致人重伤、死亡罪 | 190 |
| 　　　　　强奸罪;诈骗罪 | 190 |
| 第三百零一条　聚众淫乱罪 | 191 |
| 　　　　　　　引诱未成年人聚众淫乱罪 | 191 |
| 第三百零二条　盗窃、侮辱、故意毁坏尸体、尸骨、骨灰罪 | 191 |
| 第三百零三条　赌博罪 | 191 |
| 　　　　　　　开设赌场罪 | 191 |
| 　　　　　　　组织参与国(境)外赌博罪 | 191 |
| 第三百零四条　故意延误投递邮件罪 | 193 |
| **第二节　妨害司法罪** | **193** |
| 第三百零五条　伪证罪 | 193 |
| 第三百零六条　辩护人、诉讼代理人毁灭证据、伪造证据、妨害作证罪 | 193 |
| 第三百零七条　妨害作证罪 | 194 |
| 　　　　　　　帮助毁灭、伪造证据罪 | 194 |

| | |
|---|---|
| 第三百零七条之一　虚假诉讼罪 | 194 |
| 第三百零八条　打击报复证人罪 | 195 |
| 第三百零八条之一　泄露不应公开的案件信息罪 | 195 |
| 　　　　　　　　披露、报道不应公开的案件信息罪 | 195 |
| 第三百零九条　扰乱法庭秩序罪 | 195 |
| 第三百一十条　窝藏、包庇罪 | 196 |
| 第三百一十一条　拒绝提供间谍犯罪、恐怖主义犯罪、极端主义犯罪证据罪 | 197 |
| 第三百一十二条　掩饰、隐瞒犯罪所得、犯罪所得收益罪 | 198 |
| 第三百一十三条　拒不执行判决、裁定罪 | 199 |
| 第三百一十四条　非法处置查封、扣押、冻结的财产罪 | 200 |
| 第三百一十五条　破坏监管秩序罪 | 200 |
| 第三百一十六条　脱逃罪 | 200 |
| 　　　　　　　　劫夺被押解人员罪 | 201 |
| 第三百一十七条　组织越狱罪 | 201 |
| 　　　　　　　　暴动越狱罪；聚众持械劫狱罪 | 201 |

## 第三节　妨害国(边)境管理罪　201

| | |
|---|---|
| 第三百一十八条　组织他人偷越国(边)境罪 | 201 |
| 第三百一十九条　骗取出境证件罪 | 202 |
| 第三百二十条　提供伪造、变造的出入境证件罪；出售出入境证件罪 | 202 |
| 第三百二十一条　运送他人偷越国(边)境罪 | 203 |
| 第三百二十二条　偷越国(边)境罪 | 204 |
| 第三百二十三条　破坏界碑、界桩罪；破坏永久性测量标志罪 | 204 |

## 第四节　妨害文物管理罪　204

| | |
|---|---|
| 第三百二十四条　故意损毁文物罪 | 204 |
| 　　　　　　　　故意损毁名胜古迹罪 | 204 |
| 　　　　　　　　过失损毁文物罪 | 205 |
| 第三百二十五条　非法向外国人出售、赠送珍贵文物罪 | 205 |
| 第三百二十六条　倒卖文物罪 | 206 |
| 第三百二十七条　非法出售、私赠文物藏品罪 | 206 |
| 第三百二十八条　盗掘古文化遗址、古墓葬罪 | 206 |
| 　　　　　　　　盗掘古人类化石、古脊椎动物化石罪 | 207 |

| | | |
|---|---|---|
| 第三百二十九条 | 抢夺、窃取国有档案罪 | 207 |
| | 擅自出卖、转让国有档案罪 | 207 |

### 第五节　危害公共卫生罪　207

| | | |
|---|---|---|
| 第三百三十条 | 妨害传染病防治罪 | 207 |
| 第三百三十一条 | 传染病菌种、毒种扩散罪 | 208 |
| 第三百三十二条 | 妨害国境卫生检疫罪 | 208 |
| 第三百三十三条 | 非法组织卖血罪；强迫卖血罪 | 208 |
| | 故意伤害罪 | 209 |
| 第三百三十四条 | 非法采集、供应血液、制作、供应血液制品罪 | 209 |
| | 采集、供应血液、制作、供应血液制品事故罪 | 209 |
| 第三百三十四条之一 | 非法采集人类遗传资源、走私人类遗传资源材料罪 | 210 |
| 第三百三十五条 | 医疗事故罪 | 210 |
| 第三百三十六条 | 非法行医罪 | 210 |
| | 非法进行节育手术罪 | 210 |
| 第三百三十六条之一 | 非法植入基因编辑、克隆胚胎罪 | 211 |
| 第三百三十七条 | 妨害动植物防疫、检疫罪 | 211 |

### 第六节　破坏环境资源保护罪　212

| | | |
|---|---|---|
| 第三百三十八条 | 污染环境罪 | 212 |
| 第三百三十九条 | 非法处置进口的固体废物罪 | 213 |
| | 擅自进口固体废物罪 | 213 |
| 第三百四十条 | 非法捕捞水产品罪 | 213 |
| 第三百四十一条 | 危害珍贵、濒危野生动物罪 | 213 |
| | 非法狩猎罪 | 214 |
| | 非法猎捕、收购、运输、出售陆生野生动物罪 | 214 |
| 第三百四十二条 | 非法占用农用地罪 | 214 |
| 第三百四十二条之一 | 破坏自然保护地罪 | 215 |
| 第三百四十三条 | 非法采矿罪 | 215 |
| | 破坏性采矿罪 | 215 |
| 第三百四十四条 | 危害国家重点保护植物罪 | 216 |
| 第三百四十四条之一 | 非法引进、释放、丢弃外来入侵物种罪 | 216 |
| 第三百四十五条 | 盗伐林木罪 | 216 |
| | 滥伐林木罪 | 216 |

|  |  |  |
|---|---|---|
|  | 非法收购、运输盗伐、滥伐的林木罪 | 216 |
| 第三百四十六条 | 单位犯破坏环境资源保护罪的处罚规定 | 217 |
| **第七节 走私、贩卖、运输、制造毒品罪** |  | 217 |
| 第三百四十七条 | 走私、贩卖、运输、制造毒品罪 | 217 |
| 第三百四十八条 | 非法持有毒品罪 | 219 |
| 第三百四十九条 | 包庇毒品犯罪分子罪;窝藏、转移、隐瞒毒品、毒赃罪 | 220 |
|  | 包庇毒品犯罪分子罪 | 220 |
|  | 走私、贩卖、运输、制造毒品罪 | 220 |
| 第三百五十条 | 非法生产、买卖、运输制毒物品、走私制毒物品罪 | 220 |
|  | 制造毒品罪 | 221 |
| 第三百五十一条 | 非法种植毒品原植物罪 | 221 |
| 第三百五十二条 | 非法买卖、运输、携带、持有毒品原植物种子、幼苗罪 | 222 |
| 第三百五十三条 | 引诱、教唆、欺骗他人吸毒罪 | 222 |
|  | 强迫他人吸毒罪 | 222 |
| 第三百五十四条 | 容留他人吸毒罪 | 222 |
| 第三百五十五条 | 非法提供麻醉药品、精神药品罪 | 223 |
| 第三百五十五条之一 | 妨害兴奋剂管理罪 | 223 |
| 第三百五十六条 | 毒品犯罪的再犯 | 223 |
| 第三百五十七条 | 毒品的范围及数量的计算原则 | 224 |
| **第八节 组织、强迫、引诱、容留、介绍卖淫罪** |  | 224 |
| 第三百五十八条 | 组织卖淫罪;强迫卖淫罪 | 224 |
|  | 协助组织卖淫罪 | 224 |
| 第三百五十九条 | 引诱、容留、介绍卖淫罪 | 225 |
|  | 引诱幼女卖淫罪 | 225 |
| 第三百六十条 | 传播性病罪 | 225 |
| 第三百六十一条 | 特定单位的人员组织、强迫、引诱、容留、介绍卖淫的处理规定 | 226 |
| 第三百六十二条 | 窝藏、包庇罪 | 226 |
| **第九节 制作、贩卖、传播淫秽物品罪** |  | 227 |
| 第三百六十三条 | 制作、复制、出版、贩卖、传播淫秽物品牟利罪 | 227 |

|  |  |  |
|---|---|---|
|  | 为他人提供书号出版淫秽书刊罪 | 227 |
| 第三百六十四条 | 传播淫秽物品罪 | 228 |
|  | 组织播放淫秽音像制品罪 | 228 |
| 第三百六十五条 | 组织淫秽表演罪 | 228 |
| 第三百六十六条 | 单位犯本节规定之罪的处罚 | 229 |
| 第三百六十七条 | 淫秽物品的范围 | 229 |

## 第七章　危害国防利益罪　230

|  |  |  |
|---|---|---|
| 第三百六十八条 | 阻碍军人执行职务罪 | 230 |
|  | 阻碍军事行动罪 | 230 |
| 第三百六十九条 | 破坏武器装备、军事设施、军事通信罪 | 230 |
|  | 过失损坏武器装备、军事设施、军事通信罪 | 230 |
| 第三百七十条 | 故意提供不合格武器装备、军事设施罪 | 230 |
|  | 过失提供不合格武器装备、军事设施罪 | 231 |
| 第三百七十一条 | 聚众冲击军事禁区罪 | 231 |
|  | 聚众扰乱军事管理区秩序罪 | 231 |
| 第三百七十二条 | 冒充军人招摇撞骗罪 | 231 |
| 第三百七十三条 | 煽动军人逃离部队罪；雇用逃离部队军人罪 | 232 |
| 第三百七十四条 | 接送不合格兵员罪 | 232 |
| 第三百七十五条 | 伪造、变造、买卖武装部队公文、证件、印章罪；盗窃、抢夺武装部队公文、证件、印章罪 | 232 |
|  | 非法生产、买卖武装部队制式服装罪 | 232 |
|  | 伪造、盗窃、买卖、非法提供、非法使用武装部队专用标志罪 | 232 |
| 第三百七十六条 | 战时拒绝、逃避征召、军事训练罪 | 233 |
|  | 战时拒绝、逃避服役罪 | 233 |
| 第三百七十七条 | 战时故意提供虚假敌情罪 | 233 |
| 第三百七十八条 | 战时造谣扰乱军心罪 | 233 |
| 第三百七十九条 | 战时窝藏逃离部队军人罪 | 233 |
| 第三百八十条 | 战时拒绝、故意延误军事订货罪 | 233 |
| 第三百八十一条 | 战时拒绝军事征收、征用罪 | 234 |

## 第八章　贪污贿赂罪　234

|  |  |  |
|---|---|---|
| 第三百八十二条 | 贪污罪 | 234 |
| 第三百八十三条 | 贪污罪的处罚规定 | 235 |

| | |
|---|---|
| 第三百八十四条　挪用公款罪 | 236 |
| 第三百八十五条　受贿罪 | 237 |
| 第三百八十六条　受贿罪的处罚规定 | 238 |
| 第三百八十七条　单位受贿罪 | 238 |
| 第三百八十八条　斡旋受贿罪 | 238 |
| 第三百八十八条之一　利用影响力受贿罪 | 238 |
| 第三百八十九条　行贿罪 | 239 |
| 第三百九十条　行贿罪的处罚规定 | 239 |
| 第三百九十条之一　对有影响力的人行贿罪 | 240 |
| 第三百九十一条　对单位行贿罪 | 240 |
| 第三百九十二条　介绍贿赂罪 | 241 |
| 第三百九十三条　单位行贿罪 | 241 |
| 第三百九十四条　贪污罪 | 241 |
| 第三百九十五条　巨额财产来源不明罪 | 242 |
| 　　　　　　　　隐瞒境外存款罪 | 242 |
| 第三百九十六条　私分国有资产罪 | 243 |
| 　　　　　　　　私分罚没财物罪 | 243 |

## 第九章　渎职罪　243

| | |
|---|---|
| 第三百九十七条　滥用职权罪；玩忽职守罪 | 243 |
| 第三百九十八条　故意泄露国家秘密罪；过失泄露国家秘密罪 | 245 |
| 第三百九十九条　徇私枉法罪 | 245 |
| 　　　　　　　　民事、行政枉法裁判罪 | 245 |
| 　　　　　　　　执行判决、裁定失职罪；执行判决、裁定滥用职权罪 | 245 |
| 第三百九十九条之一　枉法仲裁罪 | 246 |
| 第四百条　私放在押人员罪 | 246 |
| 　　　　　失职致使在押人员脱逃罪 | 246 |
| 第四百零一条　徇私舞弊减刑、假释、暂予监外执行罪 | 247 |
| 第四百零二条　徇私舞弊不移交刑事案件罪 | 247 |
| 第四百零三条　滥用管理公司、证券职权罪 | 247 |
| 第四百零四条　徇私舞弊不征、少征税款罪 | 247 |
| 第四百零五条　徇私舞弊发售发票、抵扣税款、出口退税罪 | 248 |
| 　　　　　　　违法提供出口退税凭证罪 | 248 |

| | |
|---|---|
| 第四百零六条　国家机关工作人员签订、履行合同失职被骗罪 | 248 |
| 第四百零七条　违法发放林木采伐许可证罪 | 248 |
| 第四百零八条　环境监管失职罪 | 248 |
| 第四百零八条之一　食品、药品监管渎职罪 | 249 |
| 第四百零九条　传染病防治失职罪 | 249 |
| 第四百一十条　非法批准征收、征用、占用土地罪；非法低价出让国有土地使用权罪 | 250 |
| 第四百一十一条　放纵走私罪 | 250 |
| 第四百一十二条　商检徇私舞弊罪 | 251 |
| 　　　　　　　　商检失职罪 | 251 |
| 第四百一十三条　动植物检疫徇私舞弊罪 | 251 |
| 　　　　　　　　动植物检疫失职罪 | 251 |
| 第四百一十四条　放纵制售伪劣商品犯罪行为罪 | 251 |
| 第四百一十五条　办理偷越国(边)境人员出入境证件罪；放行偷越国(边)境人员罪 | 252 |
| 第四百一十六条　不解救被拐卖、绑架妇女、儿童罪 | 252 |
| 　　　　　　　　阻碍解救被拐卖、绑架妇女、儿童罪 | 252 |
| 第四百一十七条　帮助犯罪分子逃避处罚罪 | 252 |
| 第四百一十八条　招收公务员、学生徇私舞弊罪 | 252 |
| 第四百一十九条　失职造成珍贵文物损毁、流失罪 | 253 |

## 第十章　军人违反职责罪　　　　　　　　　　　　　　253

| | |
|---|---|
| 第四百二十条　军人违反职责罪的概念 | 253 |
| 第四百二十一条　战时违抗命令罪 | 253 |
| 第四百二十二条　隐瞒、谎报军情罪；拒传、假传军令罪 | 253 |
| 第四百二十三条　投降罪 | 253 |
| 第四百二十四条　战时临阵脱逃罪 | 254 |
| 第四百二十五条　擅离、玩忽军事职守罪 | 254 |
| 第四百二十六条　阻碍执行军事职务罪 | 254 |
| 第四百二十七条　指使部属违反职责罪 | 254 |
| 第四百二十八条　违令作战消极罪 | 255 |
| 第四百二十九条　拒不救援友邻部队罪 | 255 |
| 第四百三十条　军人叛逃罪 | 255 |
| 第四百三十一条　非法获取军事秘密罪 | 255 |

|  |  |  |
|---|---|---|
|  | 为境外窃取、刺探、收买、非法提供军事秘密罪 | 255 |
| 第四百三十二条 | 故意泄露军事秘密罪;过失泄露军事秘密罪 | 256 |
| 第四百三十三条 | 战时造谣惑众罪 | 256 |
| 第四百三十四条 | 战时自伤罪 | 256 |
| 第四百三十五条 | 逃离部队罪 | 256 |
| 第四百三十六条 | 武器装备肇事罪 | 257 |
| 第四百三十七条 | 擅自改变武器装备编配用途罪 | 257 |
| 第四百三十八条 | 盗窃、抢夺武器装备、军用物资罪 | 257 |
|  | 盗窃、抢夺枪支、弹药、爆炸物、危险物质罪 | 257 |
| 第四百三十九条 | 非法出卖、转让武器装备罪 | 257 |
| 第四百四十条 | 遗弃武器装备罪 | 257 |
| 第四百四十一条 | 遗失武器装备罪 | 258 |
| 第四百四十二条 | 擅自出卖、转让军队房地产罪 | 258 |
| 第四百四十三条 | 虐待部属罪 | 258 |
| 第四百四十四条 | 遗弃伤病军人罪 | 258 |
| 第四百四十五条 | 战时拒不救治伤病军人罪 | 258 |
| 第四百四十六条 | 战时残害居民、掠夺居民财物罪 | 259 |
| 第四百四十七条 | 私放俘虏罪 | 259 |
| 第四百四十八条 | 虐待俘虏罪 | 259 |
| 第四百四十九条 | 战时缓刑 | 259 |
| 第四百五十条 | 本章适用的主体范围 | 259 |
| 第四百五十一条 | 战时的界定 | 260 |

**附　则**　260
第四百五十二条　施行日期及法律的废止与保留　260

**附录一　配套核心法规**　262
中华人民共和国刑法修正案(1999.12.25)　262
中华人民共和国刑法修正案(二)(2001.8.31)　264
中华人民共和国刑法修正案(三)(2001.12.29)　265
中华人民共和国刑法修正案(四)(2002.12.28)　266
中华人民共和国刑法修正案(五)(2005.2.28)　268
中华人民共和国刑法修正案(六)(2006.6.29)　270

| | |
|---|---|
| 中华人民共和国刑法修正案（七）（2009.2.28） | 274 |
| 中华人民共和国刑法修正案（八）（2011.2.25） | 277 |
| 中华人民共和国刑法修正案（九）（2015.8.29） | 285 |
| 中华人民共和国刑法修正案（十）（2017.11.4） | 295 |
| 中华人民共和国刑法修正案（十一）（2020.12.26） | 296 |
| 中华人民共和国刑法修正案（十二）（2023.12.29） | 306 |
| 全国人民代表大会常务委员会关于惩治骗购外汇、逃汇和非法买卖外汇犯罪的决定（1998.12.29） | 308 |
| 全国人民代表大会常务委员会关于《中华人民共和国刑法》第九十三条第二款的解释（2009.8.27 修正） | 310 |
| 全国人民代表大会常务委员会关于《中华人民共和国刑法》第二百二十八条、第三百四十二条、第四百一十条的解释（2009.8.27 修正） | 311 |
| 全国人民代表大会常务委员会关于《中华人民共和国刑法》第二百九十四条第一款的解释（2002.4.28） | 311 |
| 全国人民代表大会常务委员会关于《中华人民共和国刑法》第三百八十四条第一款的解释（2002.4.28） | 312 |
| 全国人民代表大会常务委员会关于《中华人民共和国刑法》第三百一十三条的解释（2002.8.29） | 313 |
| 全国人民代表大会常务委员会关于《中华人民共和国刑法》第九章渎职罪主体适用问题的解释（2002.12.28） | 314 |
| 全国人民代表大会常务委员会关于《中华人民共和国刑法》有关信用卡规定的解释（2004.12.29） | 314 |
| 全国人民代表大会常务委员会关于《中华人民共和国刑法》有关文物的规定适用于具有科学价值的古脊椎动物化石、古人类化石的解释（2005.12.29） | 315 |
| 全国人民代表大会常务委员会关于《中华人民共和国刑法》有关出口退税、抵扣税款的其他发票规定的解释（2005.12.29） | 315 |
| 全国人民代表大会常务委员会关于《中华人民共和国刑法》第三十条的解释（2014.4.24） | 316 |
| 全国人民代表大会常务委员会关于《中华人民共和国刑法》第一百五十八条、第一百五十九条的解释（2014.4.24） | 316 |
| 全国人民代表大会常务委员会关于《中华人民共和国刑法》第二百六十六条的解释（2014.4.24） | 317 |

全国人民代表大会常务委员会关于《中华人民共和国刑法》第三百四十一条、第三百一十二条的解释(2014.4.24)   317

**附录二　刑法相关司法解释、司法业务文件汇总**   319

**附录三　刑法体系图**   335

# 中华人民共和国刑法

（1979年7月1日第五届全国人民代表大会第二次会议通过 1997年3月14日第八届全国人民代表大会第五次会议修订 根据1998年12月29日第九届全国人民代表大会常务委员会第六次会议通过的《全国人民代表大会常务委员会关于惩治骗购外汇、逃汇和非法买卖外汇犯罪的决定》、1999年12月25日第九届全国人民代表大会常务委员会第十三次会议通过的《中华人民共和国刑法修正案》、2001年8月31日第九届全国人民代表大会常务委员会第二十三次会议通过的《中华人民共和国刑法修正案（二）》、2001年12月29日第九届全国人民代表大会常务委员会第二十五次会议通过的《中华人民共和国刑法修正案（三）》、2002年12月28日第九届全国人民代表大会常务委员会第三十一次会议通过的《中华人民共和国刑法修正案（四）》、2005年2月28日第十届全国人民代表大会常务委员会第十四次会议通过的《中华人民共和国刑法修正案（五）》、2006年6月29日第十届全国人民代表大会常务委员会第二十二次会议通过的《中华人民共和国刑法修正案（六）》、2009年2月28日第十一届全国人民代表大会常务委员会第七次会议通过的《中华人民共和国刑法修正案（七）》、2009年8月27日第十一届全国人民代表大会常务委员会第十次会议通过的《全国人民代表大会常务委员会关于修改部分法律的决定》、2011年2月25日第十一届全国人民代表大会常务委员会第十九次会议通过的《中华人民共和国刑法修正案（八）》、2015年8月29日第十二届全国人民代表大会常务委员会第十六次会议通过的《中华人民共和国刑法修正案（九）》、2017年11月4日第十二届全国人民代表大会常务委员会第三十次会议通过的《中华人民共和国刑法修正案（十）》、2020年12月26日第十三届全国人民代表大会常务委员会第二十四次会议通过的《中华人民共和国刑法修正案（十一）》和2023年12月29日第十四届全国人民代表

大会常务委员会第七次会议通过的《中华人民共和国刑法修正案（十二）》修正）①

# 目 录

第一编 总 则
  第一章 刑法的任务、基本原则和适用范围
  第二章 犯 罪
    第一节 犯罪和刑事责任
    第二节 犯罪的预备、未遂和中止
    第三节 共同犯罪
    第四节 单位犯罪
  第三章 刑 罚
    第一节 刑罚的种类
    第二节 管 制
    第三节 拘 役
    第四节 有期徒刑、无期徒刑
    第五节 死 刑
    第六节 罚 金
    第七节 剥夺政治权利
    第八节 没收财产
  第四章 刑罚的具体运用
    第一节 量 刑
    第二节 累 犯
    第三节 自首和立功
    第四节 数罪并罚
    第五节 缓 刑
    第六节 减 刑
    第七节 假 释
    第八节 时 效

---

① 刑法、历次刑法修正案、涉及修改刑法的决定的施行日期，分别依据各法律所规定的施行日期确定。

第五章　其他规定

第二编　分　　则

　　第一章　危害国家安全罪
　　第二章　危害公共安全罪
　　第三章　破坏社会主义市场经济秩序罪
　　　第一节　生产、销售伪劣商品罪
　　　第二节　走私罪
　　　第三节　妨害对公司、企业的管理秩序罪
　　　第四节　破坏金融管理秩序罪
　　　第五节　金融诈骗罪
　　　第六节　危害税收征管罪
　　　第七节　侵犯知识产权罪
　　　第八节　扰乱市场秩序罪
　　第四章　侵犯公民人身权利、民主权利罪
　　第五章　侵犯财产罪
　　第六章　妨害社会管理秩序罪
　　　第一节　扰乱公共秩序罪
　　　第二节　妨害司法罪
　　　第三节　妨害国(边)境管理罪
　　　第四节　妨害文物管理罪
　　　第五节　危害公共卫生罪
　　　第六节　破坏环境资源保护罪
　　　第七节　走私、贩卖、运输、制造毒品罪
　　　第八节　组织、强迫、引诱、容留、介绍卖淫罪
　　　第九节　制作、贩卖、传播淫秽物品罪
　　第七章　危害国防利益罪
　　第八章　贪污贿赂罪
　　第九章　渎职罪
　　第十章　军人违反职责罪
　　附　　则

# 第一编 总 则

## 第一章 刑法的任务、基本原则和适用范围

**第一条**

【立法目的和根据】①为了惩罚犯罪,保护人民,根据宪法,结合我国同犯罪作斗争的具体经验及实际情况,制定本法。

**第二条**

【任务】中华人民共和国刑法的任务,是用刑罚同一切犯罪行为作斗争,以保卫国家安全,保卫人民民主专政的政权和社会主义制度,保护国有财产和劳动群众集体所有的财产,保护公民私人所有的财产,保护公民的人身权利、民主权利和其他权利,维护社会秩序、经济秩序,保障社会主义建设事业的顺利进行。

**第三条**

【罪刑法定原则】法律明文规定为犯罪行为的,依照法律定罪处刑;法律没有明文规定为犯罪行为的,不得定罪处刑。

**理解适用**

[罪刑法定原则]

"法无明文规定不为罪,法无明文规定不处罚",即犯罪法定化与刑罚法定化。罪刑法定原则的基本内容包括:一是法律主义,法官只能根据成文法律定罪量刑;二是禁止溯及既往,不能适用事后法;三是禁止类推解释,不得对法律未规定但与之相类似的行为定罪量刑;四是禁止绝对不定期刑,不得

---

① 条文主旨为编者所加,其中总则部分的条旨是为方便读者查找相应法条而概括;分则部分的条旨是根据司法解释的确定罪名所加。

判处犯罪人绝对不确定的刑期。

### 第四条

【法律面前人人平等原则】对任何人犯罪,在适用法律上一律平等。不允许任何人有超越法律的特权。

#### 理解适用

[法律面前人人平等原则]

一是要做到刑事司法公正,即定罪公正、量刑公正、行刑公正。人民法院、人民检察院、公安机关对犯罪的任何人,不分民族、种族、职业、出身、性别、宗教信仰、教育程度、财产情况、职位高低和功劳大小,都应予以刑事追究,公正、平等地适用法律。二是不允许任何人有超越法律的特权。

### 第五条

【罪责刑相适应原则】刑罚的轻重,应当与犯罪分子所犯罪行和承担的刑事责任相适应。

#### 理解适用

[罪责刑相适应原则]

指刑罚的轻重不仅要与犯罪行为的社会危害程度相适应,而且还要与行为人的刑事责任相适应,即结合行为人的主观恶性和人身危险性的大小,把握行为人的罪行和其自身各个方面的因素,确定其刑事责任,对其适用轻重相当的刑罚。

### 第六条

【属地管辖权】凡在中华人民共和国领域内犯罪的,除法律有特别规定的以外,都适用本法。

凡在中华人民共和国船舶或者航空器内犯罪的,也适用本法。

犯罪的行为或者结果有一项发生在中华人民共和国领域内的,就认为是在中华人民共和国领域内犯罪。

**理解适用**

[属地原则]

指以本国领域为本国刑法的适用范围,不论犯罪人是本国人还是外国人,凡是在本国领域内犯罪的人,一律适用本国刑法的管辖原则。属地原则的基础是国家主权原则。根据我国《刑法》关于犯罪地的确定标准,犯罪行为与结果均发生在我国领域内的,适用我国《刑法》;仅行为发生在我国领域内或仅结果发生在我国领域内的,也适用我国《刑法》。不仅如此,只有一部分行为或者只有一部分结果发生在我国领域内的,也适用我国《刑法》。

**实用问答**

针对或者主要利用计算机网络实施的犯罪,犯罪地怎样确定?

答:根据《最高人民法院关于适用〈中华人民共和国刑事诉讼法〉的解释》第2条的规定,犯罪地包括犯罪行为地和犯罪结果地。针对或者主要利用计算机网络实施的犯罪,犯罪地包括用于实施犯罪行为的网络服务使用的服务器所在地,网络服务提供者所在地,被侵害的信息网络系统及其管理者所在地,犯罪过程中被告人、被害人使用的信息网络系统所在地,以及被害人被侵害时所在地和被害人财产遭受损失地等。

**第七条**

【属人管辖权】中华人民共和国公民在中华人民共和国领域外犯本法规定之罪的,适用本法,但是按本法规定的最高刑为三年以下有期徒刑的,可以不予追究。

中华人民共和国国家工作人员和军人在中华人民共和国领域外犯本法规定之罪的,适用本法。

**理解适用**

[属人原则]

指以自然人的国籍为标准来进行刑法适用的原则。我国《刑法》的属人管辖是指中华人民共和国公民的犯罪应适用我国《刑法》。中华人民共和国公民,是指具有中国国籍的人,包括定居在外国而没有取得外国国籍的华侨和临时出国的人员以及已经取得我国国籍的外国血统的人。

## 第八条

【保护管辖权】外国人在中华人民共和国领域外对中华人民共和国国家或者公民犯罪，而按本法规定的最低刑为三年以上有期徒刑的，可以适用本法，但是按照犯罪地的法律不受处罚的除外。

### 实用问答

**外国人在我国领域外对我国国家或者公民犯罪，根据《刑法》应当受处罚的，怎样确定有管辖权的法院？**

答：根据《最高人民法院关于适用〈中华人民共和国刑事诉讼法〉的解释》第11条的规定，"外国人在中华人民共和国领域外对中华人民共和国国家或者公民犯罪，根据《中华人民共和国刑法》应当受处罚的，由该外国人登陆地、入境地或者入境后居住地的人民法院管辖，也可以由被害人离境前居住地或者现居住地的人民法院管辖"。

## 第九条

【普遍管辖权】对于中华人民共和国缔结或者参加的国际条约所规定的罪行，中华人民共和国在所承担条约义务的范围内行使刑事管辖权的，适用本法。

### 实用问答

**对我国缔结或者参加的国际条约所规定的罪行，我国在所承担条约义务的范围内行使刑事管辖权的，如何确定有管辖权的法院？**

答：根据《最高人民法院关于适用〈中华人民共和国刑事诉讼法〉的解释》第12条的规定，"对中华人民共和国缔结或者参加的国际条约所规定的罪行，中华人民共和国在所承担条约义务的范围内行使刑事管辖权的，由被告人被抓获地、登陆地或者入境地的人民法院管辖"。

## 第十条

【域外刑事判决的消极承认】凡在中华人民共和国领域外犯罪，依照本法应当负刑事责任的，虽然经过外国审判，仍然可以依照本法追究，但是在外国已经受过刑罚处罚的，可以免除或者减轻处罚。

## 第十一条

【外交代表的刑事豁免】享有外交特权和豁免权的外国人的刑事责任,通过外交途径解决。

### 理解适用

[享有外交特权和豁免权的外国人]

享有外交特权和豁免权的外国人主要包括:外交代表、使馆行政技术人员以及与他们共同生活的配偶、未成年子女;来访的外国国家元首、政府首脑、外交部长及其他同等身份的官员等。至于参加联合国及其专门机构召开的国际会议的外国代表,临时来中国的联合国及其专门机构的官员和专家,联合国及其专门机构的代表机构和工作人员,按中国加入的有关国际公约和签订的有关协议,事实上也享有外交特权和豁免权。

### 条文参见

《外交特权与豁免条例》第14条

## 第十二条

【溯及力】中华人民共和国成立以后本法施行以前的行为,如果当时的法律不认为是犯罪的,适用当时的法律;如果当时的法律认为是犯罪的,依照本法总则第四章第八节的规定应当追诉的,按当时的法律追究刑事责任,但是如果本法不认为是犯罪或者处刑较轻的,适用本法。

本法施行以前,依照当时的法律已经作出的生效判决,继续有效。

### 理解适用

[从旧兼从轻原则]

我国《刑法》溯及力采从旧兼从轻原则,即原则上并不具有溯及既往的效力,但新法不认为是犯罪或者处刑较轻的,则应适用新法。根据从旧兼从轻原则,应当按以下情况分别处理:(1)当时的法律不认为是犯罪,而新法认为是犯罪的,适用当时的法律。(2)当时的法律认为是犯罪,而新法不认为是犯罪的,只要这种行为在本法施行以前尚未处理或者处理尚未确定的案件,就应适用新法。(3)当时法律认为是犯罪,新法亦规定为犯罪,如果新法处刑较轻,适用新法;如果旧法处刑较轻,适用旧法。

## 第二章　犯　　罪

### 第一节　犯罪和刑事责任

**第十三条**

　　【犯罪概念】一切危害国家主权、领土完整和安全,分裂国家、颠覆人民民主专政的政权和推翻社会主义制度,破坏社会秩序和经济秩序,侵犯国有财产或者劳动群众集体所有的财产,侵犯公民私人所有的财产,侵犯公民的人身权利、民主权利和其他权利,以及其他危害社会的行为,依照法律应当受刑罚处罚的,都是犯罪,但是情节显著轻微危害不大的,不认为是犯罪。

**第十四条**

　　【故意犯罪】明知自己的行为会发生危害社会的结果,并且希望或者放任这种结果发生,因而构成犯罪的,是故意犯罪。
　　故意犯罪,应当负刑事责任。

**第十五条**

　　【过失犯罪】应当预见自己的行为可能发生危害社会的结果,因为疏忽大意而没有预见,或者已经预见而轻信能够避免,以致发生这种结果的,是过失犯罪。
　　过失犯罪,法律有规定的才负刑事责任。

**理解适用**

[应当预见]

　　指行为人对其行为结果具有认识的义务和能力。"应当预见"要求根据行为人的具体情况,行为人对自己的行为可能发生危害社会的结果能够作出正确的判断。行为人的具体情况,主要是指行为人的年龄、责任能力、文化程度、知识的广度和深度、职业专长、工作经验、社会经验等。

### 第十六条

【不可抗力和意外事件】行为在客观上虽然造成了损害结果,但是不是出于故意或者过失,而是由于不能抗拒或者不能预见的原因所引起的,不是犯罪。

**理解适用**

[意外事件]

指不以行为人主观意志为转移,因行为人无法预料的原因而发生的意外事故。具体包含两种情况:(1)由于不可抗拒的原因而发生了损害结果,如自然灾害、突发事件及其他行为人无法阻挡的原因造成了损害结果;(2)由于不能预见的原因造成了损害结果,即根据损害结果发生当时的主客观情况,行为人没有预见,也不可能预见会发生损害结果。

[不能抗拒]

指不以行为人的意志为转移,行为人无法阻挡或控制损害结果的发生。

[不能预见]

指根据行为人的主观情况和发生损害结果当时的客观情况,行为人不具有能够预见的条件和能力,损害结果的发生完全出乎行为人的意料。

### 第十七条[1]

【刑事责任年龄】已满十六周岁的人犯罪,应当负刑事责任。

已满十四周岁不满十六周岁的人,犯故意杀人、故意伤害致人重伤或者死亡、强奸、抢劫、贩卖毒品、放火、爆炸、投放危险物质罪的,应当负刑事责任。

已满十二周岁不满十四周岁的人,犯故意杀人、故意伤害罪,致人死亡或者以特别残忍手段致人重伤造成严重残疾,情节恶劣,经最高人民检察院核准追诉的,应当负刑事责任。

---

[1] 本条根据 2020 年 12 月 26 日《刑法修正案(十一)》修改。

对依照前三款规定追究刑事责任的不满十八周岁的人,应当从轻或者减轻处罚。

因不满十六周岁不予刑事处罚的,责令其父母或者其他监护人加以管教;在必要的时候,依法进行专门矫治教育。

### 第十七条之一①

【已满七十五周岁的人犯罪的刑事责任】已满七十五周岁的人故意犯罪的,可以从轻或者减轻处罚;过失犯罪的,应当从轻或者减轻处罚。

### 第十八条

【精神病人与醉酒的人的刑事责任能力】精神病人在不能辨认或者不能控制自己行为的时候造成危害结果,经法定程序鉴定确认的,不负刑事责任,但是应当责令他的家属或者监护人严加看管和医疗;在必要的时候,由政府强制医疗。

间歇性的精神病人在精神正常的时候犯罪,应当负刑事责任。

尚未完全丧失辨认或者控制自己行为能力的精神病人犯罪,应当负刑事责任,但是可以从轻或者减轻处罚。

醉酒的人犯罪,应当负刑事责任。

#### 理解适用

[醉酒]

醉酒分为生理性醉酒与病理性醉酒两种情况。生理性醉酒即普通醉酒,它不是精神病的一种。一般认为,在生理醉酒情况下,行为人还具有责任能力,故对其实施的犯罪行为应当负刑事责任;即使其责任能力有所减弱,但由于醉酒由行为人自己造成,也不得从轻或者减轻处罚。病理性醉酒则属于精神病的一种,病理性醉酒人的行为紊乱、记忆缺失、出现意识障碍,并伴有幻觉、错觉、妄想等精神病症状。一般认为,病理性醉酒人属于精神病人,完全

---

① 本条根据 2011 年 2 月 25 日《刑法修正案(八)》增加。

丧失责任能力,在没有意识到病理性醉酒的情况下不承担刑事责任。如果具有责任能力的行为人,已知自己有病理性醉酒的历史,而故意或者过失使自己一时陷入丧失或者尚未完全丧失责任能力的状态,并在该状态下实施了符合客观构成要件的违法行为,应当承担刑事责任。

### 案例指引

**徐加富强制医疗案**(最高人民法院指导案例63号)

**裁判要旨**:审理强制医疗案件,对被申请人或者被告人是否"有继续危害社会可能",应当综合被申请人或者被告人所患精神病的种类、症状、案件审理时其病情是否已经好转,以及其家属或者监护人有无严加看管和自行送医治疗的意愿和能力等情况予以判定。必要时,可以委托相关机构或者专家进行评估。

### 第十九条

【又聋又哑的人或盲人犯罪的刑事责任】又聋又哑的人或者盲人犯罪,可以从轻、减轻或者免除处罚。

### 第二十条

【正当防卫】为了使国家、公共利益、本人或者他人的人身、财产和其他权利免受正在进行的不法侵害,而采取的制止不法侵害的行为,对不法侵害人造成损害的,属于正当防卫,不负刑事责任。

正当防卫明显超过必要限度造成重大损害的,应当负刑事责任,但是应当减轻或者免除处罚。

对正在进行行凶、杀人、抢劫、强奸、绑架以及其他严重危及人身安全的暴力犯罪,采取防卫行为,造成不法侵害人伤亡的,不属于防卫过当,不负刑事责任。

### 条文参见

《最高人民法院、最高人民检察院、公安部关于依法适用正当防卫制度的指导意见》

> **案例指引**

**1. 于欢故意伤害案**（最高人民法院指导案例93号）

**裁判要旨：**（1）对正在进行的非法限制他人人身自由的行为，应当认定为《刑法》第20条第1款规定的"不法侵害"，可以进行正当防卫。

（2）对非法限制他人人身自由并伴有侮辱、轻微殴打的行为，不应当认定为《刑法》第20条第3款规定的"严重危及人身安全的暴力犯罪"。

（3）判断防卫是否过当，应当综合考虑不法侵害的性质、手段、强度、危害程度，以及防卫行为的性质、时机、手段、强度、所处环境和损害后果等情节。对非法限制他人人身自由并伴有侮辱、轻微殴打，且并不十分紧迫的不法侵害，进行防卫致人死亡重伤的，应当认定为《刑法》第20条第2款规定的"明显超过必要限度造成重大损害"。

（4）防卫过当案件，如系因被害人实施严重贬损他人人格尊严或者亵渎人伦的不法侵害引发的，量刑时对此应予充分考虑，以确保司法裁判既经得起法律检验，也符合社会公平正义观念。

**2. 张那木拉正当防卫案**（最高人民法院指导案例144号）

**裁判要旨：**（1）对于使用致命性凶器攻击他人要害部位，严重危及他人人身安全的行为，应当认定为《刑法》第20条第3款规定的"行凶"，可以适用特殊防卫的有关规定。

（2）对于多人共同实施不法侵害，部分不法侵害人已被制伏，但其他不法侵害人仍在继续实施侵害的，仍然可以进行防卫。

**3. 江某某正当防卫案**（最高人民法院指导案例225号）

**裁判要旨：**（1）对于因学生霸凌引发的防卫行为与相互斗殴的界分，应当坚持主客观相统一原则，通过综合考量案发起因、是否为主要过错方、是否纠集他人参与打斗等情节，结合同年龄段未成年人在类似情境下的可能反应，准确判断行为人的主观意图和行为性质。不能仅因行为人面对霸凌时不甘示弱、使用工具反击等情节，就影响对其防卫意图的认定。

（2）对于防卫是否"明显超过必要限度"，应当立足防卫时的具体情境，从同年龄段未成年人一般认知的角度，综合学生霸凌中不法侵害的性质、手段、强度、危害后果和防卫的时机、手段、强度、损害后果等情节，考虑双方力量对比，作出合理判断。

## 第二十一条

【紧急避险】为了使国家、公共利益、本人或者他人的人身、财产和其他权利免受正在发生的危险,不得已采取的紧急避险行为,造成损害的,不负刑事责任。

紧急避险超过必要限度造成不应有的损害的,应当负刑事责任,但是应当减轻或者免除处罚。

第一款中关于避免本人危险的规定,不适用于职务上、业务上负有特定责任的人。

## 第二节 犯罪的预备、未遂和中止

## 第二十二条

【犯罪预备】为了犯罪,准备工具、制造条件的,是犯罪预备。

对于预备犯,可以比照既遂犯从轻、减轻处罚或者免除处罚。

## 第二十三条

【犯罪未遂】已经着手实行犯罪,由于犯罪分子意志以外的原因而未得逞的,是犯罪未遂。

对于未遂犯,可以比照既遂犯从轻或者减轻处罚。

### 案例指引

**王新明合同诈骗案**(最高人民法院指导案例62号)

裁判要旨:在数额犯中,犯罪既遂部分与未遂部分分别对应不同法定刑幅度,应当先决定对未遂部分是否减轻处罚,确定未遂部分对应的法定刑幅度,再与既遂部分对应的法定刑幅度进行比较,选择适用处罚较重的法定刑幅度,并酌情从重处罚;二者在同一量刑幅度的,以犯罪既遂酌情从重处罚。

### 第二十四条

**【犯罪中止】**在犯罪过程中,自动放弃犯罪或者自动有效地防止犯罪结果发生的,是犯罪中止。

对于中止犯,没有造成损害的,应当免除处罚;造成损害的,应当减轻处罚。

#### 理解适用

[自动放弃犯罪]

指犯罪分子在着手实施犯罪之前,主动放弃犯罪意图和为犯罪创造条件,停止着手实施犯罪,或者在着手实施犯罪之后,犯罪结果发生之前,主动放弃继续犯罪,中止犯罪行为。

[自动有效地防止犯罪结果发生]

指犯罪人在已经着手实施犯罪之后,犯罪结果发生之前,主动放弃继续犯罪,并主动采取积极措施防止了犯罪结果的发生。

## 第三节 共同犯罪

### 第二十五条

**【共同犯罪概念】**共同犯罪是指二人以上共同故意犯罪。

二人以上共同过失犯罪,不以共同犯罪论处;应当负刑事责任的,按照他们所犯的罪分别处罚。

#### 条文参见

《最高人民法院关于审理贪污、职务侵占案件如何认定共同犯罪几个问题的解释》

### 第二十六条

**【主犯】**组织、领导犯罪集团进行犯罪活动的或者在共同犯罪中起主要作用的,是主犯。

> 三人以上为共同实施犯罪而组成的较为固定的犯罪组织,是犯罪集团。
>
> 对组织、领导犯罪集团的首要分子,按照集团所犯的全部罪行处罚。
>
> 对于第三款规定以外的主犯,应当按照其所参与的或者组织、指挥的全部犯罪处罚。

【理解适用】

[首要分子和主犯的关系]

首要分子并不都是主犯,主犯也并不都是首要分子。根据《刑法》第97条的规定,首要分子分为两类:一类是犯罪集团中的首要分子,另一类是聚众犯罪中的首要分子。犯罪集团中的首要分子都是主犯,除首要分子外,其他起主要作用的犯罪分子也是主犯。聚众犯罪中,《刑法》分则规定只处罚首要分子的,如果首要分子只有一人,则只有一人构成犯罪,无共同犯罪,也无所谓主犯与从犯之分;如果首要分子有两人以上,应根据各首要分子在聚众犯罪中所起的作用,分别认定为主犯与从犯,而非都是主犯。

【条文参见】

《最高人民法院、最高人民检察院、公安部关于当前办理集团犯罪案件中具体应用法律的若干问题的解答》

【案例指引】

**1. 张凯闵等 52 人电信网络诈骗案**(检例第 67 号)

要旨:跨境电信网络诈骗犯罪往往涉及大量的境外证据和庞杂的电子数据。对境外获取的证据应着重审查合法性,对电子数据应着重审查客观性。主要成员固定,其他人员有一定流动性的电信网络诈骗犯罪组织,可认定为犯罪集团。

**2. 吴强等敲诈勒索、抢劫、故意伤害案**(最高人民法院指导案例 187 号)

裁判要旨:恶势力犯罪集团是符合犯罪集团法定条件的恶势力犯罪组织。恶势力犯罪集团应当具备"为非作恶、欺压百姓"特征,其行为"造成较为恶劣的社会影响",因而实施违法犯罪活动必然具有一定的公然性,且手段应具有较严重的强迫性、压制性。普通犯罪集团实施犯罪活动如仅为牟取不法经济利益,缺乏造成较为恶劣社会影响的意图,在行为方式的公然性、犯罪手段的强迫压制程度等方面与恶势力犯罪集团存在区别,可按犯罪集团处理,但不应认定为恶势力犯罪集团。

### 第二十七条

【从犯】在共同犯罪中起次要或者辅助作用的,是从犯。

对于从犯,应当从轻、减轻处罚或者免除处罚。

### 第二十八条

【胁从犯】对于被胁迫参加犯罪的,应当按照他的犯罪情节减轻处罚或者免除处罚。

### 第二十九条

【教唆犯】教唆他人犯罪的,应当按照他在共同犯罪中所起的作用处罚。教唆不满十八周岁的人犯罪的,应当从重处罚。

如果被教唆的人没有犯被教唆的罪,对于教唆犯,可以从轻或者减轻处罚。

**理解适用**

[教唆犯既遂的判断标准]

教唆犯罪既遂与否,应以教唆结果是否发生为标准。教唆行为没有引起教唆的人的犯意或者被教唆的人没有实施被教唆的犯罪而是实施了其他犯罪的,对于教唆犯而言,均是未得逞,视为教唆未遂。被教唆人实施了被教唆的具体犯罪行为,但是由于教唆人意志以外的原因,使被教唆人实施的犯罪未遂,属于未遂犯的教唆犯。被教唆的人实施了被教唆的犯罪而未得逞的,对于教唆犯既要考虑犯罪未遂情节,又要考虑其在共犯中所起的作用进行量刑处罚。

## 第四节 单位犯罪

**第三十条**

【单位负刑事责任的范围】公司、企业、事业单位、机关、团体实施的危害社会的行为,法律规定为单位犯罪的,应当负刑事责任。

**条文参见**

《全国人民代表大会常务委员会关于〈中华人民共和国刑法〉第三十条的解释》

《最高人民法院关于审理单位犯罪案件具体应用法律有关问题的解释》

**第三十一条**

【单位犯罪的处罚原则】单位犯罪的,对单位判处罚金,并对其直接负责的主管人员和其他直接责任人员判处刑罚。本法分则和其他法律另有规定的,依照规定。

**条文参见**

《最高人民法院关于审理单位犯罪案件对其直接负责的主管人员和其他直接责任人员是否区分主犯、从犯问题的批复》

《最高人民法院研究室关于外国公司、企业、事业单位在我国领域内犯罪如何适用法律问题的答复》

《全国法院审理金融犯罪案件工作座谈会纪要》

# 第三章 刑　　罚

## 第一节 刑罚的种类

**第三十二条**

【刑罚的分类】刑罚分为主刑和附加刑。

> 理解适用

[主刑]

对犯罪分子适用的主要的、主导的刑罚方法。其特点是只能独立适用,不能附加适用;既不能用来补充其他主刑,也不能用来补充附加刑。

[附加刑]

也称从刑,是相对主刑而言、作为主刑的补充而附加的刑罚方法。其特点是既能独立适用,又能附加适用。当附加适用时,其附加于已适用的主刑,而且对于同一犯罪和同一犯罪人可以同时适用两个以上附加刑。

## 第三十三条

【主刑种类】主刑的种类如下:

(一)管制;

(二)拘役;

(三)有期徒刑;

(四)无期徒刑;

(五)死刑。

## 第三十四条

【附加刑种类】附加刑的种类如下:

(一)罚金;

(二)剥夺政治权利;

(三)没收财产。

附加刑也可以独立适用。

## 第三十五条

【驱逐出境】对于犯罪的外国人,可以独立适用或者附加适用驱逐出境。

### 第三十六条

【民事赔偿责任】由于犯罪行为而使被害人遭受经济损失的,对犯罪分子除依法给予刑事处罚外,并应根据情况判处赔偿经济损失。

承担民事赔偿责任的犯罪分子,同时被判处罚金,其财产不足以全部支付的,或者被判处没收财产的,应当先承担对被害人的民事赔偿责任。

**理解适用**

[关于精神损害赔偿]

刑事案件的被害人由于被告人的犯罪行为遭受精神损失而提起附带民事诉讼,或者在该刑事案件审结以后,被害人另行提起精神损害赔偿民事诉讼的,人民法院不予受理。

[关于聚众斗殴的损害赔偿]

聚众斗殴中受重伤或者死亡的人,既是故意伤害罪或者故意杀人罪的受害人,又是聚众斗殴犯罪的行为人。对于参加聚众斗殴受重伤或者死亡的人或其家属提出的民事赔偿请求,依法应予支持,并适用混合过错责任原则。

**条文参见**

《民法典》第 187 条

### 第三十七条

【非刑罚性处置措施】对于犯罪情节轻微不需要判处刑罚的,可以免予刑事处罚,但是可以根据案件的不同情况,予以训诫或者责令具结悔过、赔礼道歉、赔偿损失,或者由主管部门予以行政处罚或者行政处分。

### 第三十七条之一[①]

【从业禁止】因利用职业便利实施犯罪,或者实施违背职业要求的特

---

[①] 本条根据 2015 年 8 月 29 日《刑法修正案(九)》增加。

定义务的犯罪被判处刑罚的,人民法院可以根据犯罪情况和预防再犯罪的需要,禁止其自刑罚执行完毕之日或者假释之日起从事相关职业,期限为三年至五年。

被禁止从事相关职业的人违反人民法院依照前款规定作出的决定的,由公安机关依法给予处罚;情节严重的,依照本法第三百一十三条的规定定罪处罚。

其他法律、行政法规对其从事相关职业另有禁止或者限制性规定的,从其规定。

## 第二节 管 制

### 第三十八条[1]

【管制的期限与执行】管制的期限,为三个月以上二年以下。

判处管制,可以根据犯罪情况,同时禁止犯罪分子在执行期间从事特定活动,进入特定区域、场所,接触特定的人。

对判处管制的犯罪分子,依法实行社区矫正。

违反第二款规定的禁止令的,由公安机关依照《中华人民共和国治安管理处罚法》的规定处罚。

### 第三十九条

【被管制罪犯的义务与权利】被判处管制的犯罪分子,在执行期间,应当遵守下列规定:

(一)遵守法律、行政法规,服从监督;

(二)未经执行机关批准,不得行使言论、出版、集会、结社、游行、示威自由的权利;

(三)按照执行机关规定报告自己的活动情况;

---

[1] 本条根据2011年2月25日《刑法修正案(八)》修改。

（四）遵守执行机关关于会客的规定；
（五）离开所居住的市、县或者迁居，应当报经执行机关批准。
对于被判处管制的犯罪分子，在劳动中应当同工同酬。

### 第四十条

【管制的解除】被判处管制的犯罪分子，管制期满，执行机关应即向本人和其所在单位或者居住地的群众宣布解除管制。

### 第四十一条

【管制刑期的计算和折抵】管制的刑期，从判决执行之日起计算；判决执行以前先行羁押的，羁押一日折抵刑期二日。

## 第三节 拘 役

### 第四十二条

【拘役的期限】拘役的期限，为一个月以上六个月以下。

### 第四十三条

【拘役的执行】被判处拘役的犯罪分子，由公安机关就近执行。
在执行期间，被判处拘役的犯罪分子每月可以回家一天至两天；参加劳动的，可以酌量发给报酬。

#### 理解适用

[就近执行]
指由犯罪分子所在地的县、市或市辖区的公安机关设置的拘役所执行；没有建立拘役所的，可放在公安机关的看守所执行。

#### 第四十四条

【拘役刑期的计算】拘役的刑期,从判决执行之日起计算;判决执行以前先行羁押的,羁押一日折抵刑期一日。

### 第四节 有期徒刑、无期徒刑

#### 第四十五条

【有期徒刑的期限】有期徒刑的期限,除本法第五十条、第六十九条规定外,为六个月以上十五年以下。

#### 第四十六条

【有期徒刑与无期徒刑的执行】被判处有期徒刑、无期徒刑的犯罪分子,在监狱或者其他执行场所执行;凡有劳动能力的,都应当参加劳动,接受教育和改造。

#### 第四十七条

【有期徒刑刑期的计算】有期徒刑的刑期,从判决执行之日起计算;判决执行以前先行羁押的,羁押一日折抵刑期一日。

### 实用问答

**有期徒刑的刑期具体怎样计算?**

答:根据《最高人民法院关于适用〈中华人民共和国刑事诉讼法〉的解释》第202条第2款的规定,以年计算的刑期,自本年本月某日至次年同月同日的前一日为1年;次年同月同日不存在的,自本年本月某日至次年同月最后一日的前一日为1年。以月计算的刑期,自本月某日至下月同日的前一日为1个月;刑期起算日为本月最后一日的,至下月最后一日的前一日为1个月;下月同日不存在的,自本月某日至下月最后一日的前一日为1个月;半个月一律按15日计算。

## 第五节 死　　刑

### 第四十八条

【死刑的适用对象及核准程序】死刑只适用于罪行极其严重的犯罪分子。对于应当判处死刑的犯罪分子，如果不是必须立即执行的，可以判处死刑同时宣告缓期二年执行。

死刑除依法由最高人民法院判决的以外，都应当报请最高人民法院核准。死刑缓期执行的，可以由高级人民法院判决或者核准。

### 条文参见

《最高人民法院关于统一行使死刑案件核准权有关问题的决定》

### 案例指引

郭明先参加黑社会性质组织、故意杀人、故意伤害案（检例第18号）

要旨：死刑依法只适用于罪行极其严重的犯罪分子。对故意杀人、故意伤害、绑架、爆炸等涉黑、涉恐、涉暴刑事案件中罪行极其严重，严重危害国家安全和公共安全、严重危害公民生命权，或者严重危害社会秩序的被告人，依法应当判处死刑，人民法院未判处死刑的，人民检察院应当依法提出抗诉。

### 第四十九条[①]

【死刑适用对象的限制】犯罪的时候不满十八周岁的人和审判的时候怀孕的妇女，不适用死刑。

审判的时候已满七十五周岁的人，不适用死刑，但以特别残忍手段致人死亡的除外。

### 理解适用

我国《刑法》中规定的死刑包括死刑立即执行和死刑缓期执行，因此，犯罪时未满18周岁的人和审判的时候怀孕的妇女，也不能被判处死刑缓期执

---

① 本条根据2011年2月25日《刑法修正案（八）》修改。

行。另外,怀孕妇女因涉嫌犯罪在羁押期间自然流产后,又因同一事实被起诉、交付审判的,应当视为"审判的时候怀孕的妇女",依法不适用死刑。

### 第五十条①

**【死缓变更】**判处死刑缓期执行的,在死刑缓期执行期间,如果没有故意犯罪,二年期满以后,减为无期徒刑;如果确有重大立功表现,二年期满以后,减为二十五年有期徒刑;如果故意犯罪,情节恶劣的,报请最高人民法院核准后执行死刑;对于故意犯罪未执行死刑的,死刑缓期执行的期间重新计算,并报最高人民法院备案。

对被判处死刑缓期执行的累犯以及因故意杀人、强奸、抢劫、绑架、放火、爆炸、投放危险物质或者有组织的暴力性犯罪被判处死刑缓期执行的犯罪分子,人民法院根据犯罪情节等情况可以同时决定对其限制减刑。

#### 理解适用

[限制减刑]

指对犯罪分子虽然可以适用减刑,但其实际执行刑期比其他被判处死刑缓期执行的罪犯减刑后的实际执行刑期更长。

#### 案例指引

**1. 王志才故意杀人案**(最高人民法院指导案例4号)

**裁判要旨:**因恋爱、婚姻矛盾激化引发的故意杀人案件,被告人犯罪手段残忍,论罪应当判处死刑,但被告人具有坦白悔罪、积极赔偿等从轻处罚情节,同时被害人亲属要求严惩的,人民法院根据案件性质、犯罪情节、危害后果和被告人的主观恶性及人身危险性,可以依法判处被告人死刑,缓期2年执行,同时决定限制减刑,以有效化解社会矛盾,促进社会和谐。

**2. 李飞故意杀人案**(最高人民法院指导案例12号)

**裁判要旨:**对于因民间矛盾引发的故意杀人案件,被告人犯罪手段残忍,且系累犯,论罪应当判处死刑,但被告人亲属主动协助公安机关将其抓捕归案,并积极赔偿的,人民法院根据案件具体情节,从尽量化解社会矛盾角度考

---

① 本条根据2011年2月25日《刑法修正案(八)》第一次修改,根据2015年8月29日《刑法修正案(九)》第二次修改。

虑，可以依法判处被告人死刑，缓期2年执行，同时决定限制减刑。

### 第五十一条

**【死缓执行期间的计算】**死刑缓期执行的期间，从判决确定之日起计算。死刑缓期执行减为有期徒刑的刑期，从死刑缓期执行期满之日起计算。

#### 理解适用

［判决确定之日］

本条所说的"判决确定之日"，即判决生效之日，而不是指判决执行之日。因此，罪犯在判决生效后尚未送监执行的期限应当计入2年考验期内；但是对罪犯在判决生效前先行羁押的日期不能折抵在2年考验期内。

## 第六节　罚　　金

### 第五十二条

**【罚金的判处】**判处罚金，应当根据犯罪情节决定罚金数额。

#### 条文参见

《最高人民法院关于适用财产刑若干问题的规定》

### 第五十三条[①]

**【罚金的缴纳】**罚金在判决指定的期限内一次或者分期缴纳。期满不缴纳的，强制缴纳。对于不能全部缴纳罚金的，人民法院在任何时候发现被执行人有可以执行的财产，应当随时追缴。

由于遭遇不能抗拒的灾祸等原因缴纳确实有困难的，经人民法院裁定，可以延期缴纳、酌情减少或者免除。

---

[①] 本条根据2015年8月29日《刑法修正案（九）》修改。

**理解适用**

[不能抗拒的灾祸等原因]

本条中的"不能抗拒的灾祸等原因"包括遭遇火灾、水灾等自然灾害或者罪犯及其家属重病、伤残等,以及其他一些导致缴纳罚金确实有困难的情形。需要说明的是,不能抗拒的灾祸等原因是延期缴纳或者减免罚金的必要条件,而不是无分条件,并非凡是有上述情况都可以延期缴纳或者减免罚金。

## 第七节 剥夺政治权利

**第五十四条**

【剥夺政治权利的内容】剥夺政治权利是剥夺下列权利:
(一)选举权和被选举权;
(二)言论、出版、集会、结社、游行、示威自由的权利;
(三)担任国家机关职务的权利;
(四)担任国有公司、企业、事业单位和人民团体领导职务的权利。

**第五十五条**

【剥夺政治权利的期限】剥夺政治权利的期限,除本法第五十七条规定外,为一年以上五年以下。

判处管制附加剥夺政治权利的,剥夺政治权利的期限与管制的期限相等,同时执行。

**第五十六条**

【剥夺政治权利的适用对象】对于危害国家安全的犯罪分子应当附加剥夺政治权利;对于故意杀人、强奸、放火、爆炸、投毒、抢劫等严重破坏社会秩序的犯罪分子,可以附加剥夺政治权利。

独立适用剥夺政治权利的,依照本法分则的规定。

### 第五十七条

【对死刑、无期徒刑罪犯剥夺政治权利的适用】对于被判处死刑、无期徒刑的犯罪分子,应当剥夺政治权利终身。

在死刑缓期执行减为有期徒刑或者无期徒刑减为有期徒刑的时候,应当把附加剥夺政治权利的期限改为三年以上十年以下。

### 第五十八条

【剥夺政治权利的刑期计算与执行】附加剥夺政治权利的刑期,从徒刑、拘役执行完毕之日或者从假释之日起计算;剥夺政治权利的效力当然施用于主刑执行期间。

被剥夺政治权利的犯罪分子,在执行期间,应当遵守法律、行政法规和国务院公安部门有关监督管理的规定,服从监督;不得行使本法第五十四条规定的各项权利。

**条文参见**

《最高人民法院关于在执行附加刑剥夺政治权利期间犯新罪应如何处理的批复》

## 第八节 没收财产

### 第五十九条

【没收财产的范围】没收财产是没收犯罪分子个人所有财产的一部或者全部。没收全部财产的,应当对犯罪分子个人及其扶养的家属保留必需的生活费用。

在判处没收财产的时候,不得没收属于犯罪分子家属所有或者应有的财产。

> **理解适用**

**[犯罪分子个人所有的财产范围]**

犯罪分子个人所有的财产包括以下几个方面:(1)犯罪分子的合法收入、储蓄、房屋和其他生活资料;(2)依法归犯罪分子所有的生产资料;(3)犯罪分子所有的股份、股票、债券和其他财产。

## 第六十条

**【以没收的财产偿还债务】**没收财产以前犯罪分子所负的正当债务,需要以没收的财产偿还的,经债权人请求,应当偿还。

> **条文参见**

《最高人民法院关于适用财产刑若干问题的规定》

# 第四章　刑罚的具体运用

## 第一节　量　刑

## 第六十一条

**【量刑根据】**对于犯罪分子决定刑罚的时候,应当根据犯罪的事实、犯罪的性质、情节和对于社会的危害程度,依照本法的有关规定判处。

## 第六十二条

**【从重处罚与从轻处罚】**犯罪分子具有本法规定的从重处罚、从轻处罚情节的,应当在法定刑的限度以内判处刑罚。

### 第六十三条[①]

【减轻处罚】犯罪分子具有本法规定的减轻处罚情节的,应当在法定刑以下判处刑罚;本法规定有数个量刑幅度的,应当在法定量刑幅度的下一个量刑幅度内判处刑罚。

犯罪分子虽然不具有本法规定的减轻处罚情节,但是根据案件的特殊情况,经最高人民法院核准,也可以在法定刑以下判处刑罚。

### 第六十四条

【犯罪物品的处理】犯罪分子违法所得的一切财物,应当予以追缴或者责令退赔;对被害人的合法财产,应当及时返还;违禁品和供犯罪所用的本人财物,应当予以没收。没收的财物和罚金,一律上缴国库,不得挪用和自行处理。

## 第二节 累 犯

### 第六十五条[②]

【一般累犯】被判处有期徒刑以上刑罚的犯罪分子,刑罚执行完毕或者赦免以后,在五年以内再犯应当判处有期徒刑以上刑罚之罪的,是累犯,应当从重处罚,但是过失犯罪和不满十八周岁的人犯罪的除外。

前款规定的期限,对于被假释的犯罪分子,从假释期满之日起计算。

### 第六十六条[③]

【特殊累犯】危害国家安全犯罪、恐怖活动犯罪、黑社会性质的组织犯罪的犯罪分子,在刑罚执行完毕或者赦免以后,在任何时候再犯上述任一类罪的,都以累犯论处。

---

① 本条第一款根据 2011 年 2 月 25 日《刑法修正案(八)》修改。
② 本条第一款根据 2011 年 2 月 25 日《刑法修正案(八)》修改。
③ 本条根据 2011 年 2 月 25 日《刑法修正案(八)》修改。

## 第三节　自首和立功

**第六十七条**[①]

【自首】犯罪以后自动投案,如实供述自己的罪行的,是自首。对于自首的犯罪分子,可以从轻或者减轻处罚。其中,犯罪较轻的,可以免除处罚。

被采取强制措施的犯罪嫌疑人、被告人和正在服刑的罪犯,如实供述司法机关还未掌握的本人其他罪行的,以自首论。

犯罪嫌疑人虽不具有前两款规定的自首情节,但是如实供述自己罪行的,可以从轻处罚;因其如实供述自己罪行,避免特别严重后果发生的,可以减轻处罚。

条文参见

《最高人民法院关于处理自首和立功具体应用法律若干问题的解释》第1~4条

**第六十八条**[②]

【立功】犯罪分子有揭发他人犯罪行为,查证属实的,或者提供重要线索,从而得以侦破其他案件等立功表现的,可以从轻或者减轻处罚;有重大立功表现的,可以减轻或者免除处罚。

犯罪后自首又有重大立功表现的,应当减轻或者免除处罚。

条文参见

《最高人民法院关于处理自首和立功若干具体问题的意见》

《最高人民法院关于处理自首和立功具体应用法律若干问题的解释》第5~7条

---

[①] 本条第三款根据2011年2月25日《刑法修正案(八)》增加。
[②] 本条第二款根据2011年2月25日《刑法修正案(八)》删去。

### 案例指引

**金某等组织卖淫案**(最高人民法院指导案例248号)

**裁判要旨**:(1)在取保候审期间,行为人为获得立功情节约购毒品并予以揭发的,属于通过非法手段获取立功线索,不应认定为有立功表现。

(2)对于被告人提出上诉的案件,原判认定立功等法定从宽处罚情节有误的,二审应当在裁判文书中写明一审判决存在的错误,但根据上诉不加刑原则,不得加重被告人的刑罚。

## 第四节　数罪并罚

### 第六十九条①

【**判决宣告前一人犯数罪的并罚**】判决宣告以前一人犯数罪的,除判处死刑和无期徒刑的以外,应当在总和刑期以下、数刑中最高刑期以上,酌情决定执行的刑期,但是管制最高不能超过三年,拘役最高不能超过一年,有期徒刑总和刑期不满三十五年的,最高不能超过二十年,总和刑期在三十五年以上的,最高不能超过二十五年。

数罪中有判处有期徒刑和拘役的,执行有期徒刑。数罪中有判处有期徒刑和管制,或者拘役和管制的,有期徒刑、拘役执行完毕后,管制仍须执行。

数罪中有判处附加刑的,附加刑仍须执行,其中附加刑种类相同的,合并执行,种类不同的,分别执行。

### 第七十条

【**判决宣告后发现漏罪的并罚**】判决宣告以后,刑罚执行完毕以前,发现被判刑的犯罪分子在判决宣告以前还有其他罪没有判决的,应当对新发现的罪作出判决,把前后两个判决所判处的刑罚,依照本法第六十

---

① 本条根据2011年2月25日《刑法修正案(八)》第一次修改,根据2015年8月29日《刑法修正案(九)》第二次修改。

九条的规定,决定执行的刑罚。已经执行的刑期,应当计算在新判决决定的刑期以内。

### 第七十一条

**【判决宣告后又犯新罪的并罚】** 判决宣告以后,刑罚执行完毕以前,被判刑的犯罪分子又犯罪的,应当对新犯的罪作出判决,把前罪没有执行的刑罚和后罪所判处的刑罚,依照本法第六十九条的规定,决定执行的刑罚。

**实用问答**

被告人在罚金刑执行完毕前又犯新罪的罚金应否与未执行完毕的罚金适用数罪并罚?

答:根据《全国人民代表大会常务委员会法制工作委员会关于对被告人在罚金刑执行完毕前又犯新罪的罚金应否与未执行完毕的罚金适用数罪并罚问题的答复意见》的规定,"刑法第七十一条中的'刑罚执行完毕以前'应是指主刑执行完毕以前。如果被告人主刑已执行完毕,只是罚金尚未执行完毕的,根据刑法第五十三条的规定,人民法院在任何时候发现有可以执行的财产,应当随时追缴。因此,被告人前罪主刑已执行完毕,罚金尚未执行完毕的,应当由人民法院继续执行尚未执行完毕的罚金,不必与新罪判处的罚金数罪并罚"。

## 第五节 缓　　刑

### 第七十二条[①]

**【适用条件】** 对于被判处拘役、三年以下有期徒刑的犯罪分子,同时符合下列条件的,可以宣告缓刑,对其中不满十八周岁的人、怀孕的妇女和已满七十五周岁的人,应当宣告缓刑:

---

[①] 本条根据 2011 年 2 月 25 日《刑法修正案(八)》修改。

（一）犯罪情节较轻；
（二）有悔罪表现；
（三）没有再犯罪的危险；
（四）宣告缓刑对所居住社区没有重大不良影响。

宣告缓刑，可以根据犯罪情况，同时禁止犯罪分子在缓刑考验期限内从事特定活动，进入特定区域、场所，接触特定的人。

被宣告缓刑的犯罪分子，如果被判处附加刑，附加刑仍须执行。

**案例指引**

**董某某、宋某某抢劫案**（最高人民法院指导案例14号）

**裁判要旨：** 对判处管制或者宣告缓刑的未成年被告人，可以根据其犯罪的具体情况以及禁止事项与所犯罪行的关联程度，对其适用"禁止令"。对于未成年人因上网诱发犯罪的，可以禁止其在一定期限内进入网吧等特定场所。

**第七十三条**

【考验期限】拘役的缓刑考验期限为原判刑期以上一年以下，但是不能少于二个月。

有期徒刑的缓刑考验期限为原判刑期以上五年以下，但是不能少于一年。

缓刑考验期限，从判决确定之日起计算。

**第七十四条**[①]

【不适用缓刑的对象】对于累犯和犯罪集团的首要分子，不适用缓刑。

---

① 本条根据2011年2月25日《刑法修正案（八）》修改。

## 第七十五条

【缓刑犯应遵守的规定】被宣告缓刑的犯罪分子,应当遵守下列规定:
（一）遵守法律、行政法规,服从监督;
（二）按照考察机关的规定报告自己的活动情况;
（三）遵守考察机关关于会客的规定;
（四）离开所居住的市、县或者迁居,应当报经考察机关批准。

## 第七十六条[①]

【缓刑的考察】对宣告缓刑的犯罪分子,在缓刑考验期限内,依法实行社区矫正,如果没有本法第七十七条规定的情形,缓刑考验期满,原判的刑罚就不再执行,并公开予以宣告。

## 第七十七条[②]

【缓刑的撤销】被宣告缓刑的犯罪分子,在缓刑考验期限内犯新罪或者发现判决宣告以前还有其他罪没有判决的,应当撤销缓刑,对新犯的罪或者新发现的罪作出判决,把前罪和后罪所判处的刑罚,依照本法第六十九条的规定,决定执行的刑罚。

被宣告缓刑的犯罪分子,在缓刑考验期限内,违反法律、行政法规或者国务院有关部门关于缓刑的监督管理规定,或者违反人民法院判决中的禁止令,情节严重的,应当撤销缓刑,执行原判刑罚。

---

① 本条根据 2011 年 2 月 25 日《刑法修正案（八）》修改。
② 本条第二款根据 2011 年 2 月 25 日《刑法修正案（八）》修改。

## 第六节 减　　刑

**第七十八条**[1]

**【适用条件与限度】**被判处管制、拘役、有期徒刑、无期徒刑的犯罪分子,在执行期间,如果认真遵守监规,接受教育改造,确有悔改表现的,或者有立功表现的,可以减刑;有下列重大立功表现之一的,应当减刑:

（一）阻止他人重大犯罪活动的;
（二）检举监狱内外重大犯罪活动,经查证属实的;
（三）有发明创造或者重大技术革新的;
（四）在日常生产、生活中舍己救人的;
（五）在抗御自然灾害或者排除重大事故中,有突出表现的;
（六）对国家和社会有其他重大贡献的。

减刑以后实际执行的刑期不能少于下列期限:
（一）判处管制、拘役、有期徒刑的,不能少于原判刑期的二分之一;
（二）判处无期徒刑的,不能少于十三年;
（三）人民法院依照本法第五十条第二款规定限制减刑的死刑缓期执行的犯罪分子,缓期执行期满后依法减为无期徒刑的,不能少于二十五年,缓期执行期满后依法减为二十五年有期徒刑的,不能少于二十年。

**理解适用**

[减刑]

指对于被判处管制、拘役、有期徒刑、无期徒刑的犯罪人,在刑罚执行期间,如果认真遵守监规,接受教育改造,确有悔改表现,或者有立功表现,适当减轻原判刑罚的制度。减轻刑罚即将较重的刑种减为较轻的刑种,或把较长的刑期减为较短的刑期。

---

[1] 本条第二款根据 2011 年 2 月 25 日《刑法修正案（八）》修改。

> 实用问答

**实践中如何认定"确有悔改表现"?**

**答:** 根据《最高人民法院关于办理减刑、假释案件具体应用法律的规定》第3条第1款、第2款的规定,"确有悔改表现"是指同时具备以下条件:(1)认罪悔罪;(2)遵守法律法规及监规,接受教育改造;(3)积极参加思想、文化、职业技术教育;(4)积极参加劳动,努力完成劳动任务。对职务犯罪、破坏金融管理秩序和金融诈骗犯罪、组织(领导、参加、包庇、纵容)黑社会性质组织犯罪等罪犯,不积极退赃、协助追缴赃款赃物、赔偿损失,或者服刑期间利用个人影响力和社会关系等不正当手段意图获得减刑、假释的,不认定其"确有悔改表现"。

> 条文参见

《最高人民法院关于办理减刑、假释案件具体应用法律的规定》
《最高人民法院关于办理减刑、假释案件具体应用法律的补充规定》

## 第七十九条

【减刑程序】对于犯罪分子的减刑,由执行机关向中级以上人民法院提出减刑建议书。人民法院应当组成合议庭进行审理,对确有悔改或者立功事实的,裁定予以减刑。非经法定程序不得减刑。

## 第八十条

【无期徒刑减刑的刑期计算】无期徒刑减为有期徒刑的刑期,从裁定减刑之日起计算。

## 第七节 假 释

### 第八十一条[①]

【适用条件】被判处有期徒刑的犯罪分子,执行原判刑期二分之一以上,被判处无期徒刑的犯罪分子,实际执行十三年以上,如果认真遵守监规,接受教育改造,确有悔改表现,没有再犯罪的危险的,可以假释。如果有特殊情况,经最高人民法院核准,可以不受上述执行刑期的限制。

对累犯以及因故意杀人、强奸、抢劫、绑架、放火、爆炸、投放危险物质或者有组织的暴力性犯罪被判处十年以上有期徒刑、无期徒刑的犯罪分子,不得假释。

对犯罪分子决定假释时,应当考虑其假释后对所居住社区的影响。

### 理解适用

[假释]

指被判处有期徒刑、无期徒刑的部分犯罪人,在执行一定刑罚之后,确有悔改表现,不致再危害社会,可以附条件地予以提前释放的制度。

[罪犯适用假释时可以依法从宽掌握的情形]

(1)过失犯罪的罪犯、中止犯罪的罪犯、被胁迫参加犯罪的罪犯;(2)因防卫过当或者紧急避险过当而被判处有期徒刑以上刑罚的罪犯;(3)犯罪时未满18周岁的罪犯;(4)基本丧失劳动能力、生活难以自理,假释后生活确有着落的老年罪犯、患严重疾病罪犯或者身体残疾罪犯;(5)服刑期间改造表现特别突出的罪犯;(6)具有其他可以从宽假释情形的罪犯。

### 条文参见

《最高人民法院关于办理减刑、假释案件具体应用法律的规定》
《最高人民法院关于办理减刑、假释案件具体应用法律的补充规定》

---

[①] 本条根据2011年2月25日《刑法修正案(八)》修改。

## 第八十二条

**【假释程序】** 对于犯罪分子的假释,依照本法第七十九条规定的程序进行。非经法定程序不得假释。

## 第八十三条

**【考验期限】** 有期徒刑的假释考验期限,为没有执行完毕的刑期;无期徒刑的假释考验期限为十年。

假释考验期限,从假释之日起计算。

### 理解适用

[假释的起始时间]

(1)被判处有期徒刑的罪犯假释时,执行原判刑期1/2的时间,应当从判决执行之日起计算,判决执行以前先行羁押的,羁押1日折抵刑期1日。(2)被判处无期徒刑的罪犯假释时,《刑法》中关于实际执行刑期不得少于13年的时间,应当从判决生效之日起计算。判决生效以前先行羁押的时间不予折抵。(3)被判处死刑缓期执行的罪犯减为无期徒刑或者有期徒刑后,实际执行15年以上,方可假释,该实际执行时间应当从死刑缓期执行期满之日起计算。死刑缓期执行期间不包括在内,判决确定以前先行羁押的时间不予折抵。

[罪犯减刑后又假释]

罪犯减刑后又假释的,间隔时间不得少于1年;对一次减去1年以上有期徒刑后,决定假释的,间隔时间不得少于1年6个月。罪犯减刑后余刑不足2年,决定假释的,可以适当缩短间隔时间。

## 第八十四条

**【假释犯应遵守的规定】** 被宣告假释的犯罪分子,应当遵守下列规定:

(一)遵守法律、行政法规,服从监督;
(二)按照监督机关的规定报告自己的活动情况;
(三)遵守监督机关关于会客的规定;
(四)离开所居住的市、县或者迁居,应当报经监督机关批准。

### 第八十五条①

【假释考验】对假释的犯罪分子,在假释考验期限内,依法实行社区矫正,如果没有本法第八十六条规定的情形,假释考验期满,就认为原判刑罚已经执行完毕,并公开予以宣告。

### 第八十六条②

【假释的撤销】被假释的犯罪分子,在假释考验期限内犯新罪,应当撤销假释,依照本法第七十一条的规定实行数罪并罚。

在假释考验期限内,发现被假释的犯罪分子在判决宣告以前还有其他罪没有判决的,应当撤销假释,依照本法第七十条的规定实行数罪并罚。

被假释的犯罪分子,在假释考验期限内,有违反法律、行政法规或者国务院有关部门关于假释的监督管理规定的行为,尚未构成新的犯罪的,应当依照法定程序撤销假释,收监执行未执行完毕的刑罚。

## 第八节 时 效

### 第八十七条

【追诉时效期限】犯罪经过下列期限不再追诉:
(一)法定最高刑为不满五年有期徒刑的,经过五年;
(二)法定最高刑为五年以上不满十年有期徒刑的,经过十年;
(三)法定最高刑为十年以上有期徒刑的,经过十五年;
(四)法定最高刑为无期徒刑、死刑的,经过二十年。如果二十年以后认为必须追诉的,须报请最高人民检察院核准。

---

① 本条根据 2011 年 2 月 25 日《刑法修正案(八)》修改。
② 本条第三款根据 2011 年 2 月 25 日《刑法修正案(八)》修改。

> 【理解适用】

[确定法定最高刑]

在确定法定最高刑时应当区分不同情况加以认定:(1)如果所犯罪行应适用的条款的刑罚分别规定有多条或多款时,即按其罪行应当适用的条款计算法定最高刑。(2)如果是同一条文中有几个量刑幅度时即按其罪行应当适用的量刑幅度的法定最高刑计算。(3)如果只有单一的量刑幅度时,即按此条的法定最高刑计算。

> 【案例指引】

蔡金星、陈国辉等(抢劫)不核准追诉案(检例第23号)

要旨:(1)涉嫌犯罪已过20年追诉期限,犯罪嫌疑人没有再犯罪危险性,并且通过赔礼道歉、赔偿损失等方式积极消除犯罪影响,被害方对犯罪嫌疑人表示谅解,犯罪破坏的社会秩序明显恢复,不追诉不会影响社会稳定或者产生其他严重后果的,对犯罪嫌疑人可以不再追诉。

(2)1997年9月30日以前实施的共同犯罪,已被司法机关采取强制措施的犯罪嫌疑人逃避侦查或者审判的,不受追诉期限限制。司法机关在追诉期限内未发现或者未采取强制措施的犯罪嫌疑人,应当受追诉期限限制;涉嫌犯罪应当适用的法定量刑幅度的最高刑为无期徒刑、死刑,犯罪行为发生20年以后认为必须追诉的,须报请最高人民检察院核准。

## 第八十八条

【追诉期限的延长】在人民检察院、公安机关、国家安全机关立案侦查或者在人民法院受理案件以后,逃避侦查或者审判的,不受追诉期限的限制。

被害人在追诉期限内提出控告,人民法院、人民检察院、公安机关应当立案而不予立案的,不受追诉期限的限制。

### 第八十九条

【追诉期限的计算】追诉期限从犯罪之日起计算;犯罪行为有连续或者继续状态的,从犯罪行为终了之日起计算。

在追诉期限以内又犯罪的,前罪追诉的期限从犯后罪之日起计算。

## 第五章 其他规定

### 第九十条

【民族自治地方刑法适用的变通】民族自治地方不能全部适用本法规定的,可以由自治区或者省的人民代表大会根据当地民族的政治、经济、文化的特点和本法规定的基本原则,制定变通或者补充的规定,报请全国人民代表大会常务委员会批准施行。

### 第九十一条

【公共财产的范围】本法所称公共财产,是指下列财产:

(一)国有财产;

(二)劳动群众集体所有的财产;

(三)用于扶贫和其他公益事业的社会捐助或者专项基金的财产。

在国家机关、国有公司、企业、集体企业和人民团体管理、使用或者运输中的私人财产,以公共财产论。

### 第九十二条

【公民私人所有财产的范围】本法所称公民私人所有的财产,是指下列财产:

(一)公民的合法收入、储蓄、房屋和其他生活资料;

(二)依法归个人、家庭所有的生产资料;

(三)个体户和私营企业的合法财产;

(四)依法归个人所有的股份、股票、债券和其他财产。

### 第九十三条

【国家工作人员的范围】本法所称国家工作人员,是指国家机关中从事公务的人员。

国有公司、企业、事业单位、人民团体中从事公务的人员和国家机关、国有公司、企业、事业单位委派到非国有公司、企业、事业单位、社会团体从事公务的人员,以及其他依照法律从事公务的人员,以国家工作人员论。

#### 条文参见

《全国人民代表大会常务委员会关于〈中华人民共和国刑法〉第九十三条第二款的解释》

《全国人民代表大会常务委员会关于〈中华人民共和国刑法〉第九章渎职罪主体适用问题的解释》

#### 案例指引

宋某某违规出具金融票证、违法发放贷款、非国家工作人员受贿案(检例第190号)

要旨:集体经济组织中行使公权力的人员是否属于国家工作人员,应当依据该集体经济组织股权结构、是否从事公务等要素审查判断。银行或其他金融机构工作人员违反规定,不正当履行职权或超越职权出具信用证或者保函、票据、存单、资信证明,情节严重的,构成违规出具金融票证罪。

### 第九十四条

【司法工作人员的范围】本法所称司法工作人员,是指有侦查、检察、审判、监管职责的工作人员。

### 第九十五条

【重伤的范围】本法所称重伤,是指有下列情形之一的伤害:
(一)使人肢体残废或者毁人容貌的;

（二）使人丧失听觉、视觉或者其他器官机能的；
（三）其他对于人身健康有重大伤害的。

条文参见

《人体损伤程度鉴定标准》

### 第九十六条

【违反国家规定之含义】本法所称违反国家规定，是指违反全国人民代表大会及其常务委员会制定的法律和决定，国务院制定的行政法规、规定的行政措施、发布的决定和命令。

### 第九十七条

【首要分子的范围】本法所称首要分子，是指在犯罪集团或者聚众犯罪中起组织、策划、指挥作用的犯罪分子。

### 第九十八条

【告诉才处理的含义】本法所称告诉才处理，是指被害人告诉才处理。如果被害人因受强制、威吓无法告诉的，人民检察院和被害人的近亲属也可以告诉。

实用问答

"告诉才处理"的犯罪主要包括哪些？

答：根据《刑法》分则的规定，"告诉才处理"的犯罪主要包括第246条侮辱、诽谤罪，第257条暴力干涉婚姻自由罪，第260条虐待罪（被害人没有能力告诉，或者因受到强制、威吓无法告诉的除外），第270条侵占罪等。

### 第九十九条

【以上、以下、以内之界定】本法所称以上、以下、以内，包括本数。

### 第一百条[1]

【前科报告制度】依法受过刑事处罚的人,在入伍、就业的时候,应当如实向有关单位报告自己曾受过刑事处罚,不得隐瞒。

犯罪的时候不满十八周岁被判处五年有期徒刑以下刑罚的人,免除前款规定的报告义务。

### 第一百零一条

【总则的效力】本法总则适用于其他有刑罚规定的法律,但是其他法律有特别规定的除外。

# 第二编 分 则

## 第一章 危害国家安全罪

### 第一百零二条

【背叛国家罪】勾结外国,危害中华人民共和国的主权、领土完整和安全的,处无期徒刑或者十年以上有期徒刑。

与境外机构、组织、个人相勾结,犯前款罪的,依照前款的规定处罚。

### 第一百零三条

【分裂国家罪】组织、策划、实施分裂国家、破坏国家统一的,对首要分子或者罪行重大的,处无期徒刑或者十年以上有期徒刑;对积极参加的,处三年以上十年以下有期徒刑;对其他参加的,处三年以下有期徒刑、拘役、管制或者剥夺政治权利。

---

[1] 本条第二款根据 2011 年 2 月 25 日《刑法修正案(八)》增加。

【煽动分裂国家罪】煽动分裂国家、破坏国家统一的,处五年以下有期徒刑、拘役、管制或者剥夺政治权利;首要分子或者罪行重大的,处五年以上有期徒刑。

### 条文参见

《最高人民法院关于审理非法出版物刑事案件具体应用法律若干问题的解释》第1条

《最高人民法院、最高人民检察院关于办理妨害预防、控制突发传染病疫情等灾害的刑事案件具体应用法律若干问题的解释》第10条

### 第一百零四条

【武装叛乱、暴乱罪】组织、策划、实施武装叛乱或者武装暴乱的,对首要分子或者罪行重大的,处无期徒刑或者十年以上有期徒刑;对积极参加的,处三年以上十年以下有期徒刑;对其他参加的,处三年以下有期徒刑、拘役、管制或者剥夺政治权利。

策动、胁迫、勾引、收买国家机关工作人员、武装部队人员、人民警察、民兵进行武装叛乱或者武装暴乱的,依照前款的规定从重处罚。

### 第一百零五条

【颠覆国家政权罪】组织、策划、实施颠覆国家政权、推翻社会主义制度的,对首要分子或者罪行重大的,处无期徒刑或者十年以上有期徒刑;对积极参加的,处三年以上十年以下有期徒刑;对其他参加的,处三年以下有期徒刑、拘役、管制或者剥夺政治权利。

【煽动颠覆国家政权罪】以造谣、诽谤或者其他方式煽动颠覆国家政权、推翻社会主义制度的,处五年以下有期徒刑、拘役、管制或者剥夺政治权利;首要分子或者罪行重大的,处五年以上有期徒刑。

### 条文参见

《最高人民法院关于审理非法出版物刑事案件具体应用法律若干问题的解释》第1条

《最高人民法院、最高人民检察院关于办理妨害预防、控制突发传染病疫情等灾害的刑事案件具体应用法律若干问题的解释》第 10 条

### 第一百零六条

【与境外勾结的处罚规定】与境外机构、组织、个人相勾结,实施本章第一百零三条、第一百零四条、第一百零五条规定之罪的,依照各该条的规定从重处罚。

### 第一百零七条①

【资助危害国家安全犯罪活动罪】境内外机构、组织或者个人资助实施本章第一百零二条、第一百零三条、第一百零四条、第一百零五条规定之罪的,对直接责任人员,处五年以下有期徒刑、拘役、管制或者剥夺政治权利;情节严重的,处五年以上有期徒刑。

### 第一百零八条

【投敌叛变罪】投敌叛变的,处三年以上十年以下有期徒刑;情节严重或者带领武装部队人员、人民警察、民兵投敌叛变的,处十年以上有期徒刑或者无期徒刑。

### 第一百零九条②

【叛逃罪】国家机关工作人员在履行公务期间,擅离岗位,叛逃境外或者在境外叛逃的,处五年以下有期徒刑、拘役、管制或者剥夺政治权利;情节严重的,处五年以上十年以下有期徒刑。

掌握国家秘密的国家工作人员叛逃境外或者在境外叛逃的,依照前款的规定从重处罚。

---

① 本条根据 2011 年 2 月 25 日《刑法修正案(八)》修改。
② 本条根据 2011 年 2 月 25 日《刑法修正案(八)》修改。

### 第一百一十条

【**间谍罪**】有下列间谍行为之一,危害国家安全的,处十年以上有期徒刑或者无期徒刑;情节较轻的,处三年以上十年以下有期徒刑:

(一)参加间谍组织或者接受间谍组织及其代理人的任务的;

(二)为敌人指示轰击目标的。

**实用问答**

**什么是间谍行为?**

答:根据《反间谍法》第4条第1款的规定,间谍行为,是指下列行为:(1)间谍组织及其代理人实施或者指使、资助他人实施,或者境内外机构、组织、个人与其相勾结实施的危害中华人民共和国国家安全的活动;(2)参加间谍组织或者接受间谍组织及其代理人的任务,或者投靠间谍组织及其代理人;(3)间谍组织及其代理人以外的其他境外机构、组织、个人实施或者指使、资助他人实施,或者境内机构、组织、个人与其相勾结实施的窃取、刺探、收买、非法提供国家秘密、情报以及其他关系国家安全和利益的文件、数据、资料、物品,或者策动、引诱、胁迫、收买国家工作人员叛变的活动;(4)间谍组织及其代理人实施或者指使、资助他人实施,或者境内外机构、组织、个人与其相勾结实施针对国家机关、涉密单位或者关键信息基础设施等的网络攻击、侵入、干扰、控制、破坏等活动;(5)为敌人指示攻击目标;(6)进行其他间谍活动。

### 第一百一十一条

【**为境外窃取、刺探、收买、非法提供国家秘密、情报罪**】为境外的机构、组织、人员窃取、刺探、收买、非法提供国家秘密或者情报的,处五年以上十年以下有期徒刑;情节特别严重的,处十年以上有期徒刑或者无期徒刑;情节较轻的,处五年以下有期徒刑、拘役、管制或者剥夺政治权利。

**条文参见**

《最高人民法院关于审理为境外窃取、刺探、收买、非法提供国家秘密、情报案件具体应用法律若干问题的解释》

### 第一百一十二条

【资敌罪】战时供给敌人武器装备、军用物资资敌的,处十年以上有期徒刑或者无期徒刑;情节较轻的,处三年以上十年以下有期徒刑。

### 第一百一十三条

【危害国家安全罪适用死刑、没收财产的规定】本章上述危害国家安全罪行中,除第一百零三条第二款、第一百零五条、第一百零七条、第一百零九条外,对国家和人民危害特别严重、情节特别恶劣的,可以判处死刑。

犯本章之罪的,可以并处没收财产。

## 第二章　危害公共安全罪

### 第一百一十四条[1]

【放火罪、决水罪、爆炸罪、投放危险物质罪、以危险方法危害公共安全罪】放火、决水、爆炸以及投放毒害性、放射性、传染病病原体等物质或者以其他危险方法危害公共安全,尚未造成严重后果的,处三年以上十年以下有期徒刑。

### 第一百一十五条[2]

【放火罪、决水罪、爆炸罪、投放危险物质罪、以危险方法危害公共安全罪】放火、决水、爆炸以及投放毒害性、放射性、传染病病原体等物质或者以其他危险方法致人重伤、死亡或者使公私财产遭受重大损失的,处十年以上有期徒刑、无期徒刑或者死刑。

---

[1] 本条根据 2001 年 12 月 29 日《刑法修正案(三)》修改。
[2] 本条第一款根据 2001 年 12 月 29 日《刑法修正案(三)》修改。

【失火罪、过失决水罪、过失爆炸罪、过失投放危险物质罪、过失以危险方法危害公共安全罪】过失犯前款罪的,处三年以上七年以下有期徒刑;情节较轻的,处三年以下有期徒刑或者拘役。

条文参见

《最高人民法院、最高人民检察院关于办理妨害预防、控制突发传染病疫情等灾害的刑事案件具体应用法律若干问题的解释》第1条

### 第一百一十六条

【破坏交通工具罪】破坏火车、汽车、电车、船只、航空器,足以使火车、汽车、电车、船只、航空器发生倾覆、毁坏危险,尚未造成严重后果的,处三年以上十年以下有期徒刑。

### 第一百一十七条

【破坏交通设施罪】破坏轨道、桥梁、隧道、公路、机场、航道、灯塔、标志或者进行其他破坏活动,足以使火车、汽车、电车、船只、航空器发生倾覆、毁坏危险,尚未造成严重后果的,处三年以上十年以下有期徒刑。

### 第一百一十八条

【破坏电力设备罪、破坏易燃易爆设备罪】破坏电力、燃气或者其他易燃易爆设备,危害公共安全,尚未造成严重后果的,处三年以上十年以下有期徒刑。

理解适用

[盗窃电力设备行为的定罪]

(1)盗窃电力设备危害公共安全,但不构成盗窃罪的,以破坏电力设备罪定罪处罚。(2)盗窃电力设备,同时构成盗窃罪和破坏电力设备罪的,应当按照"择一重处罚"的原则,即依照《刑法》处罚较重的规定定罪处罚。(3)盗窃电力设备,没有危及公共安全的,不能构成破坏电力设备罪,但应当

追究刑事责任的,可以根据案件的不同情况,按照盗窃罪等犯罪处罚。

**条文参见**

《最高人民法院、最高人民检察院关于办理盗窃油气、破坏油气设备等刑事案件具体应用法律若干问题的解释》第1条

**第一百一十九条**

【破坏交通工具罪、破坏交通设施罪、破坏电力设备罪、破坏易燃易爆设备罪】破坏交通工具、交通设施、电力设备、燃气设备、易燃易爆设备,造成严重后果的,处十年以上有期徒刑、无期徒刑或者死刑。

【过失损坏交通工具罪、过失损坏交通设施罪、过失损坏电力设备罪、过失损坏易燃易爆设备罪】过失犯前款罪的,处三年以上七年以下有期徒刑;情节较轻的,处三年以下有期徒刑或者拘役。

**条文参见**

《最高人民法院关于审理破坏电力设备刑事案件具体应用法律若干问题的解释》

《最高人民法院、最高人民检察院关于办理盗窃油气、破坏油气设备等刑事案件具体应用法律若干问题的解释》第2条

**第一百二十条**[1]

【组织、领导、参加恐怖组织罪】组织、领导恐怖活动组织的,处十年以上有期徒刑或者无期徒刑,并处没收财产;积极参加的,处三年以上十年以下有期徒刑,并处罚金;其他参加的,处三年以下有期徒刑、拘役、管制或者剥夺政治权利,可以并处罚金。

犯前款罪并实施杀人、爆炸、绑架等犯罪的,依照数罪并罚的规定处罚。

---

[1] 本条第一款根据2001年12月29日《刑法修正案(三)》第一次修改,根据2015年8月29日《刑法修正案(九)》第二次修改。

**理解适用**

实践中,对于参加恐怖活动组织而言,行为人必须明知是恐怖活动组织而自愿参加的,才能构成本罪。对于那些因不明真相,因受蒙蔽、欺骗而参加恐怖活动组织,一经发现即脱离关系,实际上也没有参与实施恐怖活动的,不能认定为犯罪。

**条文参见**

《反恐怖主义法》

《最高人民法院、最高人民检察院、公安部、司法部关于办理恐怖活动和极端主义犯罪案件适用法律若干问题的意见》

**第一百二十条之一**①

【帮助恐怖活动罪】资助恐怖活动组织、实施恐怖活动的个人的,或者资助恐怖活动培训的,处五年以下有期徒刑、拘役、管制或者剥夺政治权利,并处罚金;情节严重的,处五年以上有期徒刑,并处罚金或者没收财产。

为恐怖活动组织、实施恐怖活动或者恐怖活动培训招募、运送人员的,依照前款的规定处罚。

单位犯前两款罪的,对单位判处罚金,并对其直接负责的主管人员和其他直接责任人员,依照第一款的规定处罚。

**理解适用**

[帮助恐怖活动罪的罪与非罪]

帮助恐怖活动罪主观上必须是故意,即犯罪分子明知对方是恐怖活动组织、是实施恐怖活动的个人或者是从事、参加恐怖活动培训而予以资助。不知道对方是恐怖活动组织、实施恐怖活动的个人、恐怖活动培训,而是由于受欺骗而为其提供资助的,不构成本罪。

[帮助恐怖活动罪与参加恐怖活动组织、实施恐怖活动犯罪]

构成帮助恐怖活动罪的主观故意只是资助恐怖活动组织、实施恐怖活动

---

① 本条根据2001年12月29日《刑法修正案(三)》增加,根据2015年8月29日《刑法修正案(九)》修改。

的个人和恐怖活动培训，而不是作为恐怖活动组织的成员负责有关筹集资金、物资的活动，也不是直接资助恐怖活动组织或者个人所实施的恐怖犯罪活动，其主观故意与被资助对象的犯罪故意是不一致的。如果行为人与恐怖活动组织或者实施恐怖活动的个人通谋，为其提供物资、资金、账号、证明，或者为其提供运输、保管或者其他方便的，属于共同犯罪，根据《刑法》总则关于共同犯罪的有关规定进行惩处。

[资助行为]

资助只能是以有形的物质性利益进行帮助，即只能是提供经费、活动场所、训练基地、各种宣传通信设备、设施等，如果行为人不是提供物质上的帮助，仅是在精神上、舆论宣传等方面给予支持帮助，不能认定为本款规定的资助行为。

实用问答

**实践中，哪些情形以帮助恐怖活动罪定罪处罚？**

**答：**根据《最高人民法院、最高人民检察院、公安部、司法部关于办理恐怖活动和极端主义犯罪案件适用法律若干问题的意见》的规定，具有下列情形之一的，依照《刑法》第120条之一的规定，以帮助恐怖活动罪定罪处罚：(1)以募捐、变卖房产、转移资金等方式为恐怖活动组织、实施恐怖活动的个人、恐怖活动培训筹集、提供经费，或者提供器材、设备、交通工具、武器装备等物资，或者提供其他物质便利的；(2)以宣传、招收、介绍、输送等方式为恐怖活动组织、实施恐怖活动、恐怖活动培训招募人员的；(3)以帮助非法出入境，或者为非法出入境提供中介服务、中转运送、停留住宿、伪造身份证明材料等便利，或者充当向导、帮助探查偷越国(边)境路线等方式，为恐怖活动组织、实施恐怖活动、恐怖活动培训运送人员的；(4)其他资助恐怖活动组织、实施恐怖活动的个人、恐怖活动培训，或者为恐怖活动组织、实施恐怖活动、恐怖活动培训招募、运送人员的情形。

条文参见

《最高人民法院、最高人民检察院、公安部、司法部关于办理恐怖活动和极端主义犯罪案件适用法律若干问题的意见》

### 第一百二十条之二[①]

**【准备实施恐怖活动罪】**有下列情形之一的,处五年以下有期徒刑、拘役、管制或者剥夺政治权利,并处罚金;情节严重的,处五年以上有期徒刑,并处罚金或者没收财产:

(一)为实施恐怖活动准备凶器、危险物品或者其他工具的;
(二)组织恐怖活动培训或者积极参加恐怖活动培训的;
(三)为实施恐怖活动与境外恐怖活动组织或者人员联络的;
(四)为实施恐怖活动进行策划或者其他准备的。

有前款行为,同时构成其他犯罪的,依照处罚较重的规定定罪处罚。

### 实用问答

**实践中,哪些情形以准备实施恐怖活动罪定罪处罚?**

**答:**根据《最高人民法院、最高人民检察院、公安部、司法部关于办理恐怖活动和极端主义犯罪案件适用法律若干问题的意见》的规定,具有下列情形之一的,依照《刑法》第120条之二的规定,以准备实施恐怖活动罪定罪处罚:(1)为实施恐怖活动制造、购买、储存、运输凶器,易燃易爆、易制爆品、腐蚀性、放射性、传染性、毒害性物品等危险物品,或者其他工具的;(2)以当面传授、开办培训班、组建训练营、开办论坛、组织收听收看音频视频资料等方式,或者利用网站、网页、论坛、博客、微博客、网盘、即时通信、通讯群组、聊天室等网络平台、网络应用服务组织恐怖活动培训的,或者积极参加恐怖活动心理体能培训,传授、学习犯罪技能方法或者进行恐怖活动训练的;(3)为实施恐怖活动,通过拨打电话、发送短信、电子邮件等方式,或者利用网站、网页、论坛、博客、微博客、网盘、即时通信、通讯群组、聊天室等网络平台、网络应用服务与境外恐怖活动组织、人员联络的;(4)为实施恐怖活动出入境或者组织、策划、煽动、拉拢他人出入境的;(5)为实施恐怖活动进行策划或者其他准备的情形。

### 条文参见

《最高人民法院、最高人民检察院、公安部、司法部关于办理恐怖活动和极端主义犯罪案件适用法律若干问题的意见》

---

[①] 本条根据2015年8月29日《刑法修正案(九)》增加。

## 第一百二十条之三①

【宣扬恐怖主义、极端主义、煽动实施恐怖活动罪】以制作、散发宣扬恐怖主义、极端主义的图书、音频视频资料或者其他物品,或者通过讲授、发布信息等方式宣扬恐怖主义、极端主义的,或者煽动实施恐怖活动的,处五年以下有期徒刑、拘役、管制或者剥夺政治权利,并处罚金;情节严重的,处五年以上有期徒刑,并处罚金或者没收财产。

### 理解适用

[煽动与教唆]

不指向具体的恐怖活动,而是概括性地煽动实施恐怖活动的,属于煽动行为。对于鼓动、要求、怂恿他人参加或者实施特定的恐怖活动的,则应当按照《刑法》关于教唆的规定定罪处罚。如果既有煽动行为也有教唆行为,两者出现竞合的情形,应当按照处罚较重的规定定罪量刑。

### 实用问答

实践中,哪些情形以宣扬恐怖主义、极端主义、煽动实施恐怖活动罪定罪处罚?

答:根据《最高人民法院、最高人民检察院、公安部、司法部关于办理恐怖活动和极端主义犯罪案件适用法律若干问题的意见》的规定,实施下列行为之一,宣扬恐怖主义、极端主义或者煽动实施恐怖活动的,依照《刑法》第120条之三的规定,以宣扬恐怖主义、极端主义、煽动实施恐怖活动罪定罪处罚:(1)编写、出版、印刷、复制、发行、散发、播放载有宣扬恐怖主义、极端主义内容的图书、报刊、文稿、图片或者音频视频资料的;(2)设计、生产、制作、销售、租赁、运输、托运、寄递、散发、展示带有宣扬恐怖主义、极端主义内容的标识、标志、服饰、旗帜、徽章、器物、纪念品等物品的;(3)利用网站、网页、论坛、博客、微博客、网盘、即时通信、通讯群组、聊天室等网络平台、网络应用服务等登载、张贴、复制、发送、播放、演示载有恐怖主义、极端主义内容的图书、报刊、文稿、图片或者音频视频资料的;(4)网站、网页、论坛、博客、微博客、网盘、即时通信、通讯群组、聊天室等网络平台、网络应用服务的建立、开办、

---

① 本条根据 2015 年 8 月 29 日《刑法修正案(九)》增加。

经营、管理者,明知他人利用网络平台、网络应用服务散布、宣扬恐怖主义、极端主义内容,经相关行政主管部门处罚后仍允许或者放任他人发布的;(5)利用教经、讲经、解经、学经、婚礼、葬礼、纪念、聚会和文体活动等宣扬恐怖主义、极端主义、煽动实施恐怖活动的;(6)其他宣扬恐怖主义、极端主义、煽动实施恐怖活动的行为。

**[条文参见]**

《最高人民法院、最高人民检察院、公安部、司法部关于办理恐怖活动和极端主义犯罪案件适用法律若干问题的意见》

**第一百二十条之四**[①]

**【利用极端主义破坏法律实施罪】**利用极端主义煽动、胁迫群众破坏国家法律确立的婚姻、司法、教育、社会管理等制度实施的,处三年以下有期徒刑、拘役或者管制,并处罚金;情节严重的,处三年以上七年以下有期徒刑,并处罚金;情节特别严重的,处七年以上有期徒刑,并处罚金或者没收财产。

**[实用问答]**

**实践中,哪些情形以利用极端主义破坏法律实施罪定罪处罚?**

答:根据《最高人民法院、最高人民检察院、公安部、司法部关于办理恐怖活动和极端主义犯罪案件适用法律若干问题的意见》的规定,利用极端主义,实施下列行为之一的,依照《刑法》第120条之四的规定,以利用极端主义破坏法律实施罪定罪处罚:(1)煽动、胁迫群众以宗教仪式取代结婚、离婚登记,或者干涉婚姻自由的;(2)煽动、胁迫群众破坏国家法律确立的司法制度实施的;(3)煽动、胁迫群众干涉未成年人接受义务教育,或者破坏学校教育制度、国家教育考试制度等国家法律规定的教育制度的;(4)煽动、胁迫群众抵制人民政府依法管理,或者阻碍国家机关工作人员依法执行职务的;(5)煽动、胁迫群众损毁居民身份证、居民户口簿等国家法定证件以及人民币的;(6)煽动、胁迫群众驱赶其他民族、有其他信仰的人员离开居住地,或者干涉他人生活和生产经营的;(7)其他煽动、胁迫群众破坏国家法律制度实施的行为。

---

① 本条根据2015年8月29日《刑法修正案(九)》增加。

**条文参见**

《最高人民法院、最高人民检察院、公安部、司法部关于办理恐怖活动和极端主义犯罪案件适用法律若干问题的意见》

**第一百二十条之五**[①]

【强制穿戴宣扬恐怖主义、极端主义服饰、标志罪】以暴力、胁迫等方式强制他人在公共场所穿着、佩戴宣扬恐怖主义、极端主义服饰、标志的,处三年以下有期徒刑、拘役或者管制,并处罚金。

**实用问答**

实践中,哪些情形以强制穿戴宣扬恐怖主义、极端主义服饰、标志罪定罪处罚?

答:根据《最高人民法院、最高人民检察院、公安部、司法部关于办理恐怖活动和极端主义犯罪案件适用法律若干问题的意见》的规定,具有下列情形之一的,依照《刑法》第120条之五的规定,以强制穿戴宣扬恐怖主义、极端主义服饰、标志罪定罪处罚:(1)以暴力、胁迫等方式强制他人在公共场所穿着、佩戴宣扬恐怖主义、极端主义服饰的;(2)以暴力、胁迫等方式强制他人在公共场所穿着、佩戴含有恐怖主义、极端主义的文字、符号、图形、口号、徽章的服饰、标志的;(3)其他强制他人穿戴宣扬恐怖主义、极端主义服饰、标志的情形。

**条文参见**

《最高人民法院、最高人民检察院、公安部、司法部关于办理恐怖活动和极端主义犯罪案件适用法律若干问题的意见》

**第一百二十条之六**[②]

【非法持有宣扬恐怖主义、极端主义物品罪】明知是宣扬恐怖主义、极端主义的图书、音频视频资料或者其他物品而非法持有,情节严重的,处三年以下有期徒刑、拘役或者管制,并处或者单处罚金。

---

① 本条根据2015年8月29日《刑法修正案(九)》增加。
② 本条根据2015年8月29日《刑法修正案(九)》增加。

**实用问答**

**实践中，哪些情形以非法持有宣扬恐怖主义、极端主义物品罪定罪处罚？**

答：根据《最高人民法院、最高人民检察院、公安部、司法部关于办理恐怖活动和极端主义犯罪案件适用法律若干问题的意见》的规定，明知是载有宣扬恐怖主义、极端主义内容的图书、报刊、文稿、图片、音频视频资料、服饰、标志或者其他物品而非法持有，达到下列数量标准之一，依照《刑法》第120条之六的规定，以非法持有宣扬恐怖主义、极端主义物品罪定罪处罚：(1)图书、刊物20册以上，或者电子图书、刊物5册以上的；(2)报纸100份（张）以上，或者电子报纸20份（张）以上的；(3)文稿、图片100篇（张）以上，或者电子文稿、图片20篇（张）以上，或者电子文档50万字符以上的；(4)录音带、录像带等音像制品20个以上，或者电子音频视频资料5个以上，或者电子音频视频资料20分钟以上的；(5)服饰、标志20件以上的。非法持有宣扬恐怖主义、极端主义的物品，虽未达到上述规定的数量标准，但具有多次持有，持有多类物品，造成严重后果或者恶劣社会影响，曾因实施恐怖活动、极端主义违法犯罪被追究刑事责任或者2年内受过行政处罚等情形之一的，也可以定罪处罚。

**条文参见**

《最高人民法院、最高人民检察院、公安部、司法部关于办理恐怖活动和极端主义犯罪案件适用法律若干问题的意见》

**第一百二十一条**

【劫持航空器罪】以暴力、胁迫或者其他方法劫持航空器的，处十年以上有期徒刑或者无期徒刑；致人重伤、死亡或者使航空器遭受严重破坏的，处死刑。

**第一百二十二条**

【劫持船只、汽车罪】以暴力、胁迫或者其他方法劫持船只、汽车的，处五年以上十年以下有期徒刑；造成严重后果的，处十年以上有期徒刑或者无期徒刑。

## 第一百二十三条

【暴力危及飞行安全罪】对飞行中的航空器上的人员使用暴力，危及飞行安全，尚未造成严重后果的，处五年以下有期徒刑或者拘役；造成严重后果的，处五年以上有期徒刑。

理解适用

[飞行中]

指航空器从装载完毕、机舱外部各门均已关闭时起，直至打开任一机舱门以便卸载时为止。

## 第一百二十四条

【破坏广播电视设施、公用电信设施罪】破坏广播电视设施、公用电信设施，危害公共安全的，处三年以上七年以下有期徒刑；造成严重后果的，处七年以上有期徒刑。

【过失损坏广播电视设施、公用电信设施罪】过失犯前款罪的，处三年以上七年以下有期徒刑；情节较轻的，处三年以下有期徒刑或者拘役。

条文参见

《最高人民法院关于审理破坏广播电视设施等刑事案件具体应用法律若干问题的解释》

《最高人民法院关于审理破坏公用电信设施刑事案件具体应用法律若干问题的解释》

## 第一百二十五条①

【非法制造、买卖、运输、邮寄、储存枪支、弹药、爆炸物罪】非法制造、买卖、运输、邮寄、储存枪支、弹药、爆炸物的，处三年以上十年以下有期徒刑；情节严重的，处十年以上有期徒刑、无期徒刑或者死刑。

【非法制造、买卖、运输、储存危险物质罪】非法制造、买卖、运输、储

---

① 本条第二款根据 2001 年 12 月 29 日《刑法修正案（三）》修改。

存毒害性、放射性、传染病病原体等物质,危害公共安全的,依照前款的规定处罚。

单位犯前两款罪的,对单位判处罚金,并对其直接负责的主管人员和其他直接责任人员,依照第一款的规定处罚。

**条文参见**

《最高人民法院关于审理非法制造、买卖、运输枪支、弹药、爆炸物等刑事案件具体应用法律若干问题的解释》第1、2、7~10条

《最高人民法院、最高人民检察院关于办理非法制造、买卖、运输、储存毒鼠强等禁用剧毒化学品刑事案件具体应用法律若干问题的解释》第1~3条

**案例指引**

王召成等非法买卖、储存危险物质案(最高人民法院指导案例13号)

裁判要旨:(1)国家严格监督管理的氰化钠等剧毒化学品,易致人中毒或者死亡,对人体、环境具有极大的毒害性和危险性,属于《刑法》第125条第2款规定的"毒害性"物质。

(2)"非法买卖"毒害性物质,是指违反法律和国家主管部门规定,未经有关主管部门批准许可,擅自购买或者出售毒害性物质的行为,并不需要兼有买进和卖出的行为。

**第一百二十六条**

【违规制造、销售枪支罪】依法被指定、确定的枪支制造企业、销售企业,违反枪支管理规定,有下列行为之一的,对单位判处罚金,并对其直接负责的主管人员和其他直接责任人员,处五年以下有期徒刑;情节严重的,处五年以上十年以下有期徒刑;情节特别严重的,处十年以上有期徒刑或者无期徒刑:

(一)以非法销售为目的,超过限额或者不按照规定的品种制造、配售枪支的;

(二)以非法销售为目的,制造无号、重号、假号的枪支的;

(三)非法销售枪支或者在境内销售为出口制造的枪支的。

【条文参见】

《最高人民法院关于审理非法制造、买卖、运输枪支、弹药、爆炸物等刑事案件具体应用法律若干问题的解释》第 3 条

### 第一百二十七条[①]

**【盗窃、抢夺枪支、弹药、爆炸物、危险物质罪】**盗窃、抢夺枪支、弹药、爆炸物的,或者盗窃、抢夺毒害性、放射性、传染病病原体等物质,危害公共安全的,处三年以上十年以下有期徒刑;情节严重的,处十年以上有期徒刑、无期徒刑或者死刑。

**【抢劫枪支、弹药、爆炸物、危险物质罪;盗窃、抢夺枪支、弹药、爆炸物、危险物质罪】**抢劫枪支、弹药、爆炸物的,或者抢劫毒害性、放射性、传染病病原体等物质,危害公共安全的,或者盗窃、抢夺国家机关、军警人员、民兵的枪支、弹药、爆炸物的,处十年以上有期徒刑、无期徒刑或者死刑。

【条文参见】

《最高人民法院关于审理非法制造、买卖、运输枪支、弹药、爆炸物等刑事案件具体应用法律若干问题的解释》第 4 条

### 第一百二十八条

**【非法持有、私藏枪支、弹药罪】**违反枪支管理规定,非法持有、私藏枪支、弹药的,处三年以下有期徒刑、拘役或者管制;情节严重的,处三年以上七年以下有期徒刑。

**【非法出租、出借枪支罪】**依法配备公务用枪的人员,非法出租、出借枪支的,依照前款的规定处罚。

**【非法出租、出借枪支罪】**依法配置枪支的人员,非法出租、出借枪支,造成严重后果的,依照第一款的规定处罚。

单位犯第二款、第三款罪的,对单位判处罚金,并对其直接负责的主管人员和其他直接责任人员,依照第一款的规定处罚。

---

[①] 本条根据 2001 年 12 月 29 日《刑法修正案(三)》修改。

条文参见

《最高人民法院关于审理非法制造、买卖、运输枪支、弹药、爆炸物等刑事案件具体应用法律若干问题的解释》第5、8条

### 第一百二十九条

【丢失枪支不报罪】依法配备公务用枪的人员,丢失枪支不及时报告,造成严重后果的,处三年以下有期徒刑或者拘役。

### 第一百三十条

【非法携带枪支、弹药、管制刀具、危险物品危及公共安全罪】非法携带枪支、弹药、管制刀具或者爆炸性、易燃性、放射性、毒害性、腐蚀性物品,进入公共场所或者公共交通工具,危及公共安全,情节严重的,处三年以下有期徒刑、拘役或者管制。

条文参见

《最高人民法院关于审理非法制造、买卖、运输枪支、弹药、爆炸物等刑事案件具体应用法律若干问题的解释》第6条

### 第一百三十一条

【重大飞行事故罪】航空人员违反规章制度,致使发生重大飞行事故,造成严重后果的,处三年以下有期徒刑或者拘役;造成飞机坠毁或者人员死亡的,处三年以上七年以下有期徒刑。

### 第一百三十二条

【铁路运营安全事故罪】铁路职工违反规章制度,致使发生铁路运营安全事故,造成严重后果的,处三年以下有期徒刑或者拘役;造成特别严重后果的,处三年以上七年以下有期徒刑。

## 第一百三十三条

【交通肇事罪】违反交通运输管理法规,因而发生重大事故,致人重伤、死亡或者使公私财产遭受重大损失的,处三年以下有期徒刑或者拘役;交通运输肇事后逃逸或者有其他特别恶劣情节的,处三年以上七年以下有期徒刑;因逃逸致人死亡的,处七年以上有期徒刑。

### 理解适用

**[以交通肇事罪定罪处罚]**

交通肇事致1人以上重伤,负事故全部或者主要责任,并具有下列情形之一的,以交通肇事罪定罪处罚:(1)酒后、吸食毒品后驾驶机动车辆的;(2)无驾驶资格驾驶机动车辆的;(3)明知安全装置不全或者安全机件失灵的机动车辆而驾驶的;(4)明知是无牌证或者已报废的机动车辆而驾驶的;(5)严重超载驾驶的;(6)为逃避法律追究逃离事故现场的。

**[交通肇事,处3年以下有期徒刑的情形]**

交通肇事具有下列情形之一的,处3年以下有期徒刑或者拘役:(1)死亡1人或者重伤3人以上,负事故全部或者主要责任的;(2)死亡3人以上,负事故同等责任的;(3)造成公共财产或者他人财产直接损失,负事故全部或者主要责任,无能力赔偿数额在30万元以上的。

**[有其他特别恶劣情节]**

交通肇事具有下列情形之一的,属于"有其他特别恶劣情节",处3年以上7年以下有期徒刑:(1)死亡2人以上或者重伤5人以上,负事故全部或者主要责任的;(2)死亡6人以上,负事故同等责任的;(3)造成公共财产或者他人财产直接损失,负事故全部或者主要责任,无能力赔偿数额在60万元以上的。

**[交通肇事罪及其共犯]**

交通肇事后,单位主管人员、机动车辆所有人、承包人或者乘车人指使肇事人逃逸,致使被害人因得不到救助而死亡的,以交通肇事罪的共犯论处。交通肇事罪所述"因逃逸致人死亡",是指行为人在交通肇事后为逃避法律追究而逃跑,致使被害人因得不到救助而死亡的情形。

**[交通肇事罪与故意伤害罪]**

行为人在交通肇事后为逃避法律追究,将被害人带离事故现场后隐藏或者遗弃,致使被害人无法得到救助而死亡或者严重残疾的,以故意杀人罪或者故意伤害罪定罪处罚。

[公共交通管理范围]

(1)在实行公共交通管理的范围内发生重大交通事故的,依照交通肇事罪及相关司法解释的规定办理。(2)在公共交通管理的范围外,驾驶机动车辆或者使用其他交通工具致人伤亡或者致使公共财产或者他人财产遭受重大损失,构成犯罪的,依照《刑法》第134条、第135条、第233条等规定定罪处罚。

**条文参见**

《最高人民法院关于审理交通肇事刑事案件具体应用法律若干问题的解释》

**第一百三十三条之一**[①]

【危险驾驶罪】在道路上驾驶机动车,有下列情形之一的,处拘役,并处罚金:

(一)追逐竞驶,情节恶劣的;

(二)醉酒驾驶机动车的;

(三)从事校车业务或者旅客运输,严重超过额定乘员载客,或者严重超过规定时速行驶的;

(四)违反危险化学品安全管理规定运输危险化学品,危及公共安全的。

机动车所有人、管理人对前款第三项、第四项行为负有直接责任的,依照前款的规定处罚。

有前两款行为,同时构成其他犯罪的,依照处罚较重的规定定罪处罚。

**条文参见**

《最高人民法院、最高人民检察院、公安部、司法部关于办理醉酒危险驾驶刑事案件适用法律若干问题的意见》

---

① 本条根据2011年2月25日《刑法修正案(八)》增加,根据2015年8月29日《刑法修正案(九)》修改。

> **案例指引**

张某某、金某危险驾驶案(最高人民法院指导案例32号)

裁判要旨:(1)机动车驾驶人员出于竞技、追求刺激、斗气或者其他动机,在道路上曲折穿行、快速追赶行驶的,属于《刑法》第133条之一规定的"追逐竞驶"。

(2)追逐竞驶虽未造成人员伤亡或财产损失,但综合考虑超过限速、闯红灯、强行超车、抗拒交通执法等严重违反《道路交通安全法》的行为,足以威胁他人生命、财产安全的,属于危险驾驶罪中"情节恶劣"的情形。

### 第一百三十三条之二[①]

【**妨害安全驾驶罪**】对行驶中的公共交通工具的驾驶人员使用暴力或者抢控驾驶操纵装置,干扰公共交通工具正常行驶,危及公共安全的,处一年以下有期徒刑、拘役或者管制,并处或者单处罚金。

前款规定的驾驶人员在行驶的公共交通工具上擅离职守,与他人互殴或者殴打他人,危及公共安全的,依照前款的规定处罚。

有前两款行为,同时构成其他犯罪的,依照处罚较重的规定定罪处罚。

### 第一百三十四条[②]

【**重大责任事故罪**】在生产、作业中违反有关安全管理的规定,因而发生重大伤亡事故或者造成其他严重后果的,处三年以下有期徒刑或者拘役;情节特别恶劣的,处三年以上七年以下有期徒刑。

【**强令、组织他人违章冒险作业罪**】强令他人违章冒险作业,或者明知存在重大事故隐患而不排除,仍冒险组织作业,因而发生重大伤亡事故或者造成其他严重后果的,处五年以下有期徒刑或者拘役;情节特别恶劣的,处五年以上有期徒刑。

---

① 本条根据2020年12月26日《刑法修正案(十一)》增加。
② 本条根据2006年6月29日《刑法修正案(六)》第一次修改,根据2020年12月26日《刑法修正案(十一)》第二次修改。

**条文参见**

《最高人民法院、最高人民检察院关于办理危害生产安全刑事案件适用法律若干问题的解释》

《最高人民法院、最高人民检察院关于办理危害生产安全刑事案件适用法律若干问题的解释(二)》第1、4条

**案例指引**

**夏某某等人重大责任事故案**(检例第97号)

**要旨**:内河运输中发生的船舶交通事故,相关责任人员可能同时涉嫌交通肇事罪和重大责任事故罪,要根据运输活动是否具有营运性质以及相关人员的具体职责和行为,准确适用罪名。重大责任事故往往涉案人员较多,因果关系复杂,要准确认定涉案单位投资人、管理人员及相关国家工作人员等涉案人员的刑事责任。

**第一百三十四条之一**①

【**危险作业罪**】在生产、作业中违反有关安全管理的规定,有下列情形之一,具有发生重大伤亡事故或者其他严重后果的现实危险的,处一年以下有期徒刑、拘役或者管制:

(一)关闭、破坏直接关系生产安全的监控、报警、防护、救生设备、设施,或者篡改、隐瞒、销毁其相关数据、信息的;

(二)因存在重大事故隐患被依法责令停产停业、停止施工、停止使用有关设备、设施、场所或者立即采取排除危险的整改措施,而拒不执行的;

(三)涉及安全生产的事项未经依法批准或者许可,擅自从事矿山开采、金属冶炼、建筑施工,以及危险物品生产、经营、储存等高度危险的生产作业活动的。

**条文参见**

《最高人民法院、最高人民检察院关于办理危害生产安全刑事案件适用法律若干问题的解释(二)》第2~5、10条

---

① 本条根据2020年12月26日《刑法修正案(十一)》增加。

## 第一百三十五条①

【重大劳动安全事故罪】安全生产设施或者安全生产条件不符合国家规定,因而发生重大伤亡事故或者造成其他严重后果的,对直接负责的主管人员和其他直接责任人员,处三年以下有期徒刑或者拘役;情节特别恶劣的,处三年以上七年以下有期徒刑。

## 第一百三十五条之一②

【大型群众性活动重大安全事故罪】举办大型群众性活动违反安全管理规定,因而发生重大伤亡事故或者造成其他严重后果的,对直接负责的主管人员和其他直接责任人员,处三年以下有期徒刑或者拘役;情节特别恶劣的,处三年以上七年以下有期徒刑。

## 第一百三十六条

【危险物品肇事罪】违反爆炸性、易燃性、放射性、毒害性、腐蚀性物品的管理规定,在生产、储存、运输、使用中发生重大事故,造成严重后果的,处三年以下有期徒刑或者拘役;后果特别严重的,处三年以上七年以下有期徒刑。

## 第一百三十七条

【工程重大安全事故罪】建设单位、设计单位、施工单位、工程监理单位违反国家规定,降低工程质量标准,造成重大安全事故的,对直接责任人员,处五年以下有期徒刑或者拘役,并处罚金;后果特别严重的,处五年以上十年以下有期徒刑,并处罚金。

---

① 本条根据 2006 年 6 月 29 日《刑法修正案(六)》修改。
② 本条根据 2006 年 6 月 29 日《刑法修正案(六)》增加。

### 理解适用

[重大安全事故]

指该建筑工程在建设中以及交付使用后,由于达不到质量标准或者存在严重问题,导致楼房倒塌、桥梁断裂、铁路塌陷,造成人员伤亡或者火车、汽车等交通工具倾覆事故等。是否造成重大安全事故,是区分罪与非罪的重要界限。

### 第一百三十八条

【教育设施重大安全事故罪】明知校舍或者教育教学设施有危险,而不采取措施或者不及时报告,致使发生重大伤亡事故的,对直接责任人员,处三年以下有期徒刑或者拘役;后果特别严重的,处三年以上七年以下有期徒刑。

### 第一百三十九条

【消防责任事故罪】违反消防管理法规,经消防监督机构通知采取改正措施而拒绝执行,造成严重后果的,对直接责任人员,处三年以下有期徒刑或者拘役;后果特别严重的,处三年以上七年以下有期徒刑。

### 第一百三十九条之一①

【不报、谎报安全事故罪】在安全事故发生后,负有报告职责的人员不报或者谎报事故情况,贻误事故抢救,情节严重的,处三年以下有期徒刑或者拘役;情节特别严重的,处三年以上七年以下有期徒刑。

### 理解适用

[情节严重]

指由于负有报告职责的人不报或者谎报事故情况,使原本可以得救的人员失去了生还的机会;或者由于行为人不报或者谎报事故情况,使有关部门

---

① 本条根据 2006 年 6 月 29 日《刑法修正案(六)》增加。

没能采取及时有效的救助措施,造成伤员人数、财产损失扩大等情况。

[情节特别严重]

负有报告职责的人在事故发生后不仅自己不报、谎报事故情况,而且还指使、授意甚至阻止他人报告,或者逃匿、伪造、破坏事故现场、转移、藏匿、销毁有关证据,不仅贻误了事故抢救,而且给事故调查处理设置障碍等情况。

## 第三章　破坏社会主义市场经济秩序罪

### 第一节　生产、销售伪劣商品罪

**第一百四十条**

【**生产、销售伪劣产品罪**】生产者、销售者在产品中掺杂、掺假,以假充真,以次充好或者以不合格产品冒充合格产品,销售金额五万元以上不满二十万元的,处二年以下有期徒刑或者拘役,并处或者单处销售金额百分之五十以上二倍以下罚金;销售金额二十万元以上不满五十万元的,处二年以上七年以下有期徒刑,并处销售金额百分之五十以上二倍以下罚金;销售金额五十万元以上不满二百万元的,处七年以上有期徒刑,并处销售金额百分之五十以上二倍以下罚金;销售金额二百万元以上的,处十五年有期徒刑或者无期徒刑,并处销售金额百分之五十以上二倍以下罚金或者没收财产。

**条文参见**

《最高人民法院、最高人民检察院关于办理生产、销售伪劣商品刑事案件具体应用法律若干问题的解释》

《最高人民法院、最高人民检察院关于办理非法生产、销售烟草专卖品等刑事案件具体应用法律若干问题的解释》

《最高人民法院、最高人民检察院关于办理妨害预防、控制突发传染病疫情等灾害的刑事案件具体应用法律若干问题的解释》第2条

《最高人民法院、最高人民检察院关于办理危害食品安全刑事案件适用法律若干问题的解释》第15、17条

《最高人民法院、最高人民检察院关于办理危害药品安全刑事案件适用法律若干问题的解释》第11条

### 第一百四十一条[1]

**【生产、销售、提供假药罪】**生产、销售假药的,处三年以下有期徒刑或者拘役,并处罚金;对人体健康造成严重危害或者有其他严重情节的,处三年以上十年以下有期徒刑,并处罚金;致人死亡或者有其他特别严重情节的,处十年以上有期徒刑、无期徒刑或者死刑,并处罚金或者没收财产。

药品使用单位的人员明知是假药而提供给他人使用的,依照前款的规定处罚。

### 理解适用

[生产]

以生产、销售假药为目的,实施下列行为之一的,应当认定为本条规定的"生产":(1)合成、精制、提取、储存、加工炮制药品原料的行为;(2)将药品原料、辅料、包装材料制成成品过程中,进行配料、混合、制剂、储存、包装的行为;(3)印制包装材料、标签、说明书的行为。

[酌情从重处罚的情形]

生产、销售假药,具有下列情形之一的,应当酌情从重处罚:(1)生产、销售的假药以孕产妇、婴幼儿、儿童或者危重病人为主要使用对象的;(2)生产、销售的假药属于麻醉药品、精神药品、医疗用毒性药品、放射性药品、避孕药品、血液制品、疫苗的;(3)生产、销售的假药属于注射剂药品、急救药品的;(4)医疗机构、医疗机构工作人员生产、销售假药的;(5)在自然灾害、事故灾难、公共卫生事件、社会安全事件等突发事件期间,生产、销售用于应对突发事件的假药的;(6)两年内曾因危害药品安全违法犯罪活动受过行政处罚或者刑事处罚的;(7)其他应当酌情从重处罚的情形。

[共同犯罪]

明知他人实施危害药品安全犯罪,而有下列情形之一的,以共同犯罪论

---

[1] 本条根据2011年2月25日《刑法修正案(八)》第一次修改,根据2020年12月26日《刑法修正案(十一)》第二次修改。

处:(1)提供资金、贷款、账号、发票、证明、许可证件的;(2)提供生产、经营场所、设备或者运输、储存、保管、邮寄、销售渠道等便利条件的;(3)提供生产技术或者原料、辅料、包装材料、标签、说明书的;(4)提供虚假药物非临床研究报告、药物临床试验报告及相关材料的;(5)提供广告宣传的;(6)提供其他帮助的。

### 实用问答

**本条规定的"假药"应如何认定?**

**答:** 根据《药品管理法》第98条第2款的规定,有下列情形之一的,为假药:(1)药品所含成分与国家药品标准规定的成分不符;(2)以非药品冒充药品或者以他种药品冒充此种药品;(3)变质的药品;(4)药品所标明的适应症或者功能主治超出规定范围。

### 条文参见

《最高人民法院、最高人民检察院关于办理危害药品安全刑事案件适用法律若干问题的解释》第1~4、6、10、15~17、19条

## 第一百四十二条[1]

【生产、销售、提供劣药罪】生产、销售劣药,对人体健康造成严重危害的,处三年以上十年以下有期徒刑,并处罚金;后果特别严重的,处十年以上有期徒刑或者无期徒刑,并处罚金或者没收财产。

药品使用单位的人员明知是劣药而提供给他人使用的,依照前款的规定处罚。

### 理解适用

[与神汉、巫婆利用迷信手段骗取财物的区别]

二者除犯罪主体不同外,在客观方面,生产、销售劣药罪有生产、销售劣药行为,而神汉、巫婆则是利用迷信手段,把根本不具备药品效能和外观、包装的物品当成药品进行诈骗钱财,其所利用的不是人们认为药品可以治病的科学心理,而是利用人们的愚昧、迷信心理。

---

[1] 本条根据2020年12月26日《刑法修正案(十一)》修改。

[与生产、销售伪劣产品罪的区别]

如果生产、销售劣药行为,同时触犯了两种罪名,则按处刑较重的罪处罚;如果生产、销售劣药,没有对人体造成严重危害的后果,而销售金额在5万元以上,则不构成生产、销售劣药罪,而应以生产、销售伪劣产品罪处罚。

### 实用问答

**本条中的"劣药"应当如何认定?**

**答:**根据《药品管理法》第98条第3款的规定,有下列情形之一的,为劣药:(1)药品成分的含量不符合国家药品标准;(2)被污染的药品;(3)未标明或者更改有效期的药品;(4)未注明或者更改产品批号的药品;(5)超过有效期的药品;(6)擅自添加防腐剂、辅料的药品;(7)其他不符合药品标准的药品。

### 条文参见

《最高人民法院、最高人民检察院关于办理危害药品安全刑事案件适用法律若干问题的解释》第10、15~17、19条

### 第一百四十二条之一[①]

**【妨害药品管理罪】**违反药品管理法规,有下列情形之一,足以严重危害人体健康的,处三年以下有期徒刑或者拘役,并处或者单处罚金;对人体健康造成严重危害或者有其他严重情节的,处三年以上七年以下有期徒刑,并处罚金:

(一)生产、销售国务院药品监督管理部门禁止使用的药品的;

(二)未取得药品相关批准证明文件生产、进口药品或者明知是上述药品而销售的;

(三)药品申请注册中提供虚假的证明、数据、资料、样品或者采取其他欺骗手段的;

(四)编造生产、检验记录的。

有前款行为,同时又构成本法第一百四十一条、第一百四十二条规定之罪或者其他犯罪的,依照处罚较重的规定定罪处罚。

---

① 本条根据2020年12月26日《刑法修正案(十一)》增加。

【条文参见】

《最高人民法院、最高人民检察院关于办理危害药品安全刑事案件适用法律若干问题的解释》第7~10、14~17条

## 第一百四十三条①

【生产、销售不符合安全标准的食品罪】生产、销售不符合食品安全标准的食品，足以造成严重食物中毒事故或者其他严重食源性疾病的，处三年以下有期徒刑或者拘役，并处罚金；对人体健康造成严重危害或者有其他严重情节的，处三年以上七年以下有期徒刑，并处罚金；后果特别严重的，处七年以上有期徒刑或者无期徒刑，并处罚金或者没收财产。

【理解适用】

[足以造成严重食物中毒事故或者其他严重食源性疾病]

生产、销售不符合食品安全标准的食品，具有下列情形之一的，应当认定为《刑法》第143条规定的"足以造成严重食物中毒事故或者其他严重食源性疾病"：(1)含有严重超出标准限量的致病性微生物、农药残留、兽药残留、生物毒素、重金属等污染物质以及其他严重危害人体健康的物质的；(2)属于病死、死因不明或者检验检疫不合格的畜、禽、兽、水产动物肉类及其制品的；(3)属于国家为防控疾病等特殊需要明令禁止生产、销售的；(4)特殊医学用途配方食品、专供婴幼儿的主辅食品营养成分严重不符合食品安全标准的；(5)其他足以造成严重食物中毒事故或者严重食源性疾病的情形。

[对人体健康造成严重危害]

生产、销售不符合食品安全标准的食品，具有下列情形之一的，应当认定为《刑法》第143条规定的"对人体健康造成严重危害"：(1)造成轻伤以上伤害的；(2)造成轻度残疾或者中度残疾的；(3)造成器官组织损伤导致一般功能障碍或者严重功能障碍的；(4)造成10人以上严重食物中毒或者其他严重食源性疾病的；(5)其他对人体健康造成严重危害的情形。

---

① 本条根据2011年2月25日《刑法修正案（八）》修改。

**条文参见**

《国务院关于加强食品等产品安全监督管理的特别规定》

《最高人民法院、最高人民检察院关于办理危害食品安全刑事案件适用法律若干问题的解释》第1~5、12~14、17、21条

《最高人民法院、最高人民检察院关于办理生产、销售伪劣商品刑事案件具体应用法律若干问题的解释》第4条

### 第一百四十四条[①]

**【生产、销售有毒、有害食品罪】** 在生产、销售的食品中掺入有毒、有害的非食品原料的,或者销售明知掺有有毒、有害的非食品原料的食品的,处五年以下有期徒刑,并处罚金;对人体健康造成严重危害或者有其他严重情节的,处五年以上十年以下有期徒刑,并处罚金;致人死亡或者有其他特别严重情节的,依照本法第一百四十一条的规定处罚。

**理解适用**

[与生产、销售不符合食品安全标准的食品罪的区别]

生产、销售不符合食品安全标准的食品罪在食品中掺入的原料也可能有毒、有害,但其本身是食品原料,其毒害性是由于食品原料污染或者腐败变质所引起的;生产、销售有毒、有害食品罪往食品中掺入的则是有毒、有害的非食品原料。

[与故意投放危险物质罪的区别]

故意投放危险物质罪的目的是造成不特定多数人死亡或伤亡;生产、销售有毒、有害食品罪的目的则是获取非法利润,行为人对在食品中掺入有毒、有害非食品原料虽然是明知的,但并不追求致人伤亡的危害结果的发生。

[与过失投放危险物质罪的区别]

二者主观心理状态不同,过失投放危险物质罪不是故意在食品中掺入有毒害性的非食品原料,而是疏忽大意或者过于自信造成的;生产、销售有毒、有害食品罪则是故意在食品中掺入有毒害性的非食品原料。

---

① 本条根据2011年2月25日《刑法修正案(八)》修改。

### 条文参见

《最高人民法院、最高人民检察院关于办理危害食品安全刑事案件适用法律若干问题的解释》第 6~14、17 条

《最高人民法院、最高人民检察院关于办理非法生产、销售、使用禁止在饲料和动物饮用水中使用的药品等刑事案件具体应用法律若干问题的解释》第 3、4 条

《最高人民法院、最高人民检察院关于办理生产、销售伪劣商品刑事案件具体应用法律若干问题的解释》第 5 条

### 案例指引

北京阳光一佰生物技术开发有限公司、习文有等生产、销售有毒、有害食品案(最高人民法院指导案例 70 号)

裁判要旨:行为人在食品生产经营中添加的虽然不是国务院有关部门公布的《食品中可能违法添加的非食用物质名单》和《保健食品中可能非法添加的物质名单》中的物质,但如果该物质与上述名单中所列物质具有同等属性,并且根据检验报告和专家意见等相关材料能够确定该物质对人体具有同等危害,应当认定为《刑法》第 144 条规定的"有毒、有害的非食品原料"。

---

**第一百四十五条**[1]

【生产、销售不符合标准的医用器材罪】生产不符合保障人体健康的国家标准、行业标准的医疗器械、医用卫生材料,或者销售明知是不符合保障人体健康的国家标准、行业标准的医疗器械、医用卫生材料,足以严重危害人体健康的,处三年以下有期徒刑或者拘役,并处销售金额百分之五十以上二倍以下罚金;对人体健康造成严重危害的,处三年以上十年以下有期徒刑,并处销售金额百分之五十以上二倍以下罚金;后果特别严重的,处十年以上有期徒刑或者无期徒刑,并处销售金额百分之五十以上二倍以下罚金或者没收财产。

---

[1] 本条根据 2002 年 12 月 28 日《刑法修正案(四)》修改。

**条文参见**

《最高人民法院、最高人民检察院关于办理生产、销售伪劣商品刑事案件具体应用法律若干问题的解释》第 6 条

### 第一百四十六条

【生产、销售不符合安全标准的产品罪】生产不符合保障人身、财产安全的国家标准、行业标准的电器、压力容器、易燃易爆产品或者其他不符合保障人身、财产安全的国家标准、行业标准的产品,或者销售明知是以上不符合保障人身、财产安全的国家标准、行业标准的产品,造成严重后果的,处五年以下有期徒刑,并处销售金额百分之五十以上二倍以下罚金;后果特别严重的,处五年以上有期徒刑,并处销售金额百分之五十以上二倍以下罚金。

**理解适用**

[与爆炸罪、放火罪的区别]

生产、销售不符合安全标准的产品罪的目的是非法牟利,没有致人伤亡或造成财产损失的犯罪目的;爆炸罪、放火罪则是通过制造爆炸、放火等方式以求直接达到致人伤亡或造成财产损失的目的。

[与生产、销售伪劣产品罪的界限]

生产、销售不符合安全标准的电器、压力容器、易燃易爆产品的行为,同时触犯两个罪名的,按处刑较重的罪处罚。如果生产、销售不符合安全标准的电器、压力容器、易燃易爆产品的行为没有造成严重后果,不构成生产、销售不符合安全标准的产品罪,但销售金额在 5 万元以上,应按生产、销售伪劣产品罪处罚。

### 第一百四十七条

【生产、销售伪劣农药、兽药、化肥、种子罪】生产假农药、假兽药、假化肥,销售明知是假的或者失去使用效能的农药、兽药、化肥、种子,或者生产者、销售者以不合格的农药、兽药、化肥、种子冒充合格的农药、兽药、化肥、种子,使生产遭受较大损失的,处三年以下有期徒刑或者拘役,并处或者单处销售金额百分之五十以上二倍以下罚金;使生产遭受重大损失的,处三年以上七年以下有期徒刑,并处销售金额百分之五十以上

二倍以下罚金;使生产遭受特别重大损失的,处七年以上有期徒刑或者无期徒刑,并处销售金额百分之五十以上二倍以下罚金或者没收财产。

### 理解适用

[与破坏生产经营罪的区别]

生产、销售伪劣农药、兽药、化肥、种子罪的目的是非法牟利,采取的方式是生产、销售伪劣农药、兽药、化肥和种子;破坏生产经营罪则是为了泄愤报复或者其他个人目的,采取的方式是毁坏机器设备、残害耕畜或其他方法。

[与生产、销售伪劣产品罪的区别]

生产、销售伪劣农药、兽药、化肥、种子行为,如果同时触犯两个罪名,按处刑较重的罪处罚。如果实施以上行为,未使生产遭受较大损失,但销售金额在5万元以上,按生产、销售伪劣产品罪定罪处罚。

### 条文参见

《最高人民法院、最高人民检察院关于办理生产、销售伪劣商品刑事案件具体应用法律若干问题的解释》第7条

### 案例指引

**南京百分百公司等生产、销售伪劣农药案**(检例第62号)

**要旨:**(1)未取得农药登记证的企业或者个人,借用他人农药登记证、生产许可证、质量标准证等许可证明文件生产、销售农药,使生产遭受较大损失的,以生产、销售伪劣农药罪追究刑事责任。(2)对于使用伪劣农药造成的农业生产损失,可采取田间试验的方法确定受损原因,并以农作物绝收折损面积、受害地区前3年该类农作物的平均亩产量和平均销售价格为基准,综合计算认定损失金额。

### 第一百四十八条

【生产、销售不符合卫生标准的化妆品罪】生产不符合卫生标准的化妆品,或者销售明知是不符合卫生标准的化妆品,造成严重后果的,处三年以下有期徒刑或者拘役,并处或者单处销售金额百分之五十以上二倍以下罚金。

#### 第一百四十九条

【对生产、销售伪劣商品行为的法条适用原则】生产、销售本节第一百四十一条至第一百四十八条所列产品，不构成各该条规定的犯罪，但是销售金额在五万元以上的，依照本节第一百四十条的规定定罪处罚。

生产、销售本节第一百四十一条至第一百四十八条所列产品，构成各该条规定的犯罪，同时又构成本节第一百四十条规定之罪的，依照处罚较重的规定定罪处罚。

#### 第一百五十条

【单位犯本节规定之罪的处罚规定】单位犯本节第一百四十条至第一百四十八条规定之罪的，对单位判处罚金，并对其直接负责的主管人员和其他直接责任人员，依照各该条的规定处罚。

## 第二节 走 私 罪

#### 第一百五十一条[①]

【走私武器、弹药罪；走私核材料罪；走私假币罪】走私武器、弹药、核材料或者伪造的货币的，处七年以上有期徒刑，并处罚金或者没收财产；情节特别严重的，处无期徒刑，并处没收财产；情节较轻的，处三年以上七年以下有期徒刑，并处罚金。

【走私文物罪；走私贵重金属罪；走私珍贵动物、珍贵动物制品罪】走私国家禁止出口的文物、黄金、白银和其他贵重金属或者国家禁止进出口的珍贵动物及其制品的，处五年以上十年以下有期徒刑，并处罚金；情节特别严重的，处十年以上有期徒刑或者无期徒刑，并处没收财产；情节较轻的，处五年以下有期徒刑，并处罚金。

---

① 本条根据 2009 年 2 月 28 日《刑法修正案（七）》第一次修改，根据 2011 年 2 月 25 日《刑法修正案（八）》第二次修改，根据 2015 年 8 月 29 日《刑法修正案（九）》第三次修改。

【走私国家禁止进出口的货物、物品罪】走私珍稀植物及其制品等国家禁止进出口的其他货物、物品的,处五年以下有期徒刑或者拘役,并处或者单处罚金;情节严重的,处五年以上有期徒刑,并处罚金。

单位犯本条规定之罪的,对单位判处罚金,并对其直接负责的主管人员和其他直接责任人员,依照本条各款的规定处罚。

## 理解适用

[走私犯罪犯罪既遂的认定]

实施走私犯罪,具有下列情形之一的,应当认定为犯罪既遂:(1)在海关监管现场被查获的。(2)以虚假申报方式走私,申报行为实施完毕的。(3)以保税货物或者特定减税、免税进口的货物、物品为对象走私,在境内销售的,或者申请核销行为实施完毕的。

## 条文参见

《最高人民法院、最高人民检察院关于办理走私刑事案件适用法律若干问题的解释》第 1～12、20～24 条

## 第一百五十二条[①]

【走私淫秽物品罪】以牟利或者传播为目的,走私淫秽的影片、录像带、录音带、图片、书刊或者其他淫秽物品的,处三年以上十年以下有期徒刑,并处罚金;情节严重的,处十年以上有期徒刑或者无期徒刑,并处罚金或者没收财产;情节较轻的,处三年以下有期徒刑、拘役或者管制,并处罚金。

【走私废物罪】逃避海关监管将境外固体废物、液态废物和气态废物运输进境,情节严重的,处五年以下有期徒刑,并处或者单处罚金;情节特别严重的,处五年以上有期徒刑,并处罚金。

单位犯前两款罪的,对单位判处罚金,并对其直接负责的主管人员和其他直接责任人员,依照前两款的规定处罚。

---

① 本条根据 2002 年 12 月 28 日《刑法修正案(四)》修改。

**条文参见**

《最高人民法院、最高人民检察院关于办理走私刑事案件适用法律若干问题的解释》第 13~15、20、22~24 条

### 第一百五十三条①

【走私普通货物、物品罪】走私本法第一百五十一条、第一百五十二条、第三百四十七条规定以外的货物、物品的,根据情节轻重,分别依照下列规定处罚:

(一)走私货物、物品偷逃应缴税额较大或者一年内曾因走私被给予二次行政处罚后又走私的,处三年以下有期徒刑或者拘役,并处偷逃应缴税额一倍以上五倍以下罚金。

(二)走私货物、物品偷逃应缴税额巨大或者有其他严重情节的,处三年以上十年以下有期徒刑,并处偷逃应缴税额一倍以上五倍以下罚金。

(三)走私货物、物品偷逃应缴税额特别巨大或者有其他特别严重情节的,处十年以上有期徒刑或者无期徒刑,并处偷逃应缴税额一倍以上五倍以下罚金或者没收财产。

单位犯前款罪的,对单位判处罚金,并对其直接负责的主管人员和其他直接责任人员,处三年以下有期徒刑或者拘役;情节严重的,处三年以上十年以下有期徒刑;情节特别严重的,处十年以上有期徒刑。

对多次走私未经处理的,按照累计走私货物、物品的偷逃应缴税额处罚。

**条文参见**

《最高人民法院、最高人民检察院关于办理走私刑事案件适用法律若干问题的解释》第 16~18、20、21、24 条

---

① 本条第一款根据 2011 年 2 月 25 日《刑法修正案(八)》修改。

## 第一百五十四条

【走私普通货物、物品罪】下列走私行为,根据本节规定构成犯罪的,依照本法第一百五十三条的规定定罪处罚:

(一)未经海关许可并且未补缴应缴税额,擅自将批准进口的来料加工、来件装配、补偿贸易的原材料、零件、制成品、设备等保税货物,在境内销售牟利的;

(二)未经海关许可并且未补缴应缴税额,擅自将特定减税、免税进口的货物、物品,在境内销售牟利的。

**条文参见**

《最高人民法院、最高人民检察院关于办理走私刑事案件适用法律若干问题的解释》第 19 条

## 第一百五十五条[①]

【间接走私行为以相应走私犯罪论处的规定】下列行为,以走私罪论处,依照本节的有关规定处罚:

(一)直接向走私人非法收购国家禁止进口物品的,或者直接向走私人非法收购走私进口的其他货物、物品,数额较大的;

(二)在内海、领海、界河、界湖运输、收购、贩卖国家禁止进出口物品的,或者运输、收购、贩卖国家限制进出口货物、物品,数额较大,没有合法证明的。

**条文参见**

《最高人民法院、最高人民检察院关于办理走私刑事案件适用法律若干问题的解释》第 20 条

---

① 本条根据 2002 年 12 月 28 日《刑法修正案(四)》修改。

### 第一百五十六条

【走私共犯】与走私罪犯通谋,为其提供贷款、资金、帐号、发票、证明,或者为其提供运输、保管、邮寄或者其他方便的,以走私罪的共犯论处。

### 第一百五十七条[①]

【武装掩护走私、抗拒缉私的处罚规定】武装掩护走私的,依照本法第一百五十一条第一款的规定从重处罚。

以暴力、威胁方法抗拒缉私的,以走私罪和本法第二百七十七条规定的阻碍国家机关工作人员依法执行职务罪,依照数罪并罚的规定处罚。

## 第三节 妨害对公司、企业的管理秩序罪

### 第一百五十八条

【虚报注册资本罪】申请公司登记使用虚假证明文件或者采取其他欺诈手段虚报注册资本,欺骗公司登记主管部门,取得公司登记,虚报注册资本数额巨大、后果严重或者有其他严重情节的,处三年以下有期徒刑或者拘役,并处或者单处虚报注册资本金额百分之一以上百分之五以下罚金。

单位犯前款罪的,对单位判处罚金,并对其直接负责的主管人员和其他直接责任人员,处三年以下有期徒刑或者拘役。

**条文参见**

《全国人民代表大会常务委员会关于〈中华人民共和国刑法〉第一百五十八条、第一百五十九条的解释》

---

① 本条第一款根据 2011 年 2 月 25 日《刑法修正案(八)》修改。

### 第一百五十九条

【虚假出资、抽逃出资罪】公司发起人、股东违反公司法的规定未交付货币、实物或者未转移财产权,虚假出资,或者在公司成立后又抽逃其出资,数额巨大、后果严重或者有其他严重情节的,处五年以下有期徒刑或者拘役,并处或者单处虚假出资金额或者抽逃出资金额百分之二以上百分之十以下罚金。

单位犯前款罪的,对单位判处罚金,并对其直接负责的主管人员和其他直接责任人员,处五年以下有期徒刑或者拘役。

**条文参见**

《全国人民代表大会常务委员会关于〈中华人民共和国刑法〉第一百五十八条、第一百五十九条的解释》

### 第一百六十条①

【欺诈发行证券罪】在招股说明书、认股书、公司、企业债券募集办法等发行文件中隐瞒重要事实或者编造重大虚假内容,发行股票或者公司、企业债券、存托凭证或者国务院依法认定的其他证券,数额巨大、后果严重或者有其他严重情节的,处五年以下有期徒刑或者拘役,并处或者单处罚金;数额特别巨大、后果特别严重或者有其他特别严重情节的,处五年以上有期徒刑,并处罚金。

控股股东、实际控制人组织、指使实施前款行为的,处五年以下有期徒刑或者拘役,并处或者单处非法募集资金金额百分之二十以上一倍以下罚金;数额特别巨大、后果特别严重或者有其他特别严重情节的,处五年以上有期徒刑,并处非法募集资金金额百分之二十以上一倍以下罚金。

单位犯前两款罪的,对单位判处非法募集资金金额百分之二十以上一倍以下罚金,并对其直接负责的主管人员和其他直接责任人员,依照第一款的规定处罚。

---

① 本条根据 2020 年 12 月 26 日《刑法修正案(十一)》修改。

**案例指引**

甲皮业有限公司、周某某等欺诈发行债券马某出具证明文件重大失实案（检例第219号）

要旨：办理欺诈发行债券犯罪案件，应当根据我国现行金融管理法律规定，准确把握刑法规定的"公司、企业债券"的范围。对于新出现的金融产品，符合《公司法》《企业债券管理条例》规定的，可以认定为欺诈发行"公司、企业债券"。对于涉案中介组织人员，应当根据主客观相一致原则，依法认定欺诈发行证券罪共同犯罪、提供虚假证明文件罪或者出具证明文件重大失实罪。

**第一百六十一条**[①]

【违规披露、不披露重要信息罪】依法负有信息披露义务的公司、企业向股东和社会公众提供虚假的或者隐瞒重要事实的财务会计报告，或者对依法应当披露的其他重要信息不按照规定披露，严重损害股东或者其他人利益，或者有其他严重情节的，对其直接负责的主管人员和其他直接责任人员，处五年以下有期徒刑或者拘役，并处或者单处罚金；情节特别严重的，处五年以上十年以下有期徒刑，并处罚金。

前款规定的公司、企业的控股股东、实际控制人实施或者组织、指使实施前款行为的，或者隐瞒相关事项导致前款规定的情形发生的，依照前款的规定处罚。

犯前款罪的控股股东、实际控制人是单位的，对单位判处罚金，并对其直接负责的主管人员和其他直接责任人员，依照第一款的规定处罚。

**第一百六十二条**

【妨害清算罪】公司、企业进行清算时，隐匿财产，对资产负债表或者财产清单作虚伪记载或者在未清偿债务前分配公司、企业财产，严重损害债权人或者其他人利益的，对其直接负责的主管人员和其他直接责任

---

① 本条根据2006年6月29日《刑法修正案（六）》第一次修改，根据2020年12月26日《刑法修正案（十一）》第二次修改。

人员,处五年以下有期徒刑或者拘役,并处或者单处二万元以上二十万元以下罚金。

> **理解适用**

[与职务侵占罪、贪污罪的区别]
妨碍清算罪的犯罪主体是公司和企业法人,其目的是逃避公司、企业债务;职务侵占罪、贪污罪的主体是自然人,其目的是将公司、企业的财产非法占为己有。如果是清算组的成员利用职务上的便利,侵吞、窃取、骗取或者以其他手段非法将进行清算的公司、企业财物据为己有,应当以职务侵占罪追究其刑事责任;国有公司、企业的工作人员有以上行为的,应当以贪污罪追究刑事责任。

> **第一百六十二条之一**①

【隐匿、故意销毁会计凭证、会计帐簿、财务会计报告罪】隐匿或者故意销毁依法应当保存的会计凭证、会计帐簿、财务会计报告,情节严重的,处五年以下有期徒刑或者拘役,并处或者单处二万元以上二十万元以下罚金。

单位犯前款罪的,对单位判处罚金,并对其直接负责的主管人员和其他直接责任人员,依照前款的规定处罚。

> **第一百六十二条之二**②

【虚假破产罪】公司、企业通过隐匿财产、承担虚构的债务或者以其他方法转移、处分财产,实施虚假破产,严重损害债权人或者其他人利益的,对其直接负责的主管人员和其他直接责任人员,处五年以下有期徒刑或者拘役,并处或者单处二万元以上二十万元以下罚金。

---

① 本条根据 1999 年 12 月 25 日《刑法修正案》增加。
② 本条根据 2006 年 6 月 29 日《刑法修正案(六)》增加。

### 第一百六十三条①

【非国家工作人员受贿罪】公司、企业或者其他单位的工作人员,利用职务上的便利,索取他人财物或者非法收受他人财物,为他人谋取利益,数额较大的,处三年以下有期徒刑或者拘役,并处罚金;数额巨大或者有其他严重情节的,处三年以上十年以下有期徒刑,并处罚金;数额特别巨大或者有其他特别严重情节的,处十年以上有期徒刑或者无期徒刑,并处罚金。

公司、企业或者其他单位的工作人员在经济往来中,利用职务上的便利,违反国家规定,收受各种名义的回扣、手续费,归个人所有的,依照前款的规定处罚。

国有公司、企业或者其他国有单位中从事公务的人员和国有公司、企业或者其他国有单位委派到非国有公司、企业以及其他单位从事公务的人员有前两款行为的,依照本法第三百八十五条、第三百八十六条的规定定罪处罚。

**理解适用**

[为他人谋取利益]

具有下列情形之一的,应当认定为"为他人谋取利益",构成犯罪的,应当依照《刑法》关于受贿犯罪的规定定罪处罚:(1)实际或者承诺为他人谋取利益的;(2)明知他人有具体请托事项的;(3)履职时未被请托,但事后基于该履职事由收受他人财物的。国家工作人员索取、收受具有上下级关系的下属或者具有行政管理关系的被管理人员的财物价值 3 万元以上,可能影响职权行使的,视为承诺为他人谋取利益。

**条文参见**

《最高人民法院、最高人民检察院关于办理商业贿赂刑事案件适用法律若干问题的意见》

《最高人民法院、最高人民检察院关于办理贪污贿赂刑事案件适用法律若干问题的解释》第 11~13 条

---

① 本条根据 2006 年 6 月 29 日《刑法修正案(六)》第一次修改,根据 2020 年 12 月 26 日《刑法修正案(十一)》第二次修改。

## 第一百六十四条[1]

【对非国家工作人员行贿罪】为谋取不正当利益,给予公司、企业或者其他单位的工作人员以财物,数额较大的,处三年以下有期徒刑或者拘役,并处罚金;数额巨大的,处三年以上十年以下有期徒刑,并处罚金。

【对外国公职人员、国际公共组织官员行贿罪】为谋取不正当商业利益,给予外国公职人员或者国际公共组织官员以财物的,依照前款的规定处罚。

单位犯前两款罪的,对单位判处罚金,并对其直接负责的主管人员和其他直接责任人员,依照第　款的规定处罚。

行贿人在被追诉前主动交待行贿行为的,可以减轻处罚或者免除处罚。

**条文参见**

《最高人民法院、最高人民检察院关于办理商业贿赂刑事案件适用法律若干问题的意见》

## 第一百六十五条[2]

【非法经营同类营业罪】国有公司、企业的董事、监事、高级管理人员,利用职务便利,自己经营或者为他人经营与其所任公司、企业同类的营业,获取非法利益,数额巨大的,处三年以下有期徒刑或者拘役,并处或者单处罚金;数额特别巨大的,处三年以上七年以下有期徒刑,并处罚金。

其他公司、企业的董事、监事、高级管理人员违反法律、行政法规规定,实施前款行为,致使公司、企业利益遭受重大损失的,依照前款的规定处罚。

---

[1] 本条根据 2006 年 6 月 29 日《刑法修正案(六)》第一次修改,根据 2011 年 2 月 25 日《刑法修正案(八)》第二次修改,根据 2015 年 8 月 29 日《刑法修正案(九)》第三次修改。

[2] 本条根据 2023 年 12 月 29 日《刑法修正案(十二)》修改。

> 理解适用

[与一般违法经营行为的界限]

（1）行为人是否利用了职务之便。如果行为人并未利用职务之便而经营同类营业，就不能以犯罪论处，如行为人虽然经营了与其所任职公司、企业同类的营业，并获利巨大，但这一行为与其所任职的职务无关，就不构成犯罪。（2）行为人经营的是否为同类营业。构成非法经营同类营业罪必须是经营与其所任职公司、企业同类的营业，如果行为人经营的不是同类营业，不构成犯罪。（3）行为人获取的非法利益是否达到数额巨大。如果行为人利用了职务之便，并且经营与其所任职公司、企业同类的营业，但获取非法利益未达到数额巨大，不能以犯罪论处。

## 第一百六十六条①

【为亲友非法牟利罪】国有公司、企业、事业单位的工作人员，利用职务便利，有下列情形之一，致使国家利益遭受重大损失的，处三年以下有期徒刑或者拘役，并处或者单处罚金；致使国家利益遭受特别重大损失的，处三年以上七年以下有期徒刑，并处罚金：

（一）将本单位的盈利业务交由自己的亲友进行经营的；

（二）以明显高于市场的价格从自己的亲友经营管理的单位采购商品、接受服务或者以明显低于市场的价格向自己的亲友经营管理的单位销售商品、提供服务的；

（三）从自己的亲友经营管理的单位采购、接受不合格商品、服务的。

其他公司、企业的工作人员违反法律、行政法规规定，实施前款行为，致使公司、企业利益遭受重大损失的，依照前款的规定处罚。

## 第一百六十七条

【签订、履行合同失职被骗罪】国有公司、企业、事业单位直接负责的主管人员，在签订、履行合同过程中，因严重不负责任被诈骗，致使国家

---

① 本条根据2023年12月29日《刑法修正案（十二）》修改。

利益遭受重大损失的,处三年以下有期徒刑或者拘役;致使国家利益遭受特别重大损失的,处三年以上七年以下有期徒刑。

**条文参见**

《全国人民代表大会常务委员会关于惩治骗购外汇、逃汇和非法买卖外汇犯罪的决定》第 7 条

**第一百六十八条**①

【**国有公司、企业、事业单位人员失职罪；国有公司、企业、事业单位人员滥用职权罪**】国有公司、企业的工作人员,由于严重不负责任或者滥用职权,造成国有公司、企业破产或者严重损失,致使国家利益遭受重大损失的,处三年以下有期徒刑或者拘役;致使国家利益遭受特别重大损失的,处三年以上七年以下有期徒刑。

国有事业单位的工作人员有前款行为,致使国家利益遭受重大损失的,依照前款的规定处罚。

国有公司、企业、事业单位的工作人员,徇私舞弊,犯前两款罪的,依照第一款的规定从重处罚。

**条文参见**

《最高人民法院关于审理扰乱电信市场管理秩序案件具体应用法律若干问题的解释》第 6 条

《最高人民法院、最高人民检察院关于办理妨害预防、控制突发传染病疫情等灾害的刑事案件具体应用法律若干问题的解释》第 4 条

《最高人民法院、最高人民检察院关于办理国家出资企业中职务犯罪案件具体应用法律若干问题的意见》第 1、4 条

---

① 本条根据 1999 年 12 月 25 日《刑法修正案》修改。

## 第一百六十九条①

【徇私舞弊低价折股、出售公司、企业资产罪】国有公司、企业或者其上级主管部门直接负责的主管人员，徇私舞弊，将国有资产低价折股或者低价出售，致使国家利益遭受重大损失的，处三年以下有期徒刑或者拘役；致使国家利益遭受特别重大损失的，处三年以上七年以下有期徒刑。

其他公司、企业直接负责的主管人员，徇私舞弊，将公司、企业资产低价折股或者低价出售，致使公司、企业利益遭受重大损失的，依照前款的规定处罚。

## 第一百六十九条之一②

【背信损害上市公司利益罪】上市公司的董事、监事、高级管理人员违背对公司的忠实义务，利用职务便利，操纵上市公司从事下列行为之一，致使上市公司利益遭受重大损失的，处三年以下有期徒刑或者拘役，并处或者单处罚金；致使上市公司利益遭受特别重大损失的，处三年以上七年以下有期徒刑，并处罚金：

（一）无偿向其他单位或者个人提供资金、商品、服务或者其他资产的；

（二）以明显不公平的条件，提供或者接受资金、商品、服务或者其他资产的；

（三）向明显不具有清偿能力的单位或者个人提供资金、商品、服务或者其他资产的；

（四）为明显不具有清偿能力的单位或者个人提供担保，或者无正当理由为其他单位或者个人提供担保的；

（五）无正当理由放弃债权、承担债务的；

（六）采用其他方式损害上市公司利益的。

上市公司的控股股东或者实际控制人，指使上市公司董事、监事、高级管理人员实施前款行为的，依照前款的规定处罚。

---

① 本条根据 2023 年 12 月 29 日《刑法修正案（十二）》修改。
② 本条根据 2006 年 6 月 29 日《刑法修正案（六）》增加。

犯前款罪的上市公司的控股股东或者实际控制人是单位的,对单位判处罚金,并对其直接负责的主管人员和其他直接责任人员,依照第一款的规定处罚。

**条文参见**

《最高人民法院、最高人民检察院关于办理国家出资企业中职务犯罪案件具体应用法律若干问题的意见》第4条

## 第四节 破坏金融管理秩序罪

**第一百七十条**[①]

【伪造货币罪】伪造货币的,处三年以上十年以下有期徒刑,并处罚金;有下列情形之一的,处十年以上有期徒刑或者无期徒刑,并处罚金或者没收财产:

(一)伪造货币集团的首要分子;
(二)伪造货币数额特别巨大的;
(三)有其他特别严重情节的。

**理解适用**

[伪造货币]

指仿照真货币的图案、形状、色彩等特征非法制造假币,冒充真币的行为。

[伪造货币罪成立]

能否成立伪造货币罪,关键在于是否仿照真币,只要在图案、形状、色彩等方面具备了真币的基本要素,即可成立伪造货币罪。至于实际伪造出来的假币的外观效果和逼真程度如何,不应成为伪造货币罪的定罪要件,既不能因为伪造货币尚未制成成品,也不能因为做工粗糙而否认行为人实施了或者正在实施伪造货币行为。

---

① 本条根据2015年8月29日《刑法修正案(九)》修改。

**条文参见**

《最高人民法院关于审理伪造货币等案件具体应用法律若干问题的解释》第1条

《最高人民法院关于审理伪造货币等案件具体应用法律若干问题的解释(二)》

**案例指引**

**郭四记、徐维伦等人伪造货币案**(检例第176号)

**要旨**：行为人为直接实施伪造货币人员提供专门用于伪造货币的技术或者物资的，应当认定其具有伪造货币的共同犯罪故意。通过网络积极宣传、主动为直接实施伪造货币人员提供伪造货币的关键技术、物资，或者明知他人有伪造货币意图，仍积极提供专门从事伪造货币相关技术、物资等，应当认定其在共同伪造货币犯罪中起主要作用，系主犯，对其实际参与的伪造货币犯罪总额负责。对于通过网络联络、分工负责、共同实施伪造货币犯罪案件，检察机关应当注重对伪造货币犯罪全链条依法追诉。

### 第一百七十一条

【出售、购买、运输假币罪】出售、购买伪造的货币或者明知是伪造的货币而运输，数额较大的，处三年以下有期徒刑或者拘役，并处二万元以上二十万元以下罚金；数额巨大的，处三年以上十年以下有期徒刑，并处五万元以上五十万元以下罚金；数额特别巨大的，处十年以上有期徒刑或者无期徒刑，并处五万元以上五十万元以下罚金或者没收财产。

【金融工作人员购买假币、以假币换取货币罪】银行或者其他金融机构的工作人员购买伪造的货币或者利用职务上的便利，以伪造的货币换取货币的，处三年以上十年以下有期徒刑，并处二万元以上二十万元以下罚金；数额巨大或者有其他严重情节的，处十年以上有期徒刑或者无期徒刑，并处二万元以上二十万元以下罚金或者没收财产；情节较轻的，处三年以下有期徒刑或者拘役，并处或者单处一万元以上十万元以下罚金。

【伪造货币罪】伪造货币并出售或者运输伪造的货币的，依照本法第一百七十条的规定定罪从重处罚。

**条文参见**

《最高人民法院关于审理伪造货币等案件具体应用法律若干问题的解释》第2~4条

《最高人民法院关于审理伪造货币等案件具体应用法律若干问题的解释(二)》第3、4条

**第一百七十二条**

【持有、使用假币罪】明知是伪造的货币而持有、使用,数额较大的,处三年以下有期徒刑或者拘役,并处或者单处一万元以上十万元以下罚金;数额巨大的,处三年以上十年以下有期徒刑,并处二万元以上二十万元以下罚金;数额特别巨大的,处十年以上有期徒刑,并处五万元以上五十万元以下罚金或者没收财产。

**理解适用**

[行为人在购买、出售、运输假币的同时,又实施了使用假币的行为]

定罪的关键在于判断涉案假币是否为同宗假币。(1)对于"购买""使用"同宗假币的情形:行为人购买假币后使用,构成犯罪的,依照《刑法》第171条的规定,以购买假币罪定罪,从重处罚。(2)对于涉及不同宗假币的情形,行为人出售、运输假币构成犯罪,同时有使用假币行为的,依照《刑法》第171条、第172条的规定,实行数罪并罚。

**条文参见**

《最高人民法院关于审理伪造货币等案件具体应用法律若干问题的解释》第2、5条

《最高人民法院关于审理伪造货币等案件具体应用法律若干问题的解释(二)》第3、4条

## 第一百七十三条

【变造货币罪】变造货币,数额较大的,处三年以下有期徒刑或者拘役,并处或者单处一万元以上十万元以下罚金;数额巨大的,处三年以上十年以下有期徒刑,并处二万元以上二十万元以下罚金。

### 理解适用

[变造货币]

指对真货币采用剪贴、挖补、揭层、涂改、移位、重印等方法加工处理,改变真币形态、价值的行为。

### 条文参见

《最高人民法院关于审理伪造货币等案件具体应用法律若干问题的解释》第6条

《最高人民法院关于审理伪造货币等案件具体应用法律若干问题的解释(二)》第1、3、4条

## 第一百七十四条[1]

【擅自设立金融机构罪】未经国家有关主管部门批准,擅自设立商业银行、证券交易所、期货交易所、证券公司、期货经纪公司、保险公司或者其他金融机构的,处三年以下有期徒刑或者拘役,并处或者单处二万元以上二十万元以下罚金;情节严重的,处三年以上十年以下有期徒刑,并处五万元以上五十万元以下罚金。

【伪造、变造、转让金融机构经营许可证、批准文件罪】伪造、变造、转让商业银行、证券交易所、期货交易所、证券公司、期货经纪公司、保险公司或者其他金融机构的经营许可证或者批准文件的,依照前款的规定处罚。

单位犯前两款罪的,对单位判处罚金,并对其直接负责的主管人员和其他直接责任人员,依照第一款的规定处罚。

---

[1] 本条根据1999年12月25日《刑法修正案》修改。

## 第一百七十五条

【高利转贷罪】以转贷牟利为目的,套取金融机构信贷资金高利转贷他人,违法所得数额较大的,处三年以下有期徒刑或者拘役,并处违法所得一倍以上五倍以下罚金;数额巨大的,处三年以上七年以下有期徒刑,并处违法所得一倍以上五倍以下罚金。

单位犯前款罪的,对单位判处罚金,并对其直接负责的主管人员和其他直接责任人员,处三年以下有期徒刑或者拘役。

## 第一百七十五条之一[①]

【骗取贷款、票据承兑、金融票证罪】以欺骗手段取得银行或者其他金融机构贷款、票据承兑、信用证、保函等,给银行或者其他金融机构造成重大损失的,处三年以下有期徒刑或者拘役,并处或者单处罚金;给银行或者其他金融机构造成特别重大损失或者有其他特别严重情节的,处三年以上七年以下有期徒刑,并处罚金。

单位犯前款罪的,对单位判处罚金,并对其直接负责的主管人员和其他直接责任人员,依照前款的规定处罚。

理解适用

[高利转贷罪与贷款诈骗罪的界限]

二者的区别在于:(1)犯罪的主观方面不同。高利转贷罪主观上是以转贷牟利为目的,贷款诈骗罪主观上是以非法占有为目的。(2)犯罪的客观方面不同。高利转贷罪是套取金融机构信贷资金转贷他人,贷款诈骗罪是采取《刑法》第193条明确规定的五种诈骗贷款的方式之一骗取金融机构的贷款的行为。

---

① 本条根据2006年6月29日《刑法修正案(六)》增加,本条第一款根据2020年12月26日《刑法修正案(十一)》修改。

### 第一百七十六条[①]

**【非法吸收公众存款罪】** 非法吸收公众存款或者变相吸收公众存款，扰乱金融秩序的，处三年以下有期徒刑或者拘役，并处或者单处罚金；数额巨大或者有其他严重情节的，处三年以上十年以下有期徒刑，并处罚金；数额特别巨大或者有其他特别严重情节的，处十年以上有期徒刑，并处罚金。

单位犯前款罪的，对单位判处罚金，并对其直接负责的主管人员和其他直接责任人员，依照前款的规定处罚。

有前两款行为，在提起公诉前积极退赃退赔，减少损害结果发生的，可以从轻或者减轻处罚。

#### 理解适用

[非法吸收公众存款或者变相吸收公众存款]

成立"非法吸收公众存款或者变相吸收公众存款"须同时具备非法性、公开性、利诱性、社会性四个特征：(1)未经有关部门依法许可或者借用合法经营的形式吸收资金。(2)通过网络、媒体、推介会、传单、手机信息等途径向社会公开宣传。(3)承诺在一定期限内以货币、实物、股权等方式还本付息或者给付回报。(4)向社会公众即社会不特定对象吸收资金。以单位为对象的集资同样应当计入集资数额。

[以非法吸收公众存款罪定罪处罚的情形]

实施下列行为之一，符合前述规定的四个特性的条件的，应当依照本条的规定，以非法吸收公众存款罪定罪处罚：(1)不具有房产销售的真实内容或者不以房产销售为主要目的，以返本销售、售后包租、约定回购、销售房产份额等方式非法吸收资金的；(2)以转让林权并代为管护等方式非法吸收资金的；(3)以代种植(养殖)、租种植(养殖)、联合种植(养殖)等方式非法吸收资金的；(4)不具有销售商品、提供服务的真实内容或者不以销售商品、提供服务为主要目的，以商品回购、寄存代售等方式非法吸收资金的；(5)不具有发行股票、债券的真实内容，以虚假转让股权、发售虚构债券等方式非法吸收资金的；(6)不具有募集基金的真实内容，以假借境外基金、发售虚构基金

---

① 本条根据 2020 年 12 月 26 日《刑法修正案(十一)》修改。

等方式非法吸收资金的;(7)不具有销售保险的真实内容,以假冒保险公司、伪造保险单据等方式非法吸收资金的;(8)以网络借贷、投资入股、虚拟币交易等方式非法吸收资金的;(9)以委托理财、融资租赁等方式非法吸收资金的;(10)以提供"养老服务"、投资"养老项目"、销售"老年产品"等方式非法吸收资金的;(11)利用民间"会""社"等组织非法吸收资金的;(12)其他非法吸收资金的行为。

### 条文参见

《最高人民检察院关于办理涉互联网金融犯罪案件有关问题座谈会纪要》

《最高人民法院关于审理非法集资刑事案件具体应用法律若干问题的解释》第1～6、9、13、14条

### 案例指引

**杨卫国等人非法吸收公众存款案**(检例第64号)

**要旨:**单位或个人假借开展网络借贷信息中介业务之名,未经依法批准,归集不特定公众的资金设立资金池,控制、支配资金池中的资金,并承诺还本付息的,构成非法吸收公众存款罪。

### 第一百七十七条

【**伪造、变造金融票证罪**】有下列情形之一,伪造、变造金融票证的,处五年以下有期徒刑或者拘役,并处或者单处二万元以上二十万元以下罚金;情节严重的,处五年以上十年以下有期徒刑,并处五万元以上五十万元以下罚金;情节特别严重的,处十年以上有期徒刑或者无期徒刑,并处五万元以上五十万元以下罚金或者没收财产:

(一)伪造、变造汇票、本票、支票的;

(二)伪造、变造委托收款凭证、汇款凭证、银行存单等其他银行结算凭证的;

(三)伪造、变造信用证或者附随的单据、文件的;

(四)伪造信用卡的。

单位犯前款罪的,对单位判处罚金,并对其直接负责的主管人员和其他直接责任人员,依照前款的规定处罚。

[理解适用]

[伪造信用卡的方式]

伪造信用卡的行为方式通常包括以下几种：(1)复制他人信用卡，即将他人信用卡中的信息资料复制到伪造的信用卡中，制作所谓的"克隆卡"；(2)将他人信用卡信息资料写入磁条介质、芯片，即将窃取、收买或者非法获取的他人信用卡信息资料写入伪造信用卡中的磁条介质、芯片；(3)其他伪造方法，如在过期卡、作废卡、盗窃卡、丢失卡等信息完整的真实信用卡的基础上篡改关键信息，或者对非法获取的发卡银行的空白信用卡进行凸印、写磁制成信用卡等。

[伪造空白信用卡的处理]

伪造空白信用卡10张以上的，应当认定为本条第1款第4项规定的"伪造信用卡"，以伪造金融票证罪定罪处罚。

[条文参见]

《最高人民法院、最高人民检察院关于办理妨害信用卡管理刑事案件具体应用法律若干问题的解释》第1条

**第一百七十七条之一**[①]

【妨害信用卡管理罪】有下列情形之一，妨害信用卡管理的，处三年以下有期徒刑或者拘役，并处或者单处一万元以上十万元以下罚金；数量巨大或者有其他严重情节的，处三年以上十年以下有期徒刑，并处二万元以上二十万元以下罚金：

(一)明知是伪造的信用卡而持有、运输的，或者明知是伪造的空白信用卡而持有、运输，数量较大的；

(二)非法持有他人信用卡，数量较大的；

(三)使用虚假的身份证明骗领信用卡的；

(四)出售、购买、为他人提供伪造的信用卡或者以虚假的身份证明骗领的信用卡的。

【窃取、收买、非法提供信用卡信息罪】窃取、收买或者非法提供他人

---

① 本条根据2005年2月28日《刑法修正案(五)》增加。

信用卡信息资料的,依照前款规定处罚。

　　银行或者其他金融机构的工作人员利用职务上的便利,犯第二款罪的,从重处罚。

**理解适用**

　　(1)为信用卡申请人制作、提供虚假的财产状况、收入、职务等资信证明材料,涉及伪造、变造、买卖国家机关公文、证件、印章,或者涉及伪造公司、企业、事业单位、人民团体印章,应当追究刑事责任的,依照《刑法》第280条的规定,分别以伪造、变造、买卖国家机关公文、证件、印章罪和伪造公司、企业、事业单位、人民团体印章罪定罪处罚。

　　(2)承担资产评估、验资、验证、会计、审计、法律服务等职责的中介组织或其人员,为信用卡申请人提供虚假的财产状况、收入、职务等资信证明材料,应当追究刑事责任的,依照《刑法》第229条的规定,分别以提供虚假证明文件罪和出具证明文件重大失实罪定罪处罚。

**条文参见**

　　《全国人民代表大会常务委员会关于〈中华人民共和国刑法〉有关信用卡规定的解释》

　　《最高人民法院、最高人民检察院关于办理妨害信用卡管理刑事案件具体应用法律若干问题的解释》第2、3条

## 第一百七十八条

　　【伪造、变造国家有价证券罪】伪造、变造国库券或者国家发行的其他有价证券,数额较大的,处三年以下有期徒刑或者拘役,并处或者单处二万元以上二十万元以下罚金;数额巨大的,处三年以上十年以下有期徒刑,并处五万元以上五十万元以下罚金;数额特别巨大的,处十年以上有期徒刑或者无期徒刑,并处五万元以上五十万元以下罚金或者没收财产。

　　【伪造、变造股票、公司、企业债券罪】伪造、变造股票或者公司、企业债券,数额较大的,处三年以下有期徒刑或者拘役,并处或者单处一万元以上十万元以下罚金;数额巨大的,处三年以上十年以下有期徒刑,并处

二万元以上二十万元以下罚金。

单位犯前两款罪的,对单位判处罚金,并对其直接负责的主管人员和其他直接责任人员,依照前两款的规定处罚。

### 第一百七十九条

【擅自发行股票、公司、企业债券罪】未经国家有关主管部门批准,擅自发行股票或者公司、企业债券,数额巨大、后果严重或者有其他严重情节的,处五年以下有期徒刑或者拘役,并处或者单处非法募集资金金额百分之一以上百分之五以下罚金。

单位犯前款罪的,对单位判处罚金,并对其直接负责的主管人员和其他直接责任人员,处五年以下有期徒刑或者拘役。

### 第一百八十条[①]

【内幕交易、泄露内幕信息罪】证券、期货交易内幕信息的知情人员或者非法获取证券、期货交易内幕信息的人员,在涉及证券的发行,证券、期货交易或者其他对证券、期货交易价格有重大影响的信息尚未公开前,买入或者卖出该证券,或者从事与该内幕信息有关的期货交易,或者泄露该信息,或者明示、暗示他人从事上述交易活动,情节严重的,处五年以下有期徒刑或者拘役,并处或者单处违法所得一倍以上五倍以下罚金;情节特别严重的,处五年以上十年以下有期徒刑,并处违法所得一倍以上五倍以下罚金。

单位犯前款罪的,对单位判处罚金,并对其直接负责的主管人员和其他直接责任人员,处五年以下有期徒刑或者拘役。

内幕信息、知情人员的范围,依照法律、行政法规的规定确定。

【利用未公开信息交易罪】证券交易所、期货交易所、证券公司、期货经纪公司、基金管理公司、商业银行、保险公司等金融机构的从业人员以

---

[①] 本条根据1999年12月25日《刑法修正案》第一次修改,根据2009年2月28日《刑法修正案(七)》第二次修改。

及有关监管部门或者行业协会的工作人员，利用因职务便利获取的内幕信息以外的其他未公开的信息，违反规定，从事与该信息相关的证券、期货交易活动，或者明示、暗示他人从事相关交易活动，情节严重的，依照第一款的规定处罚。

### 理解适用

**［内幕信息的知情人员］**

包括基于管理地位、监督地位、职业地位或者通过职务行为能够接触或者获得内幕信息的人员。发行人（上市公司）的控股股东、实际控制人控制的其他公司的董事、监事、高级管理人员不是法定的内幕信息知情人员。内幕信息的知情人员不包括单位。

**［非法获取内幕信息的人员］**

主要包括三类：(1)利用窃取、骗取、套取、窃听、利诱、刺探或者私下交易等手段获取内幕信息的；(2)内幕信息知情人员的近亲属或者其他与内幕信息知情人员关系密切的人员，在内幕信息敏感期内，从事或者明示、暗示他人从事，或者泄露内幕信息导致他人从事与该内幕信息有关的证券、期货交易，相关交易行为明显异常，且无正当理由或者正当信息来源的；(3)在内幕信息敏感期内，与内幕信息知情人员联络、接触，从事或者明示、暗示他人从事，或者泄露内幕信息导致他人从事与该内幕信息有关的证券、期货交易，相关交易行为明显异常，且无正当理由或者正当信息来源的。

**［不属于本条第1款规定的从事与内幕信息有关的证券、期货交易］**

具有下列情形之一的，不属于本条第1款规定的从事与内幕信息有关的证券、期货交易：(1)持有或者通过协议、其他安排与他人共同持有上市公司5%以上股份的自然人、法人或者其他组织收购该上市公司股份的；(2)按照事先订立的书面合同、指令、计划从事相关证券、期货交易的；(3)依据已被他人披露的信息而交易的；(4)交易具有其他正当理由或者正当信息来源的。

### 条文参见

《最高人民法院、最高人民检察院关于办理内幕交易、泄露内幕信息刑事案件具体应用法律若干问题的解释》

### 案例指引

**1. 王鹏等人利用未公开信息交易案**（检例第 65 号）

**要旨**：具有获取未公开信息职务便利条件的金融机构从业人员及其近亲属从事相关证券交易行为明显异常，且与未公开信息相关交易高度趋同，即使其拒不供述未公开信息传递过程等犯罪事实，但其他证据之间相互印证，能够形成证明利用未公开信息犯罪的完整证明体系，足以排除其他可能的，可以依法认定犯罪事实。

**2. 蒋某某内幕交易案**（检例第 221 号）

**要旨**：认定内幕信息，应当根据《证券法》第 52 条第 1 款的规定，从"对证券的市场价格有重大影响"与"尚未公开"两方面作实质判断。对于证券法所列重大事件以外的信息，符合前述规定要求的，依法认定为内幕信息。认定内幕信息的知情人员，应当在审查行为人是否具有特定职务身份的同时，重点审查其实际获取内幕信息的情况。凡属通过合法途径取得内幕信息的，均应依法认定为内幕信息的知情人员。利用内幕信息提前卖出避免损失的金额应当认定为违法所得，一般应当以信息公开后跌停板打开之日收盘价为标准进行计算；没有跌停的，以复牌后首个交易日收盘价为标准进行计算。

**3. 马乐利用未公开信息交易案**（最高人民法院指导案例 61 号）

**裁判要旨**：《刑法》第 180 条第 4 款规定的利用未公开信息交易罪援引法定刑的情形，应当是对第 1 款内幕交易、泄露内幕信息罪全部法定刑的引用，即利用未公开信息交易罪应有"情节严重""情节特别严重"两种情形和两个量刑档次。

### 第一百八十一条[①]

【**编造并传播证券、期货交易虚假信息罪**】编造并且传播影响证券、期货交易的虚假信息，扰乱证券、期货交易市场，造成严重后果的，处五年以下有期徒刑或者拘役，并处或者单处一万元以上十万元以下罚金。

【**诱骗投资者买卖证券、期货合约罪**】证券交易所、期货交易所、证券公司、期货经纪公司的从业人员，证券业协会、期货业协会或者证券期货监督管理部门的工作人员，故意提供虚假信息或者伪造、变造、销毁交易

---

① 本条根据 1999 年 12 月 25 日《刑法修正案》修改。

记录,诱骗投资者买卖证券、期货合约,造成严重后果的,处五年以下有期徒刑或者拘役,并处或者单处一万元以上十万元以下罚金;情节特别恶劣的,处五年以上十年以下有期徒刑,并处二万元以上二十万元以下罚金。

单位犯前两款罪的,对单位判处罚金,并对其直接负责的主管人员和其他直接责任人员,处五年以下有期徒刑或者拘役。

**第一百八十二条**①

**【操纵证券、期货市场罪】**有下列情形之一,操纵证券、期货市场,影响证券、期货交易价格或者证券、期货交易量,情节严重的,处五年以下有期徒刑或者拘役,并处或者单处罚金;情节特别严重的,处五年以上十年以下有期徒刑,并处罚金:

(一)单独或者合谋,集中资金优势、持股或者持仓优势或者利用信息优势联合或者连续买卖的;

(二)与他人串通,以事先约定的时间、价格和方式相互进行证券、期货交易的;

(三)在自己实际控制的帐户之间进行证券交易,或者以自己为交易对象,自买自卖期货合约的;

(四)不以成交为目的,频繁或者大量申报买入、卖出证券、期货合约并撤销申报的;

(五)利用虚假或者不确定的重大信息,诱导投资者进行证券、期货交易的;

(六)对证券、证券发行人、期货交易标的公开作出评价、预测或者投资建议,同时进行反向证券交易或者相关期货交易的;

(七)以其他方法操纵证券、期货市场的。

单位犯前款罪的,对单位判处罚金,并对其直接负责的主管人员和其他直接责任人员,依照前款的规定处罚。

---

① 本条根据1999年12月25日《刑法修正案》第一次修改,根据2006年6月29日《刑法修正案(六)》第二次修改,根据2020年12月26日《刑法修正案(十一)》第三次修改。

### 第一百八十三条

【职务侵占罪】保险公司的工作人员利用职务上的便利,故意编造未曾发生的保险事故进行虚假理赔,骗取保险金归自己所有的,依照本法第二百七十一条的规定定罪处罚。

【贪污罪】国有保险公司工作人员和国有保险公司委派到非国有保险公司从事公务的人员有前款行为的,依照本法第三百八十二条、第三百八十三条的规定定罪处罚。

### 第一百八十四条

【非国家工作人员受贿罪】银行或者其他金融机构的工作人员在金融业务活动中索取他人财物或者非法收受他人财物,为他人谋取利益的,或者违反国家规定,收受各种名义的回扣、手续费,归个人所有的,依照本法第一百六十三条的规定定罪处罚。

国有金融机构工作人员和国有金融机构委派到非国有金融机构从事公务的人员有前款行为的,依照本法第三百八十五条、第三百八十六条的规定定罪处罚。

### 第一百八十五条①

【挪用资金罪】商业银行、证券交易所、期货交易所、证券公司、期货经纪公司、保险公司或者其他金融机构的工作人员利用职务上的便利,挪用本单位或者客户资金的,依照本法第二百七十二条的规定定罪处罚。

【挪用公款罪】国有商业银行、证券交易所、期货交易所、证券公司、期货经纪公司、保险公司或者其他国有金融机构的工作人员和国有商业银行、证券交易所、期货交易所、证券公司、期货经纪公司、保险公司或者其他国有金融机构委派到前款规定中的非国有机构从事公务的人员有前款行为的,依照本法第三百八十四条的规定定罪处罚。

---

① 本条根据 1999 年 12 月 25 日《刑法修正案》修改。

### 第一百八十五条之一[1]

【背信运用受托财产罪】商业银行、证券交易所、期货交易所、证券公司、期货经纪公司、保险公司或者其他金融机构,违背受托义务,擅自运用客户资金或者其他委托、信托的财产,情节严重的,对单位判处罚金,并对其直接负责的主管人员和其他直接责任人员,处三年以下有期徒刑或者拘役,并处三万元以上三十万元以下罚金;情节特别严重的,处三年以上十年以下有期徒刑,并处五万元以上五十万元以下罚金。

【违法运用资金罪】社会保障基金管理机构、住房公积金管理机构等公众资金管理机构,以及保险公司、保险资产管理公司、证券投资基金管理公司,违反国家规定运用资金的,对其直接负责的主管人员和其他直接责任人员,依照前款的规定处罚。

### 第一百八十六条[2]

【违法发放贷款罪】银行或者其他金融机构的工作人员违反国家规定发放贷款,数额巨大或者造成重大损失的,处五年以下有期徒刑或者拘役,并处一万元以上十万元以下罚金;数额特别巨大或者造成特别重大损失的,处五年以上有期徒刑,并处二万元以上二十万元以下罚金。

银行或者其他金融机构的工作人员违反国家规定,向关系人发放贷款的,依照前款的规定从重处罚。

单位犯前两款罪的,对单位判处罚金,并对其直接负责的主管人员和其他直接责任人员,依照前两款的规定处罚。

关系人的范围,依照《中华人民共和国商业银行法》和有关金融法规确定。

---

[1] 本条根据 2006 年 6 月 29 日《刑法修正案(六)》增加。
[2] 本条第一、二款根据 2006 年 6 月 29 日《刑法修正案(六)》修改。

### 第一百八十七条①

【吸收客户资金不入账罪】银行或者其他金融机构的工作人员吸收客户资金不入帐,数额巨大或者造成重大损失的,处五年以下有期徒刑或者拘役,并处二万元以上二十万元以下罚金;数额特别巨大或者造成特别重大损失的,处五年以上有期徒刑,并处五万元以上五十万元以下罚金。

单位犯前款罪的,对单位判处罚金,并对其直接负责的主管人员和其他直接责任人员,依照前款的规定处罚。

### 第一百八十八条②

【违规出具金融票证罪】银行或者其他金融机构的工作人员违反规定,为他人出具信用证或者其他保函、票据、存单、资信证明,情节严重的,处五年以下有期徒刑或者拘役;情节特别严重的,处五年以上有期徒刑。

单位犯前款罪的,对单位判处罚金,并对其直接负责的主管人员和其他直接责任人员,依照前款的规定处罚。

### 第一百八十九条

【对违法票据承兑、付款、保证罪】银行或者其他金融机构的工作人员在票据业务中,对违反票据法规定的票据予以承兑、付款或者保证,造成重大损失的,处五年以下有期徒刑或者拘役;造成特别重大损失的,处五年以上有期徒刑。

单位犯前款罪的,对单位判处罚金,并对其直接负责的主管人员和其他直接责任人员,依照前款的规定处罚。

---

① 本条第一款根据 2006 年 6 月 29 日《刑法修正案(六)》修改。
② 本条第一款根据 2006 年 6 月 29 日《刑法修正案(六)》修改。

### 第一百九十条①

【逃汇罪】公司、企业或者其他单位,违反国家规定,擅自将外汇存放境外,或者将境内的外汇非法转移到境外,数额较大的,对单位判处逃汇数额百分之五以上百分之三十以下罚金,并对其直接负责的主管人员和其他直接责任人员处五年以下有期徒刑或者拘役;数额巨大或者有其他严重情节的,对单位判处逃汇数额百分之五以上百分之三十以下罚金,并对其直接负责的主管人员和其他直接责任人员处五年以上有期徒刑。

条文参见

《全国人民代表大会常务委员会关于惩治骗购外汇、逃汇和非法买卖外汇犯罪的决定》

《最高人民法院关于审理骗购外汇、非法买卖外汇刑事案件具体应用法律若干问题的解释》

### 第一百九十一条②

【洗钱罪】为掩饰、隐瞒毒品犯罪、黑社会性质的组织犯罪、恐怖活动犯罪、走私犯罪、贪污贿赂犯罪、破坏金融管理秩序犯罪、金融诈骗犯罪的所得及其产生的收益的来源和性质,有下列行为之一的,没收实施以上犯罪的所得及其产生的收益,处五年以下有期徒刑或者拘役,并处或者单处罚金;情节严重的,处五年以上十年以下有期徒刑,并处罚金:

(一)提供资金帐户的;
(二)将财产转换为现金、金融票据、有价证券的;
(三)通过转帐或者其他支付结算方式转移资金的;
(四)跨境转移资产的;
(五)以其他方法掩饰、隐瞒犯罪所得及其收益的来源和性质的。

---

① 本条根据1998年12月29日《全国人民代表大会常务委员会关于惩治骗购外汇、逃汇和非法买卖外汇犯罪的决定》修改。
② 本条根据2001年12月29日《刑法修正案(三)》第一次修改,根据2006年6月29日《刑法修正案(六)》第二次修改,根据2020年12月26日《刑法修正案(十一)》第三次修改。

> 单位犯前款罪的,对单位判处罚金,并对其直接负责的主管人员和其他直接责任人员,依照前款的规定处罚。

**理解适用**

洗钱罪应当以上游犯罪事实成立为认定前提。上游犯罪尚未依法裁判,但查证属实的,不影响洗钱罪的审判。上游犯罪事实可以确认,因行为人死亡等原因依法不予追究刑事责任的,或者上游犯罪事实可以确认,依法以其他罪名定罪处罚的,也不影响洗钱罪的认定。

**条文参见**

《最高人民法院、最高人民检察院关于办理洗钱刑事案件适用法律若干问题的解释》

《最高人民法院关于审理骗购外汇、非法买卖外汇刑事案件具体应用法律若干问题的解释》第1、2、5~8条

## 第五节 金融诈骗罪

**第一百九十二条**①

> 【集资诈骗罪】以非法占有为目的,使用诈骗方法非法集资,数额较大的,处三年以上七年以下有期徒刑,并处罚金;数额巨大或者有其他严重情节的,处七年以上有期徒刑或者无期徒刑,并处罚金或者没收财产。
> 单位犯前款罪的,对单位判处罚金,并对其直接负责的主管人员和其他直接责任人员,依照前款的规定处罚。

**理解适用**

[具有非法占有的目的]

具有下列情形之一的,可以认定为具有非法占有的目的:(1)集资后不用于生产经营活动或者用于生产经营活动与筹集资金规模明显不成比例,致

---

① 本条根据2020年12月26日《刑法修正案(十一)》修改。

使集资款不能返还的;(2)肆意挥霍集资款,致使集资款不能返还的;(3)携带集资款逃匿的;(4)将集资款用于违法犯罪活动的;(5)抽逃、转移资金、隐匿财产,逃避返还资金的;(6)隐匿、销毁账目,或者搞假破产、假倒闭,逃避返还资金的;(7)拒不交代资金去向,逃避返还资金的;(8)其他可以认定非法占有目的的情形。

[与非法吸收公众存款罪的区别]
(1)犯罪的目的不同。用诈骗方法非法集资罪的行为人的目的是非法占有所募集的资金,非法吸收公众存款罪的行为人在主观上不具有非法占有的目的。(2)犯罪的行为不同。非法集资罪的行为人必须使用诈骗的方法,非法吸收公众存款或者变相吸收公众存款罪则不以使用诈骗方法作为构成犯罪的要件。(3)侵犯的客体不同。非法集资罪侵犯的是双重客体,非法吸收公众存款罪侵犯的客体在一般情况下主要是国家的金融管理秩序。(4)侵犯的对象不同。非法吸收公众存款罪的侵犯对象是公众的资金,非法集资罪的侵犯对象既可以是公众的资金,也可以是其他的单位、组织的资金。

条文参见

《最高人民法院关于审理非法集资刑事案件具体应用法律若干问题的解释》第7~9、13、14条

《最高人民检察院关于办理涉互联网金融犯罪案件有关问题座谈会纪要》

案例指引

**1.周辉集资诈骗案**(检例第40号)

**要旨:**网络借贷信息中介机构或其控制人,利用网络借贷平台发布虚假信息,非法建立资金池募集资金,所得资金大部分未用于生产经营活动,主要用于借新还旧和个人挥霍,无法归还所募资金数额巨大,应认定为具有非法占有目的,以集资诈骗罪追究刑事责任。

**2.张业强等人非法集资案**(检例第175号)

**要旨:**违反私募基金管理有关规定,以发行销售私募基金形式公开宣传,向社会公众吸收资金,并承诺还本付息的,属于变相非法集资。向私募基金投资者隐瞒未将募集资金用于约定项目的事实,虚构投资项目经营情况,应当认定为使用诈骗方法。非法集资人虽然将部分集资款投入生产经营活动,但投资随意,明知经营活动盈利能力不具有支付本息的现实可能性,仍然向

社会公众大规模吸收资金,还本付息主要通过募新还旧实现,致使集资款不能返还的,应当认定其具有非法占有目的。在共同犯罪或者单位犯罪中,应当根据非法集资人是否具有非法占有目的,认定其构成集资诈骗罪还是非法吸收公众存款罪。

### 第一百九十三条

【**贷款诈骗罪**】有下列情形之一,以非法占有为目的,诈骗银行或者其他金融机构的贷款,数额较大的,处五年以下有期徒刑或者拘役,并处二万元以上二十万元以下罚金;数额巨大或者有其他严重情节的,处五年以上十年以下有期徒刑,并处五万元以上五十万元以下罚金;数额特别巨大或者有其他特别严重情节的,处十年以上有期徒刑或者无期徒刑,并处五万元以上五十万元以下罚金或者没收财产:

(一)编造引进资金、项目等虚假理由的;
(二)使用虚假的经济合同的;
(三)使用虚假的证明文件的;
(四)使用虚假的产权证明作担保或者超出抵押物价值重复担保的;
(五)以其他方法诈骗贷款的。

**理解适用**

[贷款诈骗罪成立]

在司法实践中,行为人不能按时偿还贷款的情况时有发生,其原因是相当复杂的。只要行为人并非故意诈取贷款,虽然主观上有一定责任,也不能认定为本罪。只有那些以非法占有为目的,采用欺骗的方法取得贷款的行为,才构成本罪。

### 第一百九十四条

【**票据诈骗罪**】有下列情形之一,进行金融票据诈骗活动,数额较大的,处五年以下有期徒刑或者拘役,并处二万元以上二十万元以下罚金;数额巨大或者有其他严重情节的,处五年以上十年以下有期徒刑,并处五万元以上五十万元以下罚金;数额特别巨大或者有其他特别严重情节的,处十年以上有期徒刑或者无期徒刑,并处五万元以上五十万元以下罚金或者没收财产:

（一）明知是伪造、变造的汇票、本票、支票而使用的；
（二）明知是作废的汇票、本票、支票而使用的；
（三）冒用他人的汇票、本票、支票的；
（四）签发空头支票或者与其预留印鉴不符的支票,骗取财物的；
（五）汇票、本票的出票人签发无资金保证的汇票、本票或者在出票时作虚假记载,骗取财物的。

**【金融凭证诈骗罪】** 使用伪造、变造的委托收款凭证、汇款凭证、银行存单等其他银行结算凭证的,依照前款的规定处罚。

### 第一百九十五条

**【信用证诈骗罪】** 有下列情形之一,进行信用证诈骗活动的,处五年以下有期徒刑或者拘役,并处二万元以上二十万元以下罚金；数额巨大或者有其他严重情节的,处五年以上十年以下有期徒刑,并处五万元以上五十万元以下罚金；数额特别巨大或者有其他特别严重情节的,处十年以上有期徒刑或者无期徒刑,并处五万元以上五十万元以下罚金或者没收财产：
（一）使用伪造、变造的信用证或者附随的单据、文件的；
（二）使用作废的信用证的；
（三）骗取信用证的；
（四）以其他方法进行信用证诈骗活动的。

#### 理解适用

[信用证]

指开证银行根据作为进口商的开证申请人的请求,开给受益人(通常情况下为出口商)的一种在其具备约定的条件以后,即可得到由开证银行或支付银行支付的约定金额的保证付款的凭证。

### 第一百九十六条[1]

【信用卡诈骗罪】有下列情形之一，进行信用卡诈骗活动，数额较大的，处五年以下有期徒刑或者拘役，并处二万元以上二十万元以下罚金；数额巨大或者有其他严重情节的，处五年以上十年以下有期徒刑，并处五万元以上五十万元以下罚金；数额特别巨大或者有其他特别严重情节的，处十年以上有期徒刑或者无期徒刑，并处五万元以上五十万元以下罚金或者没收财产：

（一）使用伪造的信用卡，或者使用以虚假的身份证明骗领的信用卡的；

（二）使用作废的信用卡的；

（三）冒用他人信用卡的；

（四）恶意透支的。

前款所称恶意透支，是指持卡人以非法占有为目的，超过规定限额或者规定期限透支，并且经发卡银行催收后仍不归还的行为。

【盗窃罪】盗窃信用卡并使用的，依照本法第二百六十四条的规定定罪处罚。

### 理解适用

[以非法占有为目的]

根据相关司法解释，有以下情形之一的，应当认定为"以非法占有为目的"：(1)明知没有还款能力而大量透支，无法归还的；(2)使用虚假资信证明申领信用卡后透支，无法归还的；(3)透支后通过逃匿、改变联系方式等手段，逃避银行催收的；(4)抽逃、转移资金，隐匿财产，逃避还款的；(5)使用透支的资金进行犯罪活动的；(6)其他非法占有资金，拒不归还的情形。

### 条文参见

《全国人民代表大会常务委员会关于〈中华人民共和国刑法〉有关信用卡规定的解释》

《最高人民法院、最高人民检察院关于办理妨害信用卡管理刑事案件具

---

[1] 本条根据2005年2月28日《刑法修正案（五）》修改。

体应用法律若干问题的解释》第 5~12 条

### 第一百九十七条

【有价证券诈骗罪】使用伪造、变造的国库券或者国家发行的其他有价证券,进行诈骗活动,数额较大的,处五年以下有期徒刑或者拘役,并处二万元以上二十万元以下罚金;数额巨大或者有其他严重情节的,处五年以上十年以下有期徒刑,并处五万元以上五十万元以下罚金;数额特别巨大或者有其他特别严重情节的,处十年以上有期徒刑或者无期徒刑,并处五万元以上五十万元以下罚金或者没收财产。

### 第一百九十八条

【保险诈骗罪】有下列情形之一,进行保险诈骗活动,数额较大的,处五年以下有期徒刑或者拘役,并处一万元以上十万元以下罚金;数额巨大或者有其他严重情节的,处五年以上十年以下有期徒刑,并处二万元以上二十万元以下罚金;数额特别巨大或者有其他特别严重情节的,处十年以上有期徒刑,并处二万元以上二十万元以下罚金或者没收财产:

(一)投保人故意虚构保险标的,骗取保险金的;

(二)投保人、被保险人或者受益人对发生的保险事故编造虚假的原因或者夸大损失的程度,骗取保险金的;

(三)投保人、被保险人或者受益人编造未曾发生的保险事故,骗取保险金的;

(四)投保人、被保险人故意造成财产损失的保险事故,骗取保险金的;

(五)投保人、受益人故意造成被保险人死亡、伤残或者疾病,骗取保险金的。

有前款第四项、第五项所列行为,同时构成其他犯罪的,依照数罪并罚的规定处罚。

单位犯第一款罪的,对单位判处罚金,并对其直接负责的主管人员和其他直接责任人员,处五年以下有期徒刑或者拘役;数额巨大或者有其他严重情节的,处五年以上十年以下有期徒刑;数额特别巨大或者有其他特别严重情节的,处十年以上有期徒刑。

保险事故的鉴定人、证明人、财产评估人故意提供虚假的证明文件，为他人诈骗提供条件的，以保险诈骗的共犯论处。

## 第一百九十九条[①]

　　【金融诈骗罪适用死刑和没收财产的规定】犯本节第一百九十二条规定之罪，数额特别巨大并且给国家和人民利益造成特别重大损失的，处无期徒刑或者死刑，并处没收财产。

## 第二百条[②]

　　【单位犯金融诈骗罪的处罚规定】单位犯本节第一百九十四条、第一百九十五条规定之罪的，对单位判处罚金，并对其直接负责的主管人员和其他直接责任人员，处五年以下有期徒刑或者拘役，可以并处罚金；数额巨大或者有其他严重情节的，处五年以上十年以下有期徒刑，并处罚金；数额特别巨大或者有其他特别严重情节的，处十年以上有期徒刑或者无期徒刑，并处罚金。

## 第六节　危害税收征管罪

## 第二百零一条[③]

　　【逃税罪】纳税人采取欺骗、隐瞒手段进行虚假纳税申报或者不申报，逃避缴纳税款数额较大并且占应纳税额百分之十以上的，处三年以下有期徒刑或者拘役，并处罚金；数额巨大并且占应纳税额百分之三十以上的，处三年以上七年以下有期徒刑，并处罚金。

---

　　① 本条根据2011年2月25日《刑法修正案（八）》修改，根据2015年8月29日《刑法修正案（九）》删去。

　　② 本条根据2011年2月25日《刑法修正案（八）》第一次修改，根据2020年12月26日《刑法修正案（十一）》第二次修改。

　　③ 本条根据2009年2月28日《刑法修正案（七）》修改。

扣缴义务人采取前款所列手段,不缴或者少缴已扣、已收税款,数额较大的,依照前款的规定处罚。

对多次实施前两款行为,未经处理的,按照累计数额计算。

有第一款行为,经税务机关依法下达追缴通知后,补缴应纳税款,缴纳滞纳金,已受行政处罚的,不予追究刑事责任;但是,五年内因逃避缴纳税款受过刑事处罚或者被税务机关给予二次以上行政处罚的除外。

### 理解适用

**[欺骗、隐瞒手段]**

主要是指:(1)伪造、变造、转移、隐匿、擅自销毁账簿、记账凭证或者其他涉税资料的;(2)以签订"阴阳合同"等形式隐匿或者以他人名义分解收入、财产的;(3)虚列支出、虚抵进项税额或者虚报专项附加扣除的;(4)提供虚假材料,骗取税收优惠的;(5)编造虚假计税依据的;(6)为不缴、少缴税款而采取的其他欺骗、隐瞒手段。

**[不申报]**

主要是指:(1)依法在登记机关办理设立登记的纳税人,发生应税行为而不申报纳税的;(2)依法不需要在登记机关办理设立登记或者未依法办理设立登记的纳税人,发生应税行为,经税务机关依法通知其申报而不申报纳税的;(3)其他明知应当依法申报纳税而不申报纳税的。

### 条文参见

《最高人民法院、最高人民检察院关于办理危害税收征管刑事案件适用法律若干问题的解释》第1~4条

### 第二百零二条

**【抗税罪】**以暴力、威胁方法拒不缴纳税款的,处三年以下有期徒刑或者拘役,并处拒缴税款一倍以上五倍以下罚金;情节严重的,处三年以上七年以下有期徒刑,并处拒缴税款一倍以上五倍以下罚金。

### 条文参见

《最高人民法院、最高人民检察院关于办理危害税收征管刑事案件适用法律若干问题的解释》第5条

### 第二百零三条

【逃避追缴欠税罪】纳税人欠缴应纳税款,采取转移或者隐匿财产的手段,致使税务机关无法追缴欠缴的税款,数额在一万元以上不满十万元的,处三年以下有期徒刑或者拘役,并处或者单处欠缴税款一倍以上五倍以下罚金;数额在十万元以上的,处三年以上七年以下有期徒刑,并处欠缴税款一倍以上五倍以下罚金。

**条文参见**

《最高人民法院、最高人民检察院关于办理危害税收征管刑事案件适用法律若干问题的解释》第6条

### 第二百零四条

【骗取出口退税罪】以假报出口或者其他欺骗手段,骗取国家出口退税款,数额较大的,处五年以下有期徒刑或者拘役,并处骗取税款一倍以上五倍以下罚金;数额巨大或者有其他严重情节的,处五年以上十年以下有期徒刑,并处骗取税款一倍以上五倍以下罚金;数额特别巨大或者有其他特别严重情节的,处十年以上有期徒刑或者无期徒刑,并处骗取税款一倍以上五倍以下罚金或者没收财产。

【逃税罪、骗取出口退税罪】纳税人缴纳税款后,采取前款规定的欺骗方法,骗取所缴纳的税款的,依照本法第二百零一条的规定定罪处罚;骗取税款超过所缴纳的税款部分,依照前款的规定处罚。

**理解适用**

[其他欺骗手段]

具有下列情形之一的,应当认定为《刑法》第204条第1款规定的"假报出口或者其他欺骗手段":(1)使用虚开、非法购买或者以其他非法手段取得的增值税专用发票或者其他可以用于出口退税的发票申报出口退税的;(2)将未负税或者免税的出口业务申报为已税的出口业务的;(3)冒用他人出口业务申报出口退税的;(4)虽有出口,但虚构应退税出口业务的品名、数量、单价等要素,以虚增出口退税额申报出口退税的;(5)伪造、签订虚假的销售合同,或者以伪造、变造等非法手段取得出口报关单、运输单据等出口业务相关单据、凭证,虚构出

口事实申报出口退税的;(6)在货物出口后,又转入境内或者将境外同种货物转入境内循环进出口并申报出口退税的;(7)虚报出口产品的功能、用途等,将不享受退税政策的产品申报为退税产品的;(8)以其他欺骗手段骗取出口退税款的。

### 条文参见

《最高人民法院、最高人民检察院关于办理危害税收征管刑事案件适用法律若干问题的解释》第7、8条

### 第二百零五条[①]

【**虚开增值税专用发票、用于骗取出口退税、抵扣税款发票罪**】虚开增值税专用发票或者虚开用于骗取出口退税、抵扣税款的其他发票的,处三年以下有期徒刑或者拘役,并处二万元以上二十万元以下罚金;虚开的税款数额较大或者有其他严重情节的,处三年以上十年以下有期徒刑,并处五万元以上五十万元以下罚金;虚开的税款数额巨大或者有其他特别严重情节的,处十年以上有期徒刑或者无期徒刑,并处五万元以上五十万元以下罚金或者没收财产。

有前款行为骗取国家税款,数额特别巨大,情节特别严重,给国家利益造成特别重大损失的,处无期徒刑或者死刑,并处没收财产。

单位犯本条规定之罪的,对单位判处罚金,并对其直接负责的主管人员和其他直接责任人员,处三年以下有期徒刑或者拘役;虚开的税款数额较大或者有其他严重情节的,处三年以上十年以下有期徒刑;虚开的税款数额巨大或者有其他特别严重情节的,处十年以上有期徒刑或者无期徒刑。

虚开增值税专用发票或者虚开用于骗取出口退税、抵扣税款的其他发票,是指有为他人虚开、为自己虚开、让他人为自己虚开、介绍他人虚开行为之一的。

### 理解适用

[**虚开增值税专用发票或者虚开用于骗取出口退税、抵扣税款的其他发票**]

具有下列情形之一的,应当认定为《刑法》第205条第1款规定的"虚开

---

① 本条第二款根据2011年2月25日《刑法修正案(八)》删去。

增值税专用发票或者虚开用于骗取出口退税、抵扣税款的其他发票"：

（1）没有实际业务，开具增值税专用发票、用于骗取出口退税、抵扣税款的其他发票的；(2)有实际应抵扣业务，但开具超过实际应抵扣业务对应税款的增值税专用发票、用于骗取出口退税、抵扣税款的其他发票的；(3)对依法不能抵扣税款的业务，通过虚构交易主体开具增值税专用发票、用于骗取出口退税、抵扣税款的其他发票的；(4)非法篡改增值税专用发票或者用于骗取出口退税、抵扣税款的其他发票相关电子信息的；(5)违反规定以其他手段虚开的。为虚增业绩、融资、贷款等不以骗抵税款为目的，没有因抵扣造成税

**条文参见**

《最高人民法院、最高人民检察院关于办理危害税收征管刑事案件适用法律若干问题的解释》第10、11条

### 第二百零五条之一①

【**虚开发票罪**】虚开本法第二百零五条规定以外的其他发票，情节严重的，处二年以下有期徒刑、拘役或者管制，并处罚金；情节特别严重的，处二年以上七年以下有期徒刑，并处罚金。

单位犯前款罪的，对单位判处罚金，并对其直接负责的主管人员和其他直接责任人员，依照前款的规定处罚。

**条文参见**

《最高人民法院、最高人民检察院关于办理危害税收征管刑事案件适用法律若干问题的解释》第12、13条

### 第二百零六条②

【**伪造、出售伪造的增值税专用发票罪**】伪造或者出售伪造的增值税专用发票的，处三年以下有期徒刑、拘役或者管制，并处二万元以上二十万元以下罚金；数量较大或者有其他严重情节的，处三年以上十年以下

---

① 本条根据2011年2月25日《刑法修正案(八)》增加。
② 本条第二款根据2011年2月25日《刑法修正案(八)》删去。

有期徒刑,并处五万元以上五十万元以下罚金;数量巨大或者有其他特别严重情节的,处十年以上有期徒刑或者无期徒刑,并处五万元以上五十万元以下罚金或者没收财产。

伪造并出售伪造的增值税专用发票,数量特别巨大,情节特别严重,严重破坏经济秩序的,处无期徒刑或者死刑,并处没收财产。

单位犯本条规定之罪的,对单位判处罚金,并对其直接负责的主管人员和其他直接责任人员,处三年以下有期徒刑、拘役或者管制;数量较大或者有其他严重情节的,处三年以上十年以下有期徒刑;数量巨大或者有其他特别严重情节的,处十年以上有期徒刑或者无期徒刑。

### 条文参见

《最高人民法院、最高人民检察院关于办理危害税收征管刑事案件适用法律若干问题的解释》第14条

### 第二百零七条

【非法出售增值税专用发票罪】非法出售增值税专用发票的,处三年以下有期徒刑、拘役或者管制,并处二万元以上二十万元以下罚金;数量较大的,处三年以上十年以下有期徒刑,并处五万元以上五十万元以下罚金;数量巨大的,处十年以上有期徒刑或者无期徒刑,并处五万元以上五十万元以下罚金或者没收财产。

### 条文参见

《最高人民法院、最高人民检察院关于办理危害税收征管刑事案件适用法律若干问题的解释》第14、15条

### 第二百零八条

【非法购买增值税专用发票、购买伪造的增值税专用发票罪】非法购买增值税专用发票或者购买伪造的增值税专用发票的,处五年以下有期徒刑或者拘役,并处或者单处二万元以上二十万元以下罚金。

非法购买增值税专用发票或者购买伪造的增值税专用发票又虚开

或者出售的,分别依照本法第二百零五条、第二百零六条、第二百零七条的规定定罪处罚。

**条文参见**

《最高人民法院、最高人民检察院关于办理危害税收征管刑事案件适用法律若干问题的解释》第16条

### 第二百零九条

【非法制造、出售非法制造的用于骗取出口退税、抵扣税款发票罪】伪造、擅自制造或者出售伪造、擅自制造的可以用于骗取出口退税、抵扣税款的其他发票的,处三年以下有期徒刑、拘役或者管制,并处二万元以上二十万元以下罚金;数量巨大的,处三年以上七年以下有期徒刑,并处五万元以上五十万元以下罚金;数量特别巨大的,处七年以上有期徒刑,并处五万元以上五十万元以下罚金或者没收财产。

【非法制造、出售非法制造的发票罪】伪造、擅自制造或者出售伪造、擅自制造的前款规定以外的其他发票的,处二年以下有期徒刑、拘役或者管制,并处或者单处一万元以上五万元以下罚金;情节严重的,处二年以上七年以下有期徒刑,并处五万元以上五十万元以下罚金。

【非法出售用于骗取出口退税、抵扣税款发票罪】非法出售可以用于骗取出口退税、抵扣税款的其他发票的,依照第一款的规定处罚。

【非法出售发票罪】非法出售第三款规定以外的其他发票的,依照第二款的规定处罚。

**条文参见**

《最高人民法院、最高人民检察院关于办理危害税收征管刑事案件适用法律若干问题的解释》第17条

### 第二百一十条

【盗窃罪】盗窃增值税专用发票或者可以用于骗取出口退税、抵扣税款的其他发票的,依照本法第二百六十四条的规定定罪处罚。

【诈骗罪】使用欺骗手段骗取增值税专用发票或者可以用于骗取出口退税、抵扣税款的其他发票的,依照本法第二百六十六条的规定定罪处罚。

### 第二百一十条之一[①]

【持有伪造的发票罪】明知是伪造的发票而持有,数量较大的,处一年以下有期徒刑、拘役或者管制,并处罚金;数量巨大的,处二年以上七年以下有期徒刑,并处罚金。

单位犯前款罪的,对单位判处罚金,并对其直接负责的主管人员和其他直接责任人员,依照前款的规定处罚。

**条文参见**

《最高人民法院、最高人民检察院关于办理危害税收征管刑事案件适用法律若干问题的解释》第18条

### 第二百一十一条

【单位犯危害税收征管罪的处罚规定】单位犯本节第二百零一条、第二百零三条、第二百零四条、第二百零七条、第二百零八条、第二百零九条规定之罪的,对单位判处罚金,并对其直接负责的主管人员和其他直接责任人员,依照各该条的规定处罚。

**条文参见**

《最高人民法院、最高人民检察院关于办理危害税收征管刑事案件适用法律若干问题的解释》第20条

---

[①] 本条根据2011年2月25日《刑法修正案(八)》增加。

### 第二百一十二条

【税务机关征缴优先原则】犯本节第二百零一条至第二百零五条规定之罪，被判处罚金、没收财产的，在执行前，应当先由税务机关追缴税款和所骗取的出口退税款。

## 第七节　侵犯知识产权罪

### 第二百一十三条①

【假冒注册商标罪】未经注册商标所有人许可，在同一种商品、服务上使用与其注册商标相同的商标，情节严重的，处三年以下有期徒刑，并处或者单处罚金；情节特别严重的，处三年以上十年以下有期徒刑，并处罚金。

**理解适用**

[相同的商标]

本条规定的"相同的商标"，是指与被假冒的注册商标完全相同，或者与被假冒的注册商标在视觉上基本无差别、足以对公众产生误导的商标。具体包括六种情形：(1)改变注册商标的字体、字母大小写或者文字横竖排列，与注册商标基本无差别的；(2)改变注册商标的文字、字母、数字等之间的间距，与注册商标基本无差别的；(3)改变注册商标颜色，不影响体现注册商标显著特征的；(4)在注册商标上仅增加商品通用名称、型号等缺乏显著特征要素，不影响体现注册商标显著特征的；(5)与立体注册商标的三维标志及平面要素基本无差别的；(6)其他与注册商标基本无差别、足以对相关公众产生误导的。

[与一般侵权行为的区别]

未经注册商标所有权人许可，在同一种商品上使用与他人注册商标近似的商标，或者在类似商品上使用与他人注册商标相同的商标，又或者在类似商品上使用与他人注册商标近似的商标，以及过失地在同一种商品上使用与

---

① 本条根据 2020 年 12 月 26 日《刑法修正案(十一)》修改。

他人注册商标相同的商标,均为一般商标侵权行为,不能以犯罪论处。

[关于假冒注册商标罪的定罪]

对于实施假冒注册商标犯罪,又销售该假冒注册商标的商品,构成犯罪的,应当以假冒注册商标罪定罪处罚;对于实施假冒注册商标犯罪,又销售明知是他人的假冒注册商标的商品,构成犯罪的,应当实行数罪并罚。

### 条文参见

《最高人民法院、最高人民检察院关于办理侵犯知识产权刑事案件具体应用法律若干问题的解释》第1~3、5~8、18、19、21~30条

《最高人民法院、最高人民检察院、公安部关于办理侵犯知识产权刑事案件适用法律若干问题的意见》

### 案例指引

**郭明升、郭明锋、孙淑标假冒注册商标案**(最高人民法院指导案例87号)

**裁判要旨:** 假冒注册商标犯罪的非法经营数额、违法所得数额,应当综合被告人供述、证人证言、被害人陈述、网络销售电子数据、被告人银行账户往来记录、送货单、快递公司电脑系统记录、被告人等所作记账等证据认定。被告人辩解称网络销售记录存在刷信誉的不真实交易,但无证据证实的,对其辩解不予采纳。

### 第二百一十四条①

【**销售假冒注册商标的商品罪**】销售明知是假冒注册商标的商品,违法所得数额较大或者有其他严重情节的,处三年以下有期徒刑,并处或者单处罚金;违法所得数额巨大或者有其他特别严重情节的,处三年以上十年以下有期徒刑,并处罚金。

### 实用问答

**实践中,哪些情形可以认定为本条规定的"明知"?**

答:根据《最高人民法院、最高人民检察院关于办理侵犯知识产权刑事

---

① 本条根据2020年12月26日《刑法修正案(十一)》修改。

案件具体应用法律若干问题的解释》第4条的规定,销售假冒注册商标的商品,具有下列情形之一的,可以认定为《刑法》第214条规定的"明知",但有证据证明确实不知道的除外:(1)知道自己销售的商品上的注册商标被涂改、调换或者覆盖的;(2)伪造、涂改商标注册人授权文件或者知道该文件被伪造、涂改的;(3)因销售假冒注册商标的商品受过刑事处罚或者行政处罚,又销售同一种假冒注册商标的商品的;(4)无正当理由以明显低于市场价格进货或者销售的;(5)被行政执法机关、司法机关发现销售假冒注册商标的商品后,转移、销毁侵权商品、会计凭证等证据或者提供虚假证明的;(6)其他可以认定为明知是假冒注册商标的商品的情形。

**【条文参见】**

《最高人民法院、最高人民检察院关于办理侵犯知识产权刑事案件具体应用法律若干问题的解释》第3~7、18、19、21~30条

**第二百一十五条**[1]

【非法制造、销售非法制造的注册商标标识罪】伪造、擅自制造他人注册商标标识或者销售伪造、擅自制造的注册商标标识,情节严重的,处三年以下有期徒刑,并处或者单处罚金;情节特别严重的,处三年以上十年以下有期徒刑,并处罚金。

**【条文参见】**

《最高人民法院、最高人民检察院关于办理侵犯知识产权刑事案件具体应用法律若干问题的解释》第3~7、18、19、21~30条

**第二百一十六条**

【假冒专利罪】假冒他人专利,情节严重的,处三年以下有期徒刑或者拘役,并处或者单处罚金。

---

[1] 本条根据2020年12月26日《刑法修正案(十一)》修改。

## 理解适用

[假冒他人专利]

实施下列行为之一的,属于本条规定的"假冒他人专利"的行为:(1)伪造或者变造他人的专利证书、专利文件或者专利申请文件的;(2)未经许可,在其制造或者销售的产品、产品包装上标注他人专利号的;(3)未经许可,在合同、产品说明书或者广告等宣传材料中使用他人的专利号,使人误认为是他人发明、实用新型或者外观设计的。

## 条文参见

《最高人民法院、最高人民检察院关于办理侵犯知识产权刑事案件具体应用法律若干问题的解释》第9~10、18、19、21~30条

### 第二百一十七条[1]

【侵犯著作权罪】以营利为目的,有下列侵犯著作权或者与著作权有关的权利的情形之一,违法所得数额较大或者有其他严重情节的,处三年以下有期徒刑,并处或者单处罚金;违法所得数额巨大或者有其他特别严重情节的,处三年以上十年以下有期徒刑,并处罚金:

(一)未经著作权人许可,复制发行、通过信息网络向公众传播其文字作品、音乐、美术、视听作品、计算机软件及法律、行政法规规定的其他作品的;

(二)出版他人享有专有出版权的图书的;

(三)未经录音录像制作者许可,复制发行、通过信息网络向公众传播其制作的录音录像的;

(四)未经表演者许可,复制发行录有其表演的录音录像制品,或者通过信息网络向公众传播其表演的;

(五)制作、出售假冒他人署名的美术作品的;

(六)未经著作权人或者与著作权有关的权利人许可,故意避开或者破坏权利人为其作品、录音录像制品等采取的保护著作权或者与著作权有关的权利的技术措施的。

---

[1] 本条根据2020年12月26日《刑法修正案(十一)》修改。

### 理解适用

**[与一般侵权行为的区别]**

构成侵犯著作权罪的数额标准为个人违法所得数额5万元以上。但是,如果没有达到此数额,但有其他特别严重的情节,依然可以构成本罪。达不到上述标准的,只能令其承担民事责任,著作权人可以要求其停止侵害和赔偿损失。

**[侵犯知识产权犯罪的共犯]**

明知他人实施侵犯知识产权犯罪,具有下列行为之一的,以共同犯罪论处,但法律和司法解释另有规定的除外:(1)提供生产、制造侵权产品的主要原材料、辅助材料、半成品、包装材料、机械设备、标签标识、生产技术、配方等帮助的;(2)提供贷款、资金、账号、许可证件、支付结算等服务的;(3)提供生产、经营场所或者运输、仓储、保管、快递、邮寄等服务的;(4)提供互联网接入、服务器托管、网络存储、通讯传输等技术支持的;(5)其他帮助侵犯知识产权犯罪的情形。

### 条文参见

《最高人民法院、最高人民检察院关于办理侵犯知识产权刑事案件具体应用法律若干问题的解释》第11~15、18、19、21~30条

《最高人民法院关于审理非法出版物刑事案件具体应用法律若干问题的解释》第2、3、5、17条

### 案例指引

**梁永平、王正航等十五人侵犯著作权案**(检例第193号)

**要旨**:办理网络侵犯著作权刑事案件,应当准确理解把握"避风港规则"适用条件,通过审查网络服务提供者是否明知侵权,认定其无罪辩解是否成立。涉案侵权视听作品数量较大的,可通过鉴定机构抽样鉴定的方式,结合权利人鉴别意见,综合认定作品是否构成实质性相似。对于涉案人员众多的网络知识产权案件,应根据涉案人员在案件中的地位、作用、参与程度以及主观恶性等因素,按照宽严相济刑事政策分层分类处理。

## 第二百一十八条[1]

**【销售侵权复制品罪】**以营利为目的,销售明知是本法第二百一十七条规定的侵权复制品,违法所得数额巨大或者有其他严重情节的,处五年以下有期徒刑,并处或者单处罚金。

### 条文参见

《最高人民法院关于审理非法出版物刑事案件具体应用法律若干问题的解释》第4、17条

《最高人民法院、最高人民检察院关于办理侵犯知识产权刑事案件具体应用法律若干问题的解释》第13、14条

## 第二百一十九条[2]

**【侵犯商业秘密罪】**有下列侵犯商业秘密行为之一,情节严重的,处三年以下有期徒刑,并处或者单处罚金;情节特别严重的,处三年以上十年以下有期徒刑,并处罚金:

(一)以盗窃、贿赂、欺诈、胁迫、电子侵入或者其他不正当手段获取权利人的商业秘密的;

(二)披露、使用或者允许他人使用以前项手段获取的权利人的商业秘密的;

(三)违反保密义务或者违反权利人有关保守商业秘密的要求,披露、使用或者允许他人使用其所掌握的商业秘密的。

明知前款所列行为,获取、披露、使用或者允许他人使用该商业秘密的,以侵犯商业秘密论。

本条所称权利人,是指商业秘密的所有人和经商业秘密所有人许可的商业秘密使用人。

---

[1] 本条根据2020年12月26日《刑法修正案(十一)》修改。
[2] 本条根据2020年12月26日《刑法修正案(十一)》修改。

**条文参见**

《最高人民法院、最高人民检察院关于办理侵犯知识产权刑事案件具体应用法律若干问题的解释》第16~19、21~30条

**第二百一十九条之一**[1]

【为境外窃取、刺探、收买、非法提供商业秘密罪】为境外的机构、组织、人员窃取、刺探、收买、非法提供商业秘密的,处五年以下有期徒刑,并处或者单处罚金;情节严重的,处五年以上有期徒刑,并处罚金。

**条文参见**

《最高人民法院、最高人民检察院关于办理侵犯知识产权刑事案件具体应用法律若干问题的解释》第17~30条

**第二百二十条**[2]

【单位犯侵犯知识产权罪的处罚规定】单位犯本节第二百一十三条至第二百一十九条之一规定之罪的,对单位判处罚金,并对其直接负责的主管人员和其他直接责任人员,依照本节各该条的规定处罚。

## 第八节 扰乱市场秩序罪

**第二百二十一条**

【损害商业信誉、商品声誉罪】捏造并散布虚伪事实,损害他人的商业信誉、商品声誉,给他人造成重大损失或者有其他严重情节的,处二年以下有期徒刑或者拘役,并处或者单处罚金。

---

[1] 本条根据2020年12月26日《刑法修正案(十一)》增加。
[2] 本条根据2020年12月26日《刑法修正案(十一)》修改。

### 第二百二十二条

【虚假广告罪】广告主、广告经营者、广告发布者违反国家规定,利用广告对商品或者服务作虚假宣传,情节严重的,处二年以下有期徒刑或者拘役,并处或者单处罚金。

#### 理解适用

[作虚假宣传]

作虚假宣传主要包括两种情况:(1)对商品或者服务作夸大失实的宣传,即对生产、经销的产品质量、制作成分、性能、用途、生产者、有效期限、产地、来源等情况,或者对所提供的服务的质量规格、技术标准、价格等交易资料进行夸大、无中生有的与实际情况不符的宣传。(2)对商品或者服务作语意含糊、令人误解的宣传,即通过措辞的技巧、明示或者暗示、省略或者含糊的手段,使消费者对商品或者服务产生误解。

#### 条文参见

《最高人民法院、最高人民检察院关于办理妨害预防、控制突发传染病疫情等灾害的刑事案件具体应用法律若干问题的解释》第5条

《最高人民法院、最高人民检察院关于办理危害食品安全刑事案件适用法律若干问题的解释》第19条

《最高人民法院关于审理非法集资刑事案件具体应用法律若干问题的解释》第12条

### 第二百二十三条

【串通投标罪】投标人相互串通投标报价,损害招标人或者其他投标人利益,情节严重的,处三年以下有期徒刑或者拘役,并处或者单处罚金。

投标人与招标人串通投标,损害国家、集体、公民的合法利益的,依照前款的规定处罚。

#### 案例指引

许某某、包某某串通投标立案监督案(检例第90号)

要旨:《刑法》规定了串通投标罪,但未规定串通拍卖行为构成犯罪。对

于串通拍卖行为,不能以串通投标罪予以追诉。公安机关对串通竞拍国有资产行为以涉嫌串通投标罪刑事立案的,检察机关应当通过立案监督,依法通知公安机关撤销案件。

### 第二百二十四条

【合同诈骗罪】有下列情形之一,以非法占有为目的,在签订、履行合同过程中,骗取对方当事人财物,数额较大的,处三年以下有期徒刑或者拘役,并处或者单处罚金;数额巨大或者有其他严重情节的,处三年以上十年以下有期徒刑,并处罚金;数额特别巨大或者有其他特别严重情节的,处十年以上有期徒刑或者无期徒刑,并处罚金或者没收财产:

（一）以虚构的单位或者冒用他人名义签订合同的;
（二）以伪造、变造、作废的票据或者其他虚假的产权证明作担保的;
（三）没有实际履行能力,以先履行小额合同或者部分履行合同的方法,诱骗对方当事人继续签订和履行合同的;
（四）收受对方当事人给付的货物、货款、预付款或者担保财产后逃匿的;
（五）以其他方法骗取对方当事人财物的。

### 第二百二十四条之一①

【组织、领导传销活动罪】组织、领导以推销商品、提供服务等经营活动为名,要求参加者以缴纳费用或者购买商品、服务等方式获得加入资格,并按照一定顺序组成层级,直接或者间接以发展人员的数量作为计酬或者返利依据,引诱、胁迫参加者继续发展他人参加,骗取财物,扰乱经济社会秩序的传销活动的,处五年以下有期徒刑或者拘役,并处罚金;情节严重的,处五年以上有期徒刑,并处罚金。

理解适用

["拉人头"式传销与直销活动中的多层次计酬之间的区别]

（1）从是否交纳入门费上看,直销人员在获取从业资格时没有被要求交

---

① 本条根据 2009 年 2 月 28 日《刑法修正案(七)》增加。

纳高额入门费";"拉人头"式传销则要求交纳入门费。(2)从经营对象上看，直销是以销售产品为导向，商品定价基本合理;"拉人头"式传销根本没有产品销售，或者只是以质劣价高的产品为幌子，主要以拉人头为主要目的。(3)从人员的收入来源上看，多层次计酬主要根据销售业绩;"拉人头"式传销的收入主要决定于发展下线人数。(4)从组织存在和维系的条件来看，多层次计酬直销公司的生存与发展取决于产品销售业绩和利润;"拉人头"式传销组织则取决于发展新会员收取费用的能力。

【条文参见】

《最高人民法院、最高人民检察院、公安部关于办理组织领导传销活动刑事案件适用法律若干问题的意见》

【案例指引】

**叶经生等组织、领导传销活动案**(检例第41号)

**要旨：**组织者或者经营者利用网络发展会员，要求被发展人员以缴纳或者变相缴纳"入门费"为条件，获得提成和发展下线的资格。通过发展人员组成层级关系，并以直接或者间接发展的人员数量作为计酬或者返利的依据，引诱被发展人员继续发展他人参加，骗取财物，扰乱经济社会秩序的，以组织、领导传销活动罪追究刑事责任。

**第二百二十五条**[1]

【非法经营罪】违反国家规定，有下列非法经营行为之一，扰乱市场秩序，情节严重的，处五年以下有期徒刑或者拘役，并处或者单处违法所得一倍以上五倍以下罚金;情节特别严重的，处五年以上有期徒刑，并处违法所得一倍以上五倍以下罚金或者没收财产:

(一)未经许可经营法律、行政法规规定的专营、专卖物品或者其他限制买卖的物品的;

(二)买卖进出口许可证、进出口原产地证明以及其他法律、行政法规规定的经营许可证或者批准文件的;

---

[1] 本条第三项根据1999年12月25日《刑法修正案》增加，根据2009年2月28日《刑法修正案(七)》修改，原第三项改为第四项。

（三）未经国家有关主管部门批准非法经营证券、期货、保险业务的，或者非法从事资金支付结算业务的；

（四）其他严重扰乱市场秩序的非法经营行为。

**条文参见**

《全国人民代表大会常务委员会关于惩治骗购外汇、逃汇和非法买卖外汇犯罪的决定》第4条

《最高人民法院关于审理非法出版物刑事案件具体应用法律若干问题的解释》第11~18条

《最高人民法院关于审理扰乱电信市场管理秩序案件具体应用法律若干问题的解释》第1~4条

《最高人民法院、最高人民检察院关于办理妨害预防、控制突发传染病疫情等灾害的刑事案件具体应用法律若干问题的解释》第6条

《最高人民法院、最高人民检察院关于办理赌博刑事案件具体应用法律若干问题的解释》第6条

《最高人民法院、最高人民检察院关于办理妨害信用卡管理刑事案件具体应用法律若干问题的解释》第12条

《最高人民法院、最高人民检察院关于办理非法生产、销售烟草专卖品等刑事案件具体应用法律若干问题的解释》

《最高人民法院关于审理非法集资刑事案件具体应用法律若干问题的解释》第11条

《最高人民法院、最高人民检察院关于办理非法生产、销售、使用禁止在饲料和动物饮用水中使用的药品等刑事案件具体应用法律若干问题的解释》第1、2条

《最高人民法院、最高人民检察院关于办理利用信息网络实施诽谤等刑事案件适用法律若干问题的解释》第7~10条

《最高人民法院、最高人民检察院关于办理危害食品安全刑事案件适用法律若干问题的解释》第16~18条

《最高人民法院、最高人民检察院关于办理扰乱无线电通讯管理秩序等刑事案件适用法律若干问题的解释》第4条

> **案例指引**
>
> 王力军非法经营再审改判无罪案(最高人民法院指导案例97号)
>
> 裁判要旨:(1)对于《刑法》第225条第4项规定的"其他严重扰乱市场秩序的非法经营行为"的适用,应当根据相关行为是否具有与《刑法》第225条前三项规定的非法经营行为相当的社会危害性、刑事违法性和刑事处罚必要性进行判断。
>
> (2)判断违反行政管理有关规定的经营行为是否构成非法经营罪,应当考虑该经营行为是否严重扰乱市场秩序。对于虽然违反行政管理有关规定,但尚未严重扰乱市场秩序的经营行为,不应当认定为非法经营罪。

**第二百二十六条**[①]

> **【强迫交易罪】** 以暴力、威胁手段,实施下列行为之一,情节严重的,处三年以下有期徒刑或者拘役,并处或者单处罚金;情节特别严重的,处三年以上七年以下有期徒刑,并处罚金:
>
> (一)强买强卖商品的;
> (二)强迫他人提供或者接受服务的;
> (三)强迫他人参与或者退出投标、拍卖的;
> (四)强迫他人转让或者收购公司、企业的股份、债券或者其他资产的;
> (五)强迫他人参与或者退出特定的经营活动的。

**第二百二十七条**

> **【伪造、倒卖伪造的有价票证罪】** 伪造或者倒卖伪造的车票、船票、邮票或者其他有价票证,数额较大的,处二年以下有期徒刑、拘役或者管制,并处或者单处票证价额一倍以上五倍以下罚金;数额巨大的,处二年以上七年以下有期徒刑,并处票证价额一倍以上五倍以下罚金。
>
> **【倒卖车票、船票罪】** 倒卖车票、船票,情节严重的,处三年以下有期徒刑、拘役或者管制,并处或者单处票证价额一倍以上五倍以下罚金。

---

① 本条根据2011年2月25日《刑法修正案(八)》修改。

### 第二百二十八条

【非法转让、倒卖土地使用权罪】以牟利为目的,违反土地管理法规,非法转让、倒卖土地使用权,情节严重的,处三年以下有期徒刑或者拘役,并处或者单处非法转让、倒卖土地使用权价额百分之五以上百分之二十以下罚金;情节特别严重的,处三年以上七年以下有期徒刑,并处非法转让、倒卖土地使用权价额百分之五以上百分之二十以下罚金。

**条文参见**

《全国人民代表大会常务委员会关于〈中华人民共和国刑法〉第二百二十八条、第三百四十二条、第四百一十条的解释》

《最高人民法院关于审理破坏土地资源刑事案件具体应用法律若干问题的解释》第1、2、8、9条

### 第二百二十九条[1]

【提供虚假证明文件罪】承担资产评估、验资、验证、会计、审计、法律服务、保荐、安全评价、环境影响评价、环境监测等职责的中介组织的人员故意提供虚假证明文件,情节严重的,处五年以下有期徒刑或者拘役,并处罚金;有下列情形之一的,处五年以上十年以下有期徒刑,并处罚金:

(一)提供与证券发行相关的虚假的资产评估、会计、审计、法律服务、保荐等证明文件,情节特别严重的;

(二)提供与重大资产交易相关的虚假的资产评估、会计、审计等证明文件,情节特别严重的;

(三)在涉及公共安全的重大工程、项目中提供虚假的安全评价、环境影响评价等证明文件,致使公共财产、国家和人民利益遭受特别重大损失的。

有前款行为,同时索取他人财物或者非法收受他人财物构成犯罪的,依照处罚较重的规定定罪处罚。

【出具证明文件重大失实罪】第一款规定的人员,严重不负责任,出

---

[1] 本条根据2020年12月26日《刑法修正案(十一)》修改。

具的证明文件有重大失实,造成严重后果的,处三年以下有期徒刑或者拘役,并处或者单处罚金。

【条文参见】

《最高人民法院、最高人民检察院关于办理药品、医疗器械注册申请材料造假刑事案件适用法律若干问题的解释》

《最高人民法院、最高人民检察院关于办理危害生产安全刑事案件适用法律若干问题的解释(二)》第6~9条

《最高人民法院、最高人民检察院关于办理妨害信用卡管理刑事案件具体应用法律若干问题的解释》第4条

### 第二百三十条

【逃避商检罪】违反进出口商品检验法的规定,逃避商品检验,将必须经商检机构检验的进口商品未报经检验而擅自销售、使用,或者将必须经商检机构检验的出口商品未报经检验合格而擅自出口,情节严重的,处三年以下有期徒刑或者拘役,并处或者单处罚金。

### 第二百三十一条

【单位犯扰乱市场秩序罪的处罚规定】单位犯本节第二百二十一条至第二百三十条规定之罪的,对单位判处罚金,并对其直接负责的主管人员和其他直接责任人员,依照本节各该条的规定处罚。

## 第四章 侵犯公民人身权利、民主权利罪

### 第二百三十二条

【故意杀人罪】故意杀人的,处死刑、无期徒刑或者十年以上有期徒刑;情节较轻的,处三年以上十年以下有期徒刑。

> **案例指引**

王志才故意杀人案(最高人民法院指导案例4号)

裁判要旨：因恋爱、婚姻矛盾激化引发的故意杀人案件，被告人犯罪手段残忍，论罪应当判处死刑，但被告人具有坦白悔罪、积极赔偿等从轻处罚情节，同时被害人亲属要求严惩的，人民法院根据案件性质、犯罪情节、危害后果和被告人的主观恶性及人身危险性，可以依法判处被告人死刑，缓期2年执行，同时决定限制减刑，以有效化解社会矛盾，促进社会和谐。

> **条文参见**

《最高人民法院、最高人民检察院关于办理组织、利用邪教组织破坏法律实施等刑事案件适用法律若干问题的解释》第11条

## 第二百三十三条

【过失致人死亡罪】过失致人死亡的，处三年以上七年以下有期徒刑；情节较轻的，处三年以下有期徒刑。本法另有规定的，依照规定。

> **理解适用**

[与意外事件的区别]

故意杀人的行为人对死亡结果应当预见，意外事件的行为人没有预见也不能预见；故意杀人行为人主观上有过失的罪过，应负刑事责任，意外事件行为人无罪过，不应负刑事责任。

## 第二百三十四条

【故意伤害罪】故意伤害他人身体的，处三年以下有期徒刑、拘役或者管制。

犯前款罪，致人重伤的，处三年以上十年以下有期徒刑；致人死亡或者以特别残忍手段致人重伤造成严重残疾的，处十年以上有期徒刑、无期徒刑或者死刑。本法另有规定的，依照规定。

### 理解适用

[故意伤害罪与故意杀人罪的界限]

两罪的主要区别在于是否以非法剥夺他人生命为故意内容,如果行为人没有这种非法剥夺他人生命的故意,而只有伤害他人身体健康的故意,即使行为导致了他人的死亡,也只能定故意伤害罪;如果行为人有非法剥夺他人生命的故意,即使其行为没有造成他人死亡的结果,也构成故意杀人罪(未遂)。

[故意伤害罪与过失致人重伤罪的界限]

过失致人重伤罪在主观上是过失的,而且法律要求必须造成他人重伤的结果才能构成犯罪;故意伤害罪在主观上是故意的,即使致人轻伤,也构成故意伤害罪。

### 条文参见

《最高人民法院、最高人民检察院关于办理组织、利用邪教组织破坏法律实施等刑事案件适用法律若干问题的解释》第11条

### 第二百三十四条之一[1]

【组织出卖人体器官罪】组织他人出卖人体器官的,处五年以下有期徒刑,并处罚金;情节严重的,处五年以上有期徒刑,并处罚金或者没收财产。

未经本人同意摘取其器官,或者摘取不满十八周岁的人的器官,或者强迫、欺骗他人捐献器官的,依照本法第二百三十四条、第二百三十二条的规定定罪处罚。

违背本人生前意愿摘取其尸体器官,或者本人生前未表示同意,违反国家规定,违背其近亲属意愿摘取其尸体器官的,依照本法第三百零二条的规定定罪处罚。

---

[1] 本条根据2011年2月25日《刑法修正案(八)》增加。

### 第二百三十五条

**【过失致人重伤罪】**过失伤害他人致人重伤的,处三年以下有期徒刑或者拘役。本法另有规定的,依照规定。

### 第二百三十六条①

**【强奸罪】**以暴力、胁迫或者其他手段强奸妇女的,处三年以上十年以下有期徒刑。

奸淫不满十四周岁的幼女的,以强奸论,从重处罚。

强奸妇女、奸淫幼女,有下列情形之一的,处十年以上有期徒刑、无期徒刑或者死刑:

(一)强奸妇女、奸淫幼女情节恶劣的;
(二)强奸妇女、奸淫幼女多人的;
(三)在公共场所当众强奸妇女、奸淫幼女的;
(四)二人以上轮奸的;
(五)奸淫不满十周岁的幼女或者造成幼女伤害的;
(六)致使被害人重伤、死亡或者造成其他严重后果的。

**理解适用**

[强奸罪的认定]

行为人先前实施的强奸行为,构成强奸罪。行为人实施强奸行为后的杀人灭口行为,又构成故意杀人罪,数罪并罚。这种情况不属于强奸罪的加重情节,强奸罪的加重情节要发生在实施强奸罪的过程中,而不能发生在既遂之后。

**条文参见**

《最高人民法院、最高人民检察院、公安部、司法部关于办理性侵害未成年人刑事案件的意见》

---

① 本条根据 2020 年 12 月 26 日《刑法修正案(十一)》修改。

**案例指引**

阻断性侵犯罪未成年被害人感染艾滋病风险综合司法保护案（检例第172号）

**要旨**：行为人明知自己系艾滋病病人或感染者，奸淫幼女，造成艾滋病传播重大现实风险的，应当认定为奸淫幼女"情节恶劣"。对于犯罪情节恶劣，社会危害严重，主观恶性大的成年人性侵害未成年人案件，即使认罪认罚也不足以从宽处罚的，依法不予从宽。

**第二百三十六条之一**[①]

【负有照护职责人员性侵罪】对已满十四周岁不满十六周岁的未成年女性负有监护、收养、看护、教育、医疗等特殊职责的人员，与该未成年女性发生性关系的，处三年以下有期徒刑；情节恶劣的，处三年以上十年以下有期徒刑。

有前款行为，同时又构成本法第二百三十六条规定之罪的，依照处罚较重的规定定罪处罚。

**理解适用**

[负有照护职责人员性侵罪与强奸罪的区别]

实际执行中，负有照护职责人员性侵罪与强奸罪的主要区别有两点：（1）犯罪主体范围不同。强奸罪是一般主体，负有照护职责人员性侵罪是特殊主体，即限于对已满14周岁不满16周岁的女性未成年人负有监护、收养、看护、教育、医疗等特殊职责的人员，不负有上述职责的人员与已满14周岁不满16周岁的女性未成年人发生性关系的，不构成负有照护职责人员性侵罪。（2）客观表现不同。负有照护职责人员性侵罪一般表现为行为人未采用暴力、胁迫等手段；强奸罪表现为违背妇女意志，以暴力、胁迫或者其他手段强行与女性发生性关系。但需要指出的是，对已满14周岁不满16周岁的女性未成年人负有监护、收养、看护、教育、医疗等特殊职责的人员，利用其优势地位或者被害人孤立无援的境地，违背其意愿，迫使被害人就范，而与其发生性关系的，构成强奸罪。

---

① 本条根据2020年12月26日《刑法修正案（十一）》增加。

## 条文参见

《最高人民法院、最高人民检察院、公安部、司法部关于办理性侵害未成年人刑事案件的意见》

### 第二百三十七条①

【强制猥亵、侮辱罪】以暴力、胁迫或者其他方法强制猥亵他人或者侮辱妇女的,处五年以下有期徒刑或者拘役。

聚众或者在公共场所当众犯前款罪的,或者有其他恶劣情节的,处五年以上有期徒刑。

【猥亵儿童罪】猥亵儿童的,处五年以下有期徒刑;有下列情形之一的,处五年以上有期徒刑:

(一)猥亵儿童多人或者多次的;
(二)聚众猥亵儿童的,或者在公共场所当众猥亵儿童,情节恶劣的;
(三)造成儿童伤害或者其他严重后果的;
(四)猥亵手段恶劣或者有其他恶劣情节的。

## 理解适用

[强制猥亵、侮辱罪与侮辱罪的区别]

侮辱罪以败坏他人名誉为目的,必须是公然地针对特定的人实施,而且侵犯的对象不限于妇女、儿童;强制猥亵、侮辱罪则是出于满足行为人的淫秽下流的欲望,侵犯的是他人的性自主权。

## 条文参见

《最高人民法院、最高人民检察院、公安部、司法部关于办理性侵害未成年人刑事案件的意见》

## 案例指引

**骆某猥亵儿童案**(检例第43号)

**要旨**:行为人以满足性刺激为目的,以诱骗、强迫或者其他方法要求儿童

---

① 本条根据2015年8月29日《刑法修正案(九)》第一次修改,根据2020年12月26日《刑法修正案(十一)》第二次修改。

拍摄裸体、敏感部位照片、视频等供其观看,严重侵害儿童人格尊严和心理健康的,构成猥亵儿童罪。

### 第二百三十八条

【非法拘禁罪】非法拘禁他人或者以其他方法非法剥夺他人人身自由的,处三年以下有期徒刑、拘役、管制或者剥夺政治权利。具有殴打、侮辱情节的,从重处罚。

【非法拘禁罪、故意伤害罪、故意杀人罪】犯前款罪,致人重伤的,处三年以上十年以下有期徒刑;致人死亡的,处十年以上有期徒刑。使用暴力致人伤残、死亡的,依照本法第二百三十四条、第二百三十二条的规定定罪处罚。

为索取债务非法扣押、拘禁他人的,依照前两款的规定处罚。

国家机关工作人员利用职权犯前三款罪的,依照前三款的规定从重处罚。

### 理解适用

[非法拘禁他人"致人死亡"]

对出于非法剥夺他人生命的故意,以非法拘禁为手段杀人,如故意以拘禁的方法冻死、饿死他人,不能认定为本条第2款规定的非法拘禁他人"致人死亡",而应当以故意杀人罪定罪处罚。

### 第二百三十九条[1]

【绑架罪】以勒索财物为目的绑架他人的,或者绑架他人作为人质的,处十年以上有期徒刑或者无期徒刑,并处罚金或者没收财产;情节较轻的,处五年以上十年以下有期徒刑,并处罚金。

犯前款罪,杀害被绑架人的,或者故意伤害被绑架人,致人重伤、死亡的,处无期徒刑或者死刑,并处没收财产。

以勒索财物为目的偷盗婴幼儿的,依照前两款的规定处罚。

---

[1] 本条根据2009年2月28日《刑法修正案(七)》第一次修改,根据2015年8月29日《刑法修正案(九)》第二次修改。

### 理解适用

**[勒索型绑架犯罪的既遂]**

在勒索型绑架犯罪中,犯罪既遂与否的实质标准是看绑架行为是否实施,从而使被害人丧失行动自由并受到行为人的实际支配。至于勒索财物的行为是否来得及实施,以及虽实施了勒索行为,但由于行为人意志以外的原因而未达到勒索财物的目的,都不影响勒索型绑架既遂的成立。

**[绑架罪与非法拘禁罪的区别]**

"索财型"绑架罪与"索债型"非法拘禁罪都实施了剥夺他人的人身自由并向他人索要财物的行为,但两罪主要有以下三方面的区别:一是行为人非法限制他人人身自由的主观目的不同。绑架罪以勒索财物为目的,对财物无因而索;索要债务的非法拘禁行为,索债是事出有因。二是行为人侵犯的客体不同。"索财型"绑架罪侵犯的是复杂客体,即他人的人身权利和财产权利;"索债型"非法拘禁罪侵犯的客体是简单客体,即他人的人身权利。三是危险性不同。绑架罪需以暴力、胁迫等犯罪方法,对被害人的健康、生命有较大的危害;非法拘禁在实施扣押、拘禁他人的过程中也可能出现捆绑、推搡、殴打等行为,但更多的是侵害他人的人身自由,而非他人的生命健康。

### 第二百四十条

**【拐卖妇女、儿童罪】** 拐卖妇女、儿童的,处五年以上十年以下有期徒刑,并处罚金;有下列情形之一的,处十年以上有期徒刑或者无期徒刑,并处罚金或者没收财产;情节特别严重的,处死刑,并处没收财产:

(一)拐卖妇女、儿童集团的首要分子;

(二)拐卖妇女、儿童三人以上的;

(三)奸淫被拐卖的妇女的;

(四)诱骗、强迫被拐卖的妇女卖淫或者将被拐卖的妇女卖给他人迫使其卖淫的;

(五)以出卖为目的,使用暴力、胁迫或者麻醉方法绑架妇女、儿童的;

(六)以出卖为目的,偷盗婴幼儿的;

(七)造成被拐卖的妇女、儿童或者其亲属重伤、死亡或者其他严重后果的;

（八）将妇女、儿童卖往境外的。

拐卖妇女、儿童是指以出卖为目的，有拐骗、绑架、收买、贩卖、接送、中转妇女、儿童的行为之一的。

**理解适用**

（1）对婴幼儿采取欺骗、利诱等手段使其脱离监护人或者看护人的，视为"偷盗婴幼儿"。

（2）医疗机构、社会福利机构等单位的工作人员以非法获利为目的，将所诊疗、护理、抚养的儿童出卖给他人的，以拐卖儿童罪论处。

（3）以介绍婚姻为名，采取非法扣押身份证件、限制人身自由等方式，或者利用妇女人地生疏、语言不通、孤立无援等境况，违背妇女意志，将其出卖给他人的，应当以拐卖妇女罪追究刑事责任。以介绍婚姻为名，与被介绍妇女串通骗取他人钱财，数额较大的，应当以诈骗罪追究刑事责任。

**条文参见**

《最高人民法院关于审理拐卖妇女案件适用法律有关问题的解释》第1条

《最高人民法院关于审理拐卖妇女儿童犯罪案件具体应用法律若干问题的解释》第1～3、9条

《最高人民法院、最高人民检察院、公安部、司法部关于依法惩治拐卖妇女儿童犯罪的意见》

**第二百四十一条**[①]

【收买被拐卖的妇女、儿童罪】收买被拐卖的妇女、儿童的，处三年以下有期徒刑、拘役或者管制。

收买被拐卖的妇女，强行与其发生性关系的，依照本法第二百三十六条的规定定罪处罚。

收买被拐卖的妇女、儿童，非法剥夺、限制其人身自由或者有伤害、侮辱等犯罪行为的，依照本法的有关规定定罪处罚。

---

① 本条第六款根据2015年8月29日《刑法修正案（九）》修改。

收买被拐卖的妇女、儿童,并有第二款、第三款规定的犯罪行为的,依照数罪并罚的规定处罚。

收买被拐卖的妇女、儿童又出卖的,依照本法第二百四十条的规定定罪处罚。

收买被拐卖的妇女、儿童,对被买儿童没有虐待行为,不阻碍对其进行解救的,可以从轻处罚;按照被买妇女的意愿,不阻碍其返回原居住地的,可以从轻或者减轻处罚。

**理解适用**

[阻碍对其进行解救]

(1)在国家机关工作人员排查来历不明儿童或者进行解救时,将所收买的儿童藏匿、转移或者实施其他妨碍解救行为,经说服教育仍不配合的,属于本条第6款规定的"阻碍对其进行解救"。

(2)收买被拐卖的妇女、儿童,又以暴力、威胁方法阻碍国家机关工作人员解救被收买的妇女、儿童,或者聚众阻碍国家机关工作人员解救被收买的妇女、儿童,构成妨害公务罪、聚众阻碍解救被收买的妇女、儿童罪的,依照数罪并罚的规定处罚。

**条文参见**

《最高人民法院关于审理拐卖妇女儿童犯罪案件具体应用法律若干问题的解释》第4~9条

**第二百四十二条**

【妨害公务罪】以暴力、威胁方法阻碍国家机关工作人员解救被收买的妇女、儿童的,依照本法第二百七十七条的规定定罪处罚。

【聚众阻碍解救被收买的妇女、儿童罪】聚众阻碍国家机关工作人员解救被收买的妇女、儿童的首要分子,处五年以下有期徒刑或者拘役;其他参与者使用暴力、威胁方法的,依照前款的规定处罚。

### 第二百四十三条

【诬告陷害罪】捏造事实诬告陷害他人,意图使他人受刑事追究,情节严重的,处三年以下有期徒刑、拘役或者管制;造成严重后果的,处三年以上十年以下有期徒刑。

国家机关工作人员犯前款罪的,从重处罚。

不是有意诬陷,而是错告,或者检举失实的,不适用前两款的规定。

理解适用

[诬告陷害罪与诽谤罪的区别]

(1)诽谤罪的目的是损害他人的人格和名誉;诬告陷害罪的目的是使被诬陷人受刑事追究。(2)诽谤罪捏造的事实不一定是他人犯罪的事实;诬告陷害罪捏造的必须是他人犯罪的事实。(3)诽谤罪行为人的手段是散布其捏造的事实;诬告陷害罪行为人的手段是向有关机关告发其捏造的他人的犯罪事实。(4)诽谤罪属于亲告罪,即告诉的才处理,但是严重危害社会秩序和国家利益的除外;诬告陷害罪不是亲告罪,属于国家公诉案件。

### 第二百四十四条[①]

【强迫劳动罪】以暴力、威胁或者限制人身自由的方法强迫他人劳动的,处三年以下有期徒刑或者拘役,并处罚金;情节严重的,处三年以上十年以下有期徒刑,并处罚金。

明知他人实施前款行为,为其招募、运送人员或者有其他协助强迫他人劳动行为的,依照前款的规定处罚。

单位犯前两款罪的,对单位判处罚金,并对其直接负责的主管人员和其他直接责任人员,依照第一款的规定处罚。

---

① 本条根据 2011 年 2 月 25 日《刑法修正案(八)》修改。

### 第二百四十四条之一①

【雇用童工从事危重劳动罪】违反劳动管理法规,雇用未满十六周岁的未成年人从事超强度体力劳动的,或者从事高空、井下作业的,或者在爆炸性、易燃性、放射性、毒害性等危险环境下从事劳动,情节严重的,对直接责任人员,处三年以下有期徒刑或者拘役,并处罚金;情节特别严重的,处三年以上七年以下有期徒刑,并处罚金。

有前款行为,造成事故,又构成其他犯罪的,依照数罪并罚的规定处罚。

#### 理解适用

[造成事故]

指过失造成被雇用的童工人身伤害、死亡等后果。因采用暴力手段强迫被雇用的童工劳动,体罚、虐待被雇用的童工,造成童工伤害或者死亡后果的,应当按照《刑法》有关规定处理,不属于这里所说的事故。需要说明的是,本条第2款是对非法雇用童工和造成事故这两种情况同时发生如何处理作出的规定,并不要求两者之间具有直接因果关系。事故的直接原因与非法雇用童工行为没有直接联系,但是发生重大责任事故或者重大安全事故,造成童工人身伤亡,符合本条第2款规定的,应当按照数罪进行并罚。

### 第二百四十五条

【非法搜查罪;非法侵入住宅罪】非法搜查他人身体、住宅,或者非法侵入他人住宅的,处三年以下有期徒刑或者拘役。

司法工作人员滥用职权,犯前款罪的,从重处罚。

### 第二百四十六条②

【侮辱罪;诽谤罪】以暴力或者其他方法公然侮辱他人或者捏造事实诽谤他人,情节严重的,处三年以下有期徒刑、拘役、管制或者剥夺政治权利。

---

① 本条根据 2002 年 12 月 28 日《刑法修正案(四)》增加。
② 本条第三款根据 2015 年 8 月 29 日《刑法修正案(九)》增加。

前款罪,告诉的才处理,但是严重危害社会秩序和国家利益的除外。

通过信息网络实施第一款规定的行为,被害人向人民法院告诉,但提供证据确有困难的,人民法院可以要求公安机关提供协助。

### 理解适用

**[侮辱罪和诽谤罪在客观表现方面的区别]**

侮辱罪的客观方面主要表现为以暴力或其他方法公然贬损他人人格、破坏他人声誉,情节严重的行为;诽谤罪的客观方面表现为行为人实施捏造并散布某种虚构的事实,足以贬损他人人格、名誉的行为。

**[侮辱罪、诽谤罪作为告诉才处理的犯罪的例外情形]**

一是根据《刑法》第 98 条的规定,如果被害人受强制或者威吓而无法告诉,人民检察院和被害人的近亲属也可以告诉;二是依照本条第 2 款的规定,严重危害社会秩序和国家利益的,不适用告诉才处理的规定。

**[侮辱罪与强制猥亵、侮辱妇女犯罪的区别]**

侮辱罪中的侮辱妇女,行为人的目的在于败坏妇女的名誉,贬低其人格,动机多出于私愤报复、发泄不满等;强制猥亵、侮辱妇女犯罪,行为人的目的在于寻求畸形的性刺激,满足其心理需求。此外,侮辱罪的对象一般是特定的人,强制猥亵、侮辱妇女犯罪的对象具有不特定性。

### 条文参见

《最高人民法院、最高人民检察院关于办理利用信息网络实施诽谤等刑事案件适用法律若干问题的解释》第 1~4、8、10 条

### 案例指引

**岳某侮辱案**(检例第 138 号)

**要旨**:利用信息网络散布被害人的裸体视频、照片及带有侮辱性的文字,公然侮辱他人,贬损他人人格、破坏他人名誉,导致出现被害人自杀等后果,严重危害社会秩序的,应当按照公诉程序,以侮辱罪依法追究刑事责任。

### 第二百四十七条

【刑讯逼供罪;暴力取证罪;故意伤害罪;故意杀人罪】司法工作人员对犯罪嫌疑人、被告人实行刑讯逼供或者使用暴力逼取证人证言的,处三年以下有期徒刑或者拘役。致人伤残、死亡的,依照本法第二百三十四条、第二百三十二条的规定定罪从重处罚。

**理解适用**

[刑讯逼供罪、暴力取证罪与非法拘禁罪的区别]
(1)主体不同。刑讯逼供罪、暴力取证罪的犯罪主体必须是司法工作人员;非法拘禁罪的主体是一般主体,非司法工作人员也可成为犯罪主体。
(2)刑讯逼供罪、暴力取证罪所侵害的对象只限于被指控有犯罪行为的犯罪嫌疑人、被告人和刑事诉讼中的证人;非法拘禁罪侵害的对象则是依法享有人身自由权利的任何公民。
(3)刑讯逼供罪、暴力取证罪在客观上表现为对犯罪嫌疑人、被告人使用肉刑、变相肉刑或者使用暴力逼取口供或者证人证言的行为;非法拘禁罪在客观上表现为以拘禁或者其他强制方法非法剥夺他人人身自由的行为。
(4)刑讯逼供罪、暴力取证罪要求行为人具有逼取口供、证人证言的目的;非法拘禁罪则没有这一要求。

### 第二百四十八条

【虐待被监管人罪;故意伤害罪;故意杀人罪】监狱、拘留所、看守所等监管机构的监管人员对被监管人进行殴打或者体罚虐待,情节严重的,处三年以下有期徒刑或者拘役;情节特别严重的,处三年以上十年以下有期徒刑。致人伤残、死亡的,依照本法第二百三十四条、第二百三十二条的规定定罪从重处罚。

监管人员指使被监管人殴打或者体罚虐待其他被监管人的,依照前款的规定处罚。

### 第二百四十九条

【煽动民族仇恨、民族歧视罪】煽动民族仇恨、民族歧视,情节严重的,处三年以下有期徒刑、拘役、管制或者剥夺政治权利;情节特别严重的,处三年以上十年以下有期徒刑。

### 第二百五十条

【出版歧视、侮辱少数民族作品罪】在出版物中刊载歧视、侮辱少数民族的内容,情节恶劣,造成严重后果的,对直接责任人员,处三年以下有期徒刑、拘役或者管制。

**理解适用**

构成出版歧视、侮辱少数民族作品罪的行为,一般出于民族偏见、取笑、猎奇等目的,如果是为激起民族仇恨、民族歧视的目的而进行煽动的,应当依照《刑法》第249条关于煽动民族仇恨、民族歧视罪的规定定罪处罚。

**条文参见**

《最高人民法院关于审理非法出版物刑事案件具体应用法律若干问题的解释》第7条

### 第二百五十一条

【非法剥夺公民宗教信仰自由罪;侵犯少数民族风俗习惯罪】国家机关工作人员非法剥夺公民的宗教信仰自由和侵犯少数民族风俗习惯,情节严重的,处二年以下有期徒刑或者拘役。

### 第二百五十二条

【侵犯通信自由罪】隐匿、毁弃或者非法开拆他人信件,侵犯公民通信自由权利,情节严重的,处一年以下有期徒刑或者拘役。

> 条文参见

《全国人民代表大会常务委员会关于维护互联网安全的决定》第4条

## 第二百五十三条

【私自开拆、隐匿、毁弃邮件、电报罪】邮政工作人员私自开拆或者隐匿、毁弃邮件、电报的，处二年以下有期徒刑或者拘役。

【盗窃罪】犯前款罪而窃取财物的，依照本法第二百六十四条的规定定罪从重处罚。

> 理解适用

如果隐匿、毁弃或者非法开拆他人信件、电报的行为人不是邮政工作人员或者邮政工作人员不是利用职务之便实施上述行为，不构成本罪，情节严重的，构成《刑法》第252条规定的侵犯通信自由罪。

## 第二百五十三条之一①

【侵犯公民个人信息罪】违反国家有关规定，向他人出售或者提供公民个人信息，情节严重的，处三年以下有期徒刑或者拘役，并处或者单处罚金；情节特别严重的，处三年以上七年以下有期徒刑，并处罚金。

违反国家有关规定，将在履行职责或者提供服务过程中获得的公民个人信息，出售或者提供给他人的，依照前款的规定从重处罚。

窃取或者以其他方法非法获取公民个人信息的，依照第一款的规定处罚。

单位犯前三款罪的，对单位判处罚金，并对其直接负责的主管人员和其他直接责任人员，依照各该款的规定处罚。

> 理解适用

[公民个人信息]

这里规定的"公民个人信息"，主要是指以电子或者其他方式记录的能

---

① 本条根据2009年2月28日《刑法修正案(七)》增加，根据2015年8月29日《刑法修正案(九)》修改。

够单独或者与其他信息结合识别特定自然人身份或者反映特定自然人活动情况的各种信息,包括姓名、身份证件号码、通信通讯联系方式、住址、账号密码、财产状况、行踪轨迹等。

[《刑法》其他规定可能涉及侵犯公民个人信息的行为]

(1)第252条规定的隐匿、毁弃或者非法开拆他人信件,侵犯公民通信自由权利犯罪;(2)第253条规定的邮政工作人员私自开拆或者隐匿、毁弃邮件、电报犯罪;(3)第177条之一规定的窃取、收买或者非法提供他人信用卡信息资料的犯罪;(4)第284条规定的非法使用窃听、窃照专用器材的犯罪。如果行为人为非法获取公民个人信息而采用了侵犯公民通信自由权利、通信秘密,非法使用窃听、窃照专用器材的手段或者是在实施上述犯罪的过程中同时窃取、获取了公民个人信息,则可能同时构成本条规定的犯罪和其他罪名,应当根据案件的具体情况从一重罪处罚或者数罪并罚。

[侵犯公民个人信息与信息网络方面的犯罪的联系]

(1)设立用于实施非法获取、出售或者提供公民个人信息违法犯罪活动的网站、通讯群组,情节严重的,应当依照第287条之一的规定,以非法利用信息网络罪定罪处罚;同时构成侵犯公民个人信息罪的,依照侵犯公民个人信息罪定罪处罚。(2)网络服务提供者拒不履行法律、行政法规规定的信息网络安全管理义务,经监管部门责令采取改正措施而拒不改正,致使用户的公民个人信息泄露,造成严重后果的,应当依照第286条之一的规定,以拒不履行信息网络安全管理义务罪定罪处罚。

### 条文参见

《最高人民法院、最高人民检察院关于办理侵犯公民个人信息刑事案件适用法律若干问题的解释》

### 案例指引

**柯某侵犯公民个人信息案**(检例第140号)

**要旨:**业主房源信息是房产交易信息和身份识别信息的组合,包含姓名、通信通讯联系方式、住址、交易价格等内容,属于法律保护的公民个人信息。未经信息主体另行授权,非法获取、出售限定使用范围的业主房源信息,系侵犯公民个人信息的行为,情节严重、构成犯罪的,应当依法追究刑事责任。检察机关办理案件时应当对涉案公民个人信息具体甄别,筛除模糊、无效及重复信息,准确认定侵犯公民个人信息数量。

### 第二百五十四条

【报复陷害罪】国家机关工作人员滥用职权、假公济私,对控告人、申诉人、批评人、举报人实行报复陷害的,处二年以下有期徒刑或者拘役;情节严重的,处二年以上七年以下有期徒刑。

**理解适用**

(1)如果国家机关工作人员采取捏造犯罪事实的方法诬告陷害他人,意图使他人受刑事追究,无论其是否滥用职权、假公济私,都应以诬告陷害罪论处,而不以本罪论处。

(2)因本罪的犯罪主体必须是国家机关工作人员,非国家机关工作人员实施报复行为的,不构成本罪,应按其报复陷害的行为及后果等作其他处理。

### 第二百五十五条

【打击报复会计、统计人员罪】公司、企业、事业单位、机关、团体的领导人,对依法履行职责、抵制违反会计法、统计法行为的会计、统计人员实行打击报复,情节恶劣的,处三年以下有期徒刑或者拘役。

### 第二百五十六条

【破坏选举罪】在选举各级人民代表大会代表和国家机关领导人员时,以暴力、威胁、欺骗、贿赂、伪造选举文件、虚报选举票数等手段破坏选举或者妨害选民和代表自由行使选举权和被选举权,情节严重的,处三年以下有期徒刑、拘役或者剥夺政治权利。

### 第二百五十七条

【暴力干涉婚姻自由罪】以暴力干涉他人婚姻自由的,处二年以下有期徒刑或者拘役。

犯前款罪,致使被害人死亡的,处二年以上七年以下有期徒刑。

第一款罪,告诉的才处理。

> **理解适用**

(1) 暴力干涉他人婚姻自由未致使被害人死亡的,属于告诉才处理的犯罪。

(2) 对行为人在暴力干涉婚姻自由过程中实施的故意伤害或杀害行为,应当按故意伤害罪或者故意杀人罪追究刑事责任。

### 第二百五十八条

【重婚罪】有配偶而重婚的,或者明知他人有配偶而与之结婚的,处二年以下有期徒刑或者拘役。

### 第二百五十九条

【破坏军婚罪;强奸罪】明知是现役军人的配偶而与之同居或者结婚的,处三年以下有期徒刑或者拘役。

利用职权、从属关系,以胁迫手段奸淫现役军人的妻子的,依照本法第二百三十六条的规定定罪处罚。

### 第二百六十条[1]

【虐待罪】虐待家庭成员,情节恶劣的,处二年以下有期徒刑、拘役或者管制。

犯前款罪,致使被害人重伤、死亡的,处二年以上七年以下有期徒刑。

第一款罪,告诉的才处理,但被害人没有能力告诉,或者因受到强制、威吓无法告诉的除外。

> **理解适用**

[告诉才处理及其例外]

一方面,一般而言对于犯虐待罪,在没有致使被害人重伤、死亡的情况

---

[1] 本条第三款根据 2015 年 8 月 29 日《刑法修正案(九)》修改。

下,只有被害人向司法机关提出控告的才处理,对于被害人不控告的,司法机关不能主动受理,追究行为人的刑事责任。另一方面,如果被害人没有能力告诉,或者因受到强制、威吓无法告诉,不适用告诉才处理的规定,而应作为公诉案件处理。被虐待人的亲属、朋友、邻居等任何人发现被害人被虐待,没有能力告诉或者因受到强制、威吓无法告诉的,都可以向公安机关报案。公安机关应当立案侦查,由检察机关依法向人民法院提起公诉。

[虐待罪与故意伤害罪、故意杀人罪的区别]

虐待罪的被告人主观上不具有伤害或者杀害被害人的故意,而是出于追求被害人肉体和精神上的痛苦。实施虐待,过失导致被害人重伤或者死亡的,或者因虐待致使被害人自残、自杀导致重伤或者死亡的,是虐待罪的结果加重犯,属于本条第2款规定的虐待"致使被害人重伤、死亡"的情形。但是,如果在虐待的过程中,行为超过了虐待的限度,明显具有伤害、杀人的恶意且实施了严重的暴力行为,直接将被害人殴打成重伤,甚至直接杀害被害人,应该认定为故意伤害罪或者故意杀人罪。

[案例指引]

**陈某某、刘某某故意伤害、虐待案**(最高人民法院指导案例226号)

**裁判要旨:**(1)与父(母)的未婚同居者处于较为稳定的共同生活状态的未成年人,应当认定为《刑法》第260条规定的"家庭成员"。

(2)在经常性的虐待过程中,行为人对被害人实施严重暴力,主观上希望或者放任、客观上造成被害人轻伤以上后果的,应当认定为故意伤害罪;如果将该伤害行为独立评价后,其他虐待行为仍符合虐待罪构成要件,应当以故意伤害罪与虐待罪数罪并罚。

(3)对于故意伤害未成年人案件,认定是否符合《刑法》第234条第2款规定的以特别残忍手段致人重伤造成"严重残疾",应当综合考量残疾等级、数量、所涉部位等情节,以及伤害后果对未成年人正在发育的身心所造成的严重影响等因素,依法准确作出判断。

### 第二百六十条之一①

【虐待被监护、看护人罪】对未成年人、老年人、患病的人、残疾人等负有监护、看护职责的人虐待被监护、看护的人,情节恶劣的,处三年以下有期徒刑或者拘役。

单位犯前款罪的,对单位判处罚金,并对其直接负责的主管人员和其他直接责任人员,依照前款的规定处罚。

有第一款行为,同时构成其他犯罪的,依照处罚较重的规定定罪处罚。

### 第二百六十一条

【遗弃罪】对于年老、年幼、患病或者其他没有独立生活能力的人,负有扶养义务而拒绝扶养,情节恶劣的,处五年以下有期徒刑、拘役或者管制。

### 第二百六十二条

【拐骗儿童罪】拐骗不满十四周岁的未成年人,脱离家庭或者监护人的,处五年以下有期徒刑或者拘役。

> 理解适用

[拐骗儿童罪与拐卖妇女、儿童罪和绑架罪的区别]

拐骗不满14周岁的未成年人脱离家庭或者监护人的行为的目的,往往是收养,也可以是奴役等,如果是以出卖或勒索财物为目的而拐骗未成年人或者偷盗婴幼儿的,应依照本法第240条、第239条关于拐卖妇女、儿童罪或者绑架罪的规定定罪处罚。

---

① 本条根据2015年8月29日《刑法修正案(九)》增加。

### 第二百六十二条之一①

【组织残疾人、儿童乞讨罪】以暴力、胁迫手段组织残疾人或者不满十四周岁的未成年人乞讨的,处三年以下有期徒刑或者拘役,并处罚金;情节严重的,处三年以上七年以下有期徒刑,并处罚金。

**理解适用**

(1)为了强迫而实施的暴力行为导致被害人伤亡的,应当根据《刑法》的规定,按照故意伤害罪或者故意杀人罪定罪处罚。

(2)为了达到长期强迫残疾人、未成年人乞讨的目的而限制被害人人身自由的,应当根据《刑法》的规定,在组织残疾人、儿童乞讨罪和非法拘禁罪中择一重罪处罚。

(3)对于为了组织他人乞讨而绑架、拐骗残疾人或者未成年人,或者收买被拐骗儿童的,为了博取人们同情达到乞取更多钱财目的而故意造成被害人伤残的,奸淫被强迫的残疾人、未成年人的,应当根据《刑法》的相关规定定罪,与组织残疾人、儿童乞讨罪数罪并罚。

### 第二百六十二条之二②

【组织未成年人进行违反治安管理活动罪】组织未成年人进行盗窃、诈骗、抢夺、敲诈勒索等违反治安管理活动的,处三年以下有期徒刑或者拘役,并处罚金;情节严重的,处三年以上七年以下有期徒刑,并处罚金。

**理解适用**

[盗窃、诈骗、抢夺、敲诈勒索罪与违反治安管理的盗窃、诈骗、抢夺、敲诈勒索行为的区别]

对于未成年人实施的盗窃、诈骗、抢夺、敲诈勒索等行为,构成犯罪的,对已满16周岁的未成年人,应当分别依照《刑法》关于盗窃、诈骗、抢夺、敲诈勒索罪的有关规定从轻或者减轻处罚;对组织者应当分别以盗窃、诈骗、抢夺、敲诈勒索罪的共犯追究其刑事责任。

---

① 本条根据2006年6月29日《刑法修正案(六)》增加。
② 本条根据2009年2月28日《刑法修正案(七)》增加。

# 第五章　侵犯财产罪

### 第二百六十三条

【抢劫罪】以暴力、胁迫或者其他方法抢劫公私财物的,处三年以上十年以下有期徒刑,并处罚金;有下列情形之一的,处十年以上有期徒刑、无期徒刑或者死刑,并处罚金或者没收财产:

（一）入户抢劫的;
（二）在公共交通工具上抢劫的;
（三）抢劫银行或者其他金融机构的;
（四）多次抢劫或者抢劫数额巨大的;
（五）抢劫致人重伤、死亡的;
（六）冒充军警人员抢劫的;
（七）持枪抢劫的;
（八）抢劫军用物资或者抢险、救灾、救济物资的。

### 理解适用

[抢劫既遂与未遂]

抢劫罪侵犯的是复杂客体,既侵犯财产权利又侵犯人身权利,具备劫取财物或者造成他人轻伤以上后果两者之一的,均属抢劫既遂;既未劫取财物,又未造成他人人身伤害后果的,属抢劫未遂。

[抢劫罪的成立]

行为人为劫取财物而预谋故意杀人,或者在劫取财物过程中,为制服被害人反抗而故意杀人的,以抢劫罪定罪处罚。行为人实施抢劫后,为灭口而故意杀人的,以抢劫罪和故意杀人罪定罪,实行数罪并罚。

[抢劫罪与寻衅滋事罪的区别]

寻衅滋事罪是严重扰乱社会秩序的犯罪,行为人实施寻衅滋事的行为时,客观上也可能表现为强拿硬要公私财物的特征。这种强拿硬要的行为与抢劫罪的区别在于:前者行为人主观上还具有逞强好胜和通过强拿硬要来填补其精神空虚等目的,后者行为人一般只具有非法占有他人财物的目的,前者行为人客观上一般不以严重侵犯他人人身权利的方法强拿硬要财物,而后者行为人则以暴力、胁迫等方式作为劫取他人财物的手段。

[抢劫罪与绑架罪的区别]

绑架罪是侵害他人人身自由权利的犯罪,其与抢劫罪的区别在于:第一,主观方面不尽相同。抢劫罪中,行为人一般出于非法占有他人财物的故意实施抢劫行为;绑架罪中,行为人既可能为勒索他人财物而实施绑架行为,也可能出于其他非经济目的实施绑架行为。第二,行为手段不尽相同。抢劫罪表现为行为人劫取财物一般应在同一时间、同一地点,具有"当场性";绑架罪表现为行为人以杀害、伤害等方式向被绑架人的亲属或其他人或单位发出威胁,索取赎金或提出其他非法要求,劫取财物一般不具有"当场性"。

[条文参见]

《最高人民法院关于审理抢劫案件具体应用法律若干问题的解释》第1~5条

《最高人民法院关于审理抢劫刑事案件适用法律若干问题的指导意见》

[案例指引]

**陈邓昌抢劫、盗窃,付志强盗窃案**(检例第17号)

**要旨**:(1)对于入户盗窃,因被发现而当场使用暴力或者以暴力相威胁的行为,应当认定为"入户抢劫"。

(2)在人民法院宣告判决前,人民检察院发现被告人有遗漏的罪行可以一并起诉和审理的,可以补充起诉。

(3)人民检察院认为同级人民法院第一审判决重罪轻判,适用刑罚明显不当的,应当提出抗诉。

**第二百六十四条**[1]

【**盗窃罪**】盗窃公私财物,数额较大的,或者多次盗窃、入户盗窃、携带凶器盗窃、扒窃的,处三年以下有期徒刑、拘役或者管制,并处或者单处罚金;数额巨大或者有其他严重情节的,处三年以上十年以下有期徒刑,并处罚金;数额特别巨大或者有其他特别严重情节的,处十年以上有期徒刑或者无期徒刑,并处罚金或者没收财产。

---

[1] 本条根据2011年2月25日《刑法修正案(八)》修改。

### 理解适用

**[偷开他人机动车行为的处理]**

(1)偷开机动车,导致车辆丢失的,以盗窃罪定罪处罚;(2)为盗窃其他财物,偷开机动车作为犯罪工具使用后非法占有车辆,或者将车辆遗弃导致丢失的,被盗车辆的价值计入盗窃数额;(3)为实施其他犯罪,偷开机动车作为犯罪工具使用后非法占有车辆,或者将车辆遗弃导致丢失的,以盗窃罪和其他犯罪数罪并罚;将车辆送回未造成丢失的,按照其所实施的其他犯罪从重处罚。

**[盗窃公私财物并造成财物损毁的处理]**

(1)采用破坏性手段盗窃公私财物,造成其他财物损毁的,以盗窃罪从重处罚;同时构成盗窃罪和其他犯罪的,择一重罪从重处罚;(2)实施盗窃犯罪后,为掩盖罪行或者报复等,故意毁坏其他财物构成犯罪的,以盗窃罪和构成的其他犯罪数罪并罚;(3)盗窃行为未构成犯罪,但损毁财物构成其他犯罪的,以其他犯罪定罪处罚。

### 实用问答

**行为人盗窃未遂,是否会追究其刑事责任?**

答:盗窃未遂是否会追究刑事责任,需要根据具体情形判断。根据《最高人民法院、最高人民检察院关于办理盗窃刑事案件适用法律若干问题的解释》第12条的规定,盗窃未遂,具有下列情形之一的,应当依法追究刑事责任:(1)以数额巨大的财物为盗窃目标的;(2)以珍贵文物为盗窃目标的;(3)其他情节严重的情形。盗窃既有既遂,又有未遂,分别达到不同量刑幅度的,依照处罚较重的规定处罚;达到同一量刑幅度的,以盗窃罪既遂处罚。

### 条文参见

《最高人民法院、最高人民检察院关于办理盗窃刑事案件适用法律若干问题的解释》

《最高人民法院、最高人民检察院关于办理盗窃油气、破坏油气设备等刑事案件具体应用法律若干问题的解释》第3、4条

《最高人民法院关于审理扰乱电信市场管理秩序案件具体应用法律若干问题的解释》第7、8条

### 案例指引

**臧进泉等盗窃、诈骗案**(最高人民法院指导案例27号)

**裁判要旨**：行为人利用信息网络，诱骗他人点击虚假链接而实际通过预先植入的计算机程序窃取财物构成犯罪的，以盗窃罪定罪处罚；虚构可供交易的商品或者服务，欺骗他人点击付款链接而骗取财物构成犯罪的，以诈骗罪定罪处罚。

### 第二百六十五条

【盗窃罪】以牟利为目的，盗接他人通信线路、复制他人电信码号或者明知是盗接、复制的电信设备、设施而使用的，依照本法第二百六十四条的规定定罪处罚。

### 条文参见

《最高人民法院关于审理扰乱电信市场管理秩序案件具体应用法律若干问题的解释》第1~4、10条

### 第二百六十六条

【诈骗罪】诈骗公私财物，数额较大的，处三年以下有期徒刑、拘役或者管制，并处或者单处罚金；数额巨大或者有其他严重情节的，处三年以上十年以下有期徒刑，并处罚金；数额特别巨大或者有其他特别严重情节的，处十年以上有期徒刑或者无期徒刑，并处罚金或者没收财产。本法另有规定的，依照规定。

### 理解适用

[本法另有规定的]

指《刑法》或者其他法律对某些特定的诈骗犯罪专门作了具体规定，如金融诈骗罪、合同诈骗罪等，对这些诈骗犯罪应当适用这些专门的规定，不适用本条。

[盗窃罪与诈骗罪]

行为人在犯罪活动中既使用了欺骗手段，又使用了窃取手段，区分二者的关键在于行为人非法占有财物起主要作用的手段是什么。如果起主要作

用的手段是欺骗,就应定诈骗罪;否则,应以盗窃罪论处。

### 条文参见

《全国人民代表大会常务委员会关于〈中华人民共和国刑法〉第二百六十六条的解释》

《最高人民法院关于审理扰乱电信市场管理秩序案件具体应用法律若干问题的解释》第9条

《最高人民法院、最高人民检察院关于办理诈骗刑事案件具体应用法律若干问题的解释》

《最高人民法院、最高人民检察院关于办理危害食品安全刑事案件适用法律若干问题的解释》第19条

### 案例指引

**董亮等四人诈骗案**(检例第38号)

要旨:以非法占有为目的,采用自我交易方式,虚构提供服务的事实,骗取互联网公司垫付费用及订单补贴,数额较大的行为,应认定为诈骗罪。

### 第二百六十七条[1]

【抢夺罪】抢夺公私财物,数额较大的,或者多次抢夺的,处三年以下有期徒刑、拘役或者管制,并处或者单处罚金;数额巨大或者有其他严重情节的,处三年以上十年以下有期徒刑,并处罚金;数额特别巨大或者有其他特别严重情节的,处十年以上有期徒刑或者无期徒刑,并处罚金或者没收财产。

携带凶器抢夺的,依照本法第二百六十三条的规定定罪处罚。

### 理解适用

[携带凶器抢夺]

指行为人随身携带枪支、爆炸物、管制刀具等国家禁止个人携带的器械进行抢夺或者为了实施犯罪而携带其他器械进行抢夺的行为。行为人随身携带国家禁止个人携带的器械以外的其他器械抢夺,但有证据证明该器械确

---

[1] 本条第一款根据2015年8月29日《刑法修正案(九)》修改。

实不是为了实施犯罪准备的,不以抢劫罪定罪;行为人将随身携带凶器有意加以显示、能为被害人所察觉到的,直接适用《刑法》第263条的规定定罪处罚;行为人携带凶器抢夺后,在逃跑过程中为窝藏赃物、抗拒抓捕或者毁灭罪证而当场使用暴力或者以暴力相威胁的,适用《刑法》第267条第2款的规定定罪处罚。

[抢夺罪与抢劫罪的区别]

二者的区别在于行为人在夺取财物的过程中是否对被害人采取暴力、胁迫或者其他强制方法。需要注意的是,如果行为人随身携带凶器并在"抢夺"时将凶器有意加以显示,能为被害人察觉,会使被害人产生恐惧感或者精神强制,不敢进行反抗,实质上是一种胁迫行为,应当直接适用《刑法》关于抢劫罪的规定定罪处罚。

[驾驶机动车、非机动车夺取他人财物,以抢劫罪定罪处罚的情形]

(1)夺取他人财物时因被害人不放手而强行夺取的;(2)驾驶车辆逼挤、撞击或者强行逼倒他人夺取财物的;(3)明知会致人伤亡仍然强行夺取并放任造成财物持有人轻伤以上后果的。

**条文参见**

《最高人民法院、最高人民检察院关于办理抢夺刑事案件适用法律若干问题的解释》

《最高人民法院关于审理抢劫案件具体应用法律若干问题的解释》第6条

《最高人民法院关于审理抢劫、抢夺刑事案件适用法律若干问题的意见》

**第二百六十八条**

【聚众哄抢罪】聚众哄抢公私财物,数额较大或者有其他严重情节的,对首要分子和积极参加的,处三年以下有期徒刑、拘役或者管制,并处罚金;数额巨大或者有其他特别严重情节的,处三年以上十年以下有期徒刑,并处罚金。

### 第二百六十九条

【转化抢劫】犯盗窃、诈骗、抢夺罪,为窝藏赃物、抗拒抓捕或者毁灭罪证而当场使用暴力或者以暴力相威胁的,依照本法第二百六十三条的规定定罪处罚。

#### 理解适用

[转化为抢劫的情形]

行为人实施盗窃、诈骗、抢夺行为未达到"数额较大",为窝藏赃物、抗拒抓捕或者毁灭罪证当场使用暴力或者以暴力相威胁,情节较轻、危害不大的,一般不以犯罪论处,但具有下列情节之一的,可以抢劫罪定罪处罚:(1)盗窃、诈骗、抢夺接近"数额较大"标准的;(2)入户或在公共交通工具上盗窃、诈骗、抢夺后在户外或交通工具外实施上述行为的;(3)使用暴力致人轻微伤以上后果的;(4)使用凶器或以凶器相威胁的;(5)具有其他严重情节的。

[当场]

这里所谓的"当场",一般是指实施盗窃、诈骗、抢夺犯罪行为的作案现场。如果犯罪分子在逃离现场时被人发现,在受到追捕或者围堵的情况下使用暴力,也应视为当场使用暴力。如果犯罪分子作案时没有被及时发现,而是在其他时间、地点被发现,在抓捕过程中行凶拒捕或者在事后为掩盖罪行而杀人灭口,不适用本条规定,应依其行为所触犯的罪名定罪。

#### 条文参见

《最高人民法院关于审理抢劫刑事案件适用法律若干问题的指导意见》
《最高人民法院关于审理抢劫、抢夺刑事案件适用法律若干问题的意见》第5条

### 第二百七十条

【侵占罪】将代为保管的他人财物非法占为己有,数额较大,拒不退还的,处二年以下有期徒刑、拘役或者罚金;数额巨大或者有其他严重情节的,处二年以上五年以下有期徒刑,并处罚金。

将他人的遗忘物或者埋藏物非法占为己有,数额较大,拒不交出的,

依照前款的规定处罚。

本条罪,告诉的才处理。

### 第二百七十一条①

【职务侵占罪】公司、企业或者其他单位的工作人员,利用职务上的便利,将本单位财物非法占为己有,数额较大的,处三年以下有期徒刑或者拘役,并处罚金;数额巨大的,处三年以上十年以下有期徒刑,并处罚金;数额特别巨大的,处十年以上有期徒刑或者无期徒刑,并处罚金。

【贪污罪】国有公司、企业或者其他国有单位中从事公务的人员和国有公司、企业或者其他国有单位委派到非国有公司、企业以及其他单位从事公务的人员有前款行为的,依照本法第三百八十二条、第三百八十三条的规定定罪处罚。

**理解适用**

[职务侵占罪与侵占罪的区别]

(1)犯罪主体不同。职务侵占罪主体为公司、企业或者其他单位中不具有国家工作人员身份的人;侵占罪主体为一般主体。(2)犯罪对象不同。职务侵占罪的对象为行为人所在单位的财物;侵占罪的对象则是代为保管的他人财物或他人的遗忘物、埋藏物。(3)犯罪的客观表现不同。职务侵占罪表现为利用职务上的便利将本单位财物据为己有;侵占罪则与行为人的职务无关。

[审理贪污罪、职务侵占罪案件认定共同犯罪]

(1)行为人与国家工作人员勾结,利用国家工作人员的职务便利,共同侵吞、窃取、骗取或者以其他手段非法占有公共财物的,以贪污罪共犯论处。(2)行为人与公司、企业或者其他单位的人员勾结,利用公司、企业或者其他单位人员的职务便利,共同将该单位财物非法占为己有,数额较大的,以职务侵占罪共犯论处。(3)公司、企业或者其他单位中,不具有国家工作人员身份的人与国家工作人员勾结,分别利用各自的职务便利,共同将本单位财物

---

① 本条第一款根据 2020 年 12 月 26 日《刑法修正案(十一)》修改。

非法占为己有的,按照主犯的犯罪性质定罪。

**[特殊主体的定罪]**

(1)对村民小组组长利用职务上的便利,将村民小组集体财产非法占为己有,数额较大的行为,应当依照本条第1款的规定,以职务侵占罪定罪处罚。(2)在国有资本控股、参股的股份有限公司中从事管理工作的人员,除受国家机关、国有公司、企业、事业单位委派从事公务的以外,不属于国家工作人员。对其利用职务上的便利,将本单位财物非法占为己有,数额较大的,应当依照本条第1款的规定,以职务侵占罪定罪处罚。

**条文参见**

《最高人民法院关于审理贪污、职务侵占案件如何认定共同犯罪几个问题的解释》

**第二百七十二条**[①]

【挪用资金罪】公司、企业或者其他单位的工作人员,利用职务上的便利,挪用本单位资金归个人使用或者借贷给他人,数额较大、超过三个月未还的,或者虽未超过三个月,但数额较大、进行营利活动的,或者进行非法活动的,处三年以下有期徒刑或者拘役;挪用本单位资金数额巨大的,处三年以上七年以下有期徒刑;数额特别巨大的,处七年以上有期徒刑。

国有公司、企业或者其他国有单位中从事公务的人员和国有公司、企业或者其他国有单位委派到非国有公司、企业以及其他单位从事公务的人员有前款行为的,依照本法第三百八十四条的规定定罪处罚。

有第一款行为,在提起公诉前将挪用的资金退还的,可以从轻或者减轻处罚。其中,犯罪较轻的,可以减轻或者免除处罚。

**理解适用**

(1)对于受国家机关、国有公司、企业、事业单位、人民团体委托,管理、经营国有财产的非国家工作人员,利用职务上的便利,挪用国有资金归个人使用构成犯罪的,应当依照本条第1款的规定定罪处罚。

---

① 本条根据2020年12月26日《刑法修正案(十一)》修改。

（2）筹建公司的工作人员在公司登记注册前，利用职务上的便利，挪用准备设立的公司在银行开设的临时账户上的资金，归个人使用或者借贷给他人，数额较大、超过3个月未还的，或者虽未超过3个月，但数额较大、进行营利活动的，或者进行非法活动的，应当根据本条的规定，追究刑事责任。即视主体的不同分别定挪用资金罪和挪用公款罪。

### 条文参见

《最高人民检察院、公安部关于公安机关管辖的刑事案件立案追诉标准的规定（二）》第77条

### 第二百七十三条

【挪用特定款物罪】挪用用于救灾、抢险、防汛、优抚、扶贫、移民、救济款物，情节严重，致使国家和人民群众利益遭受重大损害的，对直接责任人员，处三年以下有期徒刑或者拘役；情节特别严重的，处三年以上七年以下有期徒刑。

### 理解适用

[挪用特定款物罪与挪用资金罪的区别]

（1）行为对象不同。挪用资金罪的对象为本单位的资金，而挪用特定款物罪的对象为特定款物。（2）用途不同。挪用特定款物罪挪用的款物只能是用于救灾、抢险、防汛、优抚、扶贫、移民、救济的特定专项款物。

[挪用失业保险基金和下岗职工基本生活保障资金行为的性质]

挪用失业保险基金和下岗职工基本生活保障资金属于挪用救济款物。挪用失业保险基金和下岗职工基本生活保障资金，情节严重，致使国家和人民群众利益遭受重大损害的，对直接责任人员，应当以挪用特定款物罪追究刑事责任；国家工作人员利用职务上的便利，挪用失业保险基金和下岗职工基本生活保障资金归个人使用，构成犯罪的，应当依照《刑法》第384条的规定，以挪用公款罪追究刑事责任。

[与用于预防、控制突发传染病疫情等灾害的款物有关的行为]

（1）贪污、侵占用于预防、控制突发传染病疫情等灾害的款物或者挪用归个人使用，构成犯罪的，分别依照《刑法》第382条、第383条、第271条、第384条、第272条的规定，以贪污罪、职务侵占罪、挪用公款罪、挪用资金罪定

罪，依法从重处罚。（2）挪用用于预防、控制突发传染病疫情等灾害的救灾、优抚、救济等款物，构成犯罪的，对直接责任人员，以挪用特定款物罪定罪处罚。

### 第二百七十四条①

【**敲诈勒索罪**】敲诈勒索公私财物，数额较大或者多次敲诈勒索的，处三年以下有期徒刑、拘役或者管制，并处或者单处罚金；数额巨大或者有其他严重情节的，处三年以上十年以下有期徒刑，并处罚金；数额特别巨大或者有其他特别严重情节的，处十年以上有期徒刑，并处罚金。

#### 理解适用

[敲诈勒索罪与抢劫罪的区别]

由于以暴力相威胁是敲诈勒索的手段，也是胁迫性抢劫罪的手段，因此二者容易混淆。敲诈勒索罪的威胁行为仅使被害人产生畏惧心理，被害人尚有相当程度的意志自由，还有延缓的余地；而在抢劫罪中，被害人的人身安全受到现实的威胁，已没有延缓的余地。

[敲诈勒索罪与绑架罪的区别]

以扣押人质的方式勒索财物的，是绑架罪；声称绑架人质，实际上并未实施，勒索他人财物的，是敲诈勒索行为。

#### 条文参见

《最高人民法院、最高人民检察院关于办理敲诈勒索刑事案件适用法律若干问题的解释》

《最高人民法院、最高人民检察院关于办理利用信息网络实施诽谤等刑事案件适用法律若干问题的解释》第6、8、10条

### 第二百七十五条

【**故意毁坏财物罪**】故意毁坏公私财物，数额较大或者有其他严重情节的，处三年以下有期徒刑、拘役或者罚金；数额巨大或者有其他特别严重情节的，处三年以上七年以下有期徒刑。

---

① 本条根据2011年2月25日《刑法修正案（八）》修改。

### 条文参见

《最高人民法院关于审理破坏公用电信设施刑事案件具体应用法律若干问题的解释》第 3、4 条

### 第二百七十六条

【破坏生产经营罪】由于泄愤报复或者其他个人目的,毁坏机器设备、残害耕畜或者以其他方法破坏生产经营的,处三年以下有期徒刑、拘役或者管制;情节严重的,处三年以上七年以下有期徒刑。

### 第二百七十六条之一①

【拒不支付劳动报酬罪】以转移财产、逃匿等方法逃避支付劳动者的劳动报酬或者有能力支付而不支付劳动者的劳动报酬,数额较大,经政府有关部门责令支付仍不支付的,处三年以下有期徒刑或者拘役,并处或者单处罚金;造成严重后果的,处三年以上七年以下有期徒刑,并处罚金。

单位犯前款罪的,对单位判处罚金,并对其直接负责的主管人员和其他直接责任人员,依照前款的规定处罚。

有前两款行为,尚未造成严重后果,在提起公诉前支付劳动者的劳动报酬,并依法承担相应赔偿责任的,可以减轻或者免除处罚。

### 条文参见

《最高人民法院关于审理拒不支付劳动报酬刑事案件适用法律若干问题的解释》

### 案例指引

**胡克金拒不支付劳动报酬案**(最高人民法院指导案例 28 号)

裁判要旨:(1)不具备用工主体资格的单位或者个人(包工头),违法用工且拒不支付劳动者报酬,数额较大,经政府有关部门责令支付仍不支付的,

---

① 本条根据 2011 年 2 月 25 日《刑法修正案(八)》增加。

应当以拒不支付劳动报酬罪追究刑事责任。

（2）不具备用工主体资格的单位或者个人（包工头）拒不支付劳动报酬，即使其他单位或者个人在刑事立案前为其垫付了劳动报酬，也不影响追究该用工单位或者个人（包工头）拒不支付劳动报酬罪的刑事责任。

## 第六章　妨害社会管理秩序罪

### 第一节　扰乱公共秩序罪

**第二百七十七条**[①]

【妨害公务罪】以暴力、威胁方法阻碍国家机关工作人员依法执行职务的，处三年以下有期徒刑、拘役、管制或者罚金。

以暴力、威胁方法阻碍全国人民代表大会和地方各级人民代表大会代表依法执行代表职务的，依照前款的规定处罚。

在自然灾害和突发事件中，以暴力、威胁方法阻碍红十字会工作人员依法履行职责的，依照第一款的规定处罚。

故意阻碍国家安全机关、公安机关依法执行国家安全工作任务，未使用暴力、威胁方法，造成严重后果的，依照第一款的规定处罚。

【袭警罪】暴力袭击正在依法执行职务的人民警察的，处三年以下有期徒刑、拘役或者管制；使用枪支、管制刀具，或者以驾驶机动车撞击等手段，严重危及其人身安全的，处三年以上七年以下有期徒刑。

**条文参见**

《最高人民法院、最高人民检察院、公安部关于依法惩治袭警违法犯罪行为的指导意见》

---

① 本条第五款根据 2015 年 8 月 29 日《刑法修正案（九）》增加，根据 2020 年 12 月 26 日《刑法修正案（十一）》修改。

### 第二百七十八条

【煽动暴力抗拒法律实施罪】煽动群众暴力抗拒国家法律、行政法规实施的,处三年以下有期徒刑、拘役、管制或者剥夺政治权利;造成严重后果的,处三年以上七年以下有期徒刑。

### 第二百七十九条

【招摇撞骗罪】冒充国家机关工作人员招摇撞骗的,处三年以下有期徒刑、拘役、管制或者剥夺政治权利;情节严重的,处三年以上十年以下有期徒刑。

冒充人民警察招摇撞骗的,依照前款的规定从重处罚。

**理解适用**

[招摇撞骗罪与诈骗罪的区别]

诈骗罪骗取的对象只限于公私财物,并且要求财物达到一定的数额,侵害的是公私合法财产利益;招摇撞骗罪骗取的对象主要不是财产,而是财产以外的其他利益,如地位、待遇,侵害的主要是国家机关的威信和形象。如果行为人冒充国家机关工作人员是为了骗取财物,则应当以诈骗罪处罚。

### 第二百八十条[①]

【伪造、变造、买卖国家机关公文、证件、印章罪;盗窃、抢夺、毁灭国家机关公文、证件、印章罪】伪造、变造、买卖或者盗窃、抢夺、毁灭国家机关的公文、证件、印章的,处三年以下有期徒刑、拘役、管制或者剥夺政治权利,并处罚金;情节严重的,处三年以上十年以下有期徒刑,并处罚金。

【伪造公司、企业、事业单位、人民团体印章罪】伪造公司、企业、事业单位、人民团体的印章的,处三年以下有期徒刑、拘役、管制或者剥夺政治权利,并处罚金。

【伪造、变造、买卖身份证件罪】伪造、变造、买卖居民身份证、护照、社会保障卡、驾驶证等依法可以用于证明身份的证件的,处三年以下有

---

① 本条根据 2015 年 8 月 29 日《刑法修正案(九)》修改。

期徒刑、拘役、管制或者剥夺政治权利,并处罚金;情节严重的,处三年以上七年以下有期徒刑,并处罚金。

**理解适用**

买卖居民身份证、护照、社会保障卡、驾驶证既包括买卖真证,也包括买卖伪造、变造的证件,这也适用于本条第1款,即无论买卖的是真证还是假证,都属于《刑法》规定的买卖国家机关公文、证件、印章犯罪。

**条文参见**

《全国人民代表大会常务委员会关于惩治骗购外汇、逃汇和非法买卖外汇犯罪的决定》第2条

《最高人民法院、最高人民检察院关于办理妨害信用卡管理刑事案件具体应用法律若干问题的解释》第4条

**第二百八十条之一①**

【使用虚假身份证件、盗用身份证件罪】在依照国家规定应当提供身份证明的活动中,使用伪造、变造的或者盗用他人的居民身份证、护照、社会保障卡、驾驶证等依法可以用于证明身份的证件,情节严重的,处拘役或者管制,并处或者单处罚金。

有前款行为,同时构成其他犯罪的,依照处罚较重的规定定罪处罚。

**第二百八十条之二②**

【冒名顶替罪】盗用、冒用他人身份,顶替他人取得的高等学历教育入学资格、公务员录用资格、就业安置待遇的,处三年以下有期徒刑、拘役或者管制,并处罚金。

组织、指使他人实施前款行为的,依照前款的规定从重处罚。

---

① 本条根据2015年8月29日《刑法修正案(九)》增加。
② 本条根据2020年12月26日《刑法修正案(十一)》增加。

国家工作人员有前两款行为,又构成其他犯罪的,依照数罪并罚的规定处罚。

### 第二百八十一条

【非法生产、买卖警用装备罪】非法生产、买卖人民警察制式服装、车辆号牌等专用标志、警械,情节严重的,处三年以下有期徒刑、拘役或者管制,并处或者单处罚金。

单位犯前款罪的,对单位判处罚金,并对其直接负责的主管人员和其他直接责任人员,依照前款的规定处罚。

### 第二百八十二条

【非法获取国家秘密罪】以窃取、刺探、收买方法,非法获取国家秘密的,处三年以下有期徒刑、拘役、管制或者剥夺政治权利;情节严重的,处三年以上七年以下有期徒刑。

【非法持有国家绝密、机密文件、资料、物品罪】非法持有属于国家绝密、机密的文件、资料或者其他物品,拒不说明来源与用途的,处三年以下有期徒刑、拘役或者管制。

> **实用问答**

**实践中,哪些事项属于国家秘密?**

答:根据《保守国家秘密法》第 13 条的规定,下列涉及国家安全和利益的事项,泄露后可能损害国家在政治、经济、国防、外交等领域的安全和利益的,应当确定为国家秘密:(1)国家事务重大决策中的秘密事项;(2)国防建设和武装力量活动中的秘密事项;(3)外交和外事活动中的秘密事项以及对外承担保密义务的秘密事项;(4)国民经济和社会发展中的秘密事项;(5)科学技术中的秘密事项;(6)维护国家安全活动和追查刑事犯罪中的秘密事项;(7)经国家保密行政管理部门确定的其他秘密事项。政党的秘密事项中符合前述规定的,属于国家秘密。

### 第二百八十三条[1]

【非法生产、销售专用间谍器材、窃听、窃照专用器材罪】非法生产、销售专用间谍器材或者窃听、窃照专用器材的,处三年以下有期徒刑、拘役或者管制,并处或者单处罚金;情节严重的,处三年以上七年以下有期徒刑,并处罚金。

单位犯前款罪的,对单位判处罚金,并对其直接负责的主管人员和其他直接责任人员,依照前款的规定处罚。

### 第二百八十四条

【非法使用窃听、窃照专用器材罪】非法使用窃听、窃照专用器材,造成严重后果的,处二年以下有期徒刑、拘役或者管制。

### 第二百八十四条之一[2]

【组织考试作弊罪】在法律规定的国家考试中,组织作弊的,处三年以下有期徒刑或者拘役,并处或者单处罚金;情节严重的,处三年以上七年以下有期徒刑,并处罚金。

为他人实施前款犯罪提供作弊器材或者其他帮助的,依照前款的规定处罚。

【非法出售、提供试题、答案罪】为实施考试作弊行为,向他人非法出售或者提供第一款规定的考试的试题、答案的,依照第一款的规定处罚。

【代替考试罪】代替他人或者让他人代替自己参加第一款规定的考试的,处拘役或者管制,并处或者单处罚金。

条文参见

《最高人民法院、最高人民检察院关于办理组织考试作弊等刑事案件适用法律若干问题的解释》

---

[1] 本条根据 2015 年 8 月 29 日《刑法修正案(九)》修改。
[2] 本条根据 2015 年 8 月 29 日《刑法修正案(九)》增加。

### 第二百八十五条①

【**非法侵入计算机信息系统罪**】违反国家规定,侵入国家事务、国防建设、尖端科学技术领域的计算机信息系统的,处三年以下有期徒刑或者拘役。

【**非法获取计算机信息系统数据、非法控制计算机信息系统罪**】违反国家规定,侵入前款规定以外的计算机信息系统或者采用其他技术手段,获取该计算机信息系统中存储、处理或者传输的数据,或者对该计算机信息系统实施非法控制,情节严重的,处三年以下有期徒刑或者拘役,并处或者单处罚金;情节特别严重的,处三年以上七年以下有期徒刑,并处罚金。

【**提供侵入、非法控制计算机信息系统程序、工具罪**】提供专门用于侵入、非法控制计算机信息系统的程序、工具,或者明知他人实施侵入、非法控制计算机信息系统的违法犯罪行为而为其提供程序、工具,情节严重的,依照前款的规定处罚。

单位犯前三款罪的,对单位判处罚金,并对其直接负责的主管人员和其他直接责任人员,依照各该款的规定处罚。

### 条文参见

《最高人民法院、最高人民检察院关于办理危害计算机信息系统安全刑事案件应用法律若干问题的解释》第1～3、8～11条

《最高人民法院关于审理危害军事通信刑事案件具体应用法律若干问题的解释》第6条

### 案例指引

**1. 卫梦龙、龚旭、薛东东非法获取计算机信息系统数据案**(检例第36号)

**要旨**:超出授权范围使用账号、密码登录计算机信息系统,属于侵入计算机信息系统的行为;侵入计算机信息系统后下载其储存的数据,可以认定为

---

① 本条第二、三款根据2009年2月28日《刑法修正案(七)》增加,第四款根据2015年8月29日《刑法修正案(九)》增加。

非法获取计算机信息系统数据。

**2. 张竣杰等非法控制计算机信息系统案**(最高人民法院指导案例145号)

裁判要旨:(1)通过植入木马程序的方式,非法获取网站服务器的控制权限,进而通过修改、增加计算机信息系统数据,向相关计算机信息系统上传网页链接代码的,应当认定为《刑法》第285条第2款"采用其他技术手段"非法控制计算机信息系统的行为。

(2)通过修改、增加计算机信息系统数据,对该计算机信息系统实施非法控制,但未造成系统功能实质性破坏或者不能正常运行的,不应当认定为破坏计算机信息系统罪,符合《刑法》第285条第2款规定的,应当认定为非法控制计算机信息系统罪。

### 第二百八十六条[1]

【破坏计算机信息系统罪】违反国家规定,对计算机信息系统功能进行删除、修改、增加、干扰,造成计算机信息系统不能正常运行,后果严重的,处五年以下有期徒刑或者拘役;后果特别严重的,处五年以上有期徒刑。

违反国家规定,对计算机信息系统中存储、处理或者传输的数据和应用程序进行删除、修改、增加的操作,后果严重的,依照前款的规定处罚。

故意制作、传播计算机病毒等破坏性程序,影响计算机系统正常运行,后果严重的,依照第一款的规定处罚。

单位犯前三款罪的,对单位判处罚金,并对其直接负责的主管人员和其他直接责任人员,依照第一款的规定处罚。

【理解适用】

[破坏计算机信息系统罪的共同犯罪]

明知他人实施《刑法》第285条、第286条规定的行为,具有下列情形之一的,应当认定为共同犯罪,依照该两条的规定处罚:(1)为其提供用于破坏计算机信息系统功能、数据或者应用程序的程序、工具,违法所得5000元以上或者提供10人次以上的;(2)为其提供互联网接入、服务器托管、网络存

---

[1] 本条第四款根据2015年8月29日《刑法修正案(九)》增加。

储空间、通讯传输通道、费用结算、交易服务、广告服务、技术培训、技术支持等帮助,违法所得5000元以上的;(3)通过委托推广软件、投放广告等方式向其提供资金5000元以上的。

[掩饰、隐瞒犯罪所得]

明知是非法获取计算机信息系统数据犯罪所获取的数据、非法控制计算机信息系统犯罪所获取的计算机信息系统控制权,而予以转移、收购、代为销售或者以其他方法掩饰、隐瞒,违法所得5000元以上的,应当依照《刑法》第312条第1款的规定,以掩饰、隐瞒犯罪所得罪定罪处罚。

[条文参见]

《最高人民法院、最高人民检察院关于办理危害计算机信息系统安全刑事案件应用法律若干问题的解释》第4~6、8~11条

[案例指引]

**1. 付宣豪、黄子超破坏计算机信息系统案**(最高人民法院指导案例102号)

裁判要旨:(1)通过修改路由器、浏览器设置,锁定主页或者弹出新窗口等技术手段,强制网络用户访问指定网站的"DNS劫持"行为,属于破坏计算机信息系统的行为,后果严重的,构成破坏计算机信息系统罪。

(2)对于"DNS劫持",应当根据因其不能正常运行的计算机信息系统的数量、相关计算机信息系统不能正常运行的时间,以及所造成的损失或者影响等,认定其是"后果严重"还是"后果特别严重"。

**2. 徐强破坏计算机信息系统案**(最高人民法院指导案例103号)

裁判要旨:企业的机械远程监控系统属于计算机信息系统。违反国家规定,对企业的机械远程监控系统功能进行破坏,造成计算机信息系统不能正常运行,后果严重的,构成破坏计算机信息系统罪。

**3. 李森、何利民、张锋勃等人破坏计算机信息系统案**(最高人民法院指导案例104号)

裁判要旨:环境质量监测系统属于计算机信息系统。用棉纱等物品堵塞环境质量监测采样设备,干扰采样,致使监测数据严重失真的,构成破坏计算机信息系统罪。

## 第二百八十六条之一[①]

【**拒不履行信息网络安全管理义务罪**】网络服务提供者不履行法律、行政法规规定的信息网络安全管理义务,经监管部门责令采取改正措施而拒不改正,有下列情形之一的,处三年以下有期徒刑、拘役或者管制,并处或者单处罚金:

(一)致使违法信息大量传播的;

(二)致使用户信息泄露,造成严重后果的;

(三)致使刑事案件证据灭失,情节严重的;

(四)有其他严重情节的。

单位犯前款罪的,对单位判处罚金,并对其直接负责的主管人员和其他直接责任人员,依照前款的规定处罚。

有前两款行为,同时构成其他犯罪的,依照处罚较重的规定定罪处罚。

### 理解适用

[ "拒不改正"的认定标准 ]

认定网络服务提供者是否"拒不改正",应当考虑以下因素:(1)网络服务提供者是否收到监管部门提出的责令采取改正措施的要求;相关责令整改要求是否明确、具体。(2)网络服务提供者对监管部门提出的采取改正措施的要求,在主观上是否具有拖延或者拒绝执行的故意。(3)网络服务提供者是否具有依照监管部门提出的要求,采取相应改正措施的能力。对于确实因为资源、技术等条件限制,没有或者一时难以达到监管部门要求的,不能认定为是本款规定的"拒不改正"。

### 条文参见

《最高人民法院、最高人民检察院关于办理非法利用信息网络、帮助信息网络犯罪活动等刑事案件适用法律若干问题的解释》第 1~6、14~18 条

《最高人民法院、最高人民检察院关于办理侵犯公民个人信息刑事案件适用法律若干问题的解释》第 9 条

---

① 本条根据 2015 年 8 月 29 日《刑法修正案(九)》增加。

### 第二百八十七条

【利用计算机实施犯罪的提示性规定】利用计算机实施金融诈骗、盗窃、贪污、挪用公款、窃取国家秘密或者其他犯罪的,依照本法有关规定定罪处罚。

### 第二百八十七条之一①

【非法利用信息网络罪】利用信息网络实施下列行为之一,情节严重的,处三年以下有期徒刑或者拘役,并处或者单处罚金:

(一)设立用于实施诈骗、传授犯罪方法、制作或者销售违禁物品、管制物品等违法犯罪活动的网站、通讯群组的;

(二)发布有关制作或者销售毒品、枪支、淫秽物品等违禁物品、管制物品或者其他违法犯罪信息的;

(三)为实施诈骗等违法犯罪活动发布信息的。

单位犯前款罪的,对单位判处罚金,并对其直接负责的主管人员和其他直接责任人员,依照第一款的规定处罚。

有前两款行为,同时构成其他犯罪的,依照处罚较重的规定定罪处罚。

〖条文参见〗

《最高人民法院、最高人民检察院关于办理非法利用信息网络、帮助信息网络犯罪活动等刑事案件适用法律若干问题的解释》第 7~18 条

《最高人民法院、最高人民检察院关于办理侵犯公民个人信息刑事案件适用法律若干问题的解释》第 8 条

《最高人民法院、最高人民检察院关于办理组织考试作弊等刑事案件适用法律若干问题的解释》第 11 条

---

① 本条根据 2015 年 8 月 29 日《刑法修正案(九)》增加。

### 第二百八十七条之二[1]

【帮助信息网络犯罪活动罪】明知他人利用信息网络实施犯罪,为其犯罪提供互联网接入、服务器托管、网络存储、通讯传输等技术支持,或者提供广告推广、支付结算等帮助,情节严重的,处三年以下有期徒刑或者拘役,并处或者单处罚金。

单位犯前款罪的,对单位判处罚金,并对其直接负责的主管人员和其他直接责任人员,依照第一款的规定处罚。

有前两款行为,同时构成其他犯罪的,依照处罚较重的规定定罪处罚。

### 条文参见

《最高人民法院、最高人民检察院、公安部关于办理网络赌博犯罪案件适用法律若干问题的意见》第 2 条

《最高人民法院、最高人民检察院关于办理非法利用信息网络、帮助信息网络犯罪活动等刑事案件适用法律若干问题的解释》第 12 条

### 第二百八十八条[2]

【扰乱无线电通讯管理秩序罪】违反国家规定,擅自设置、使用无线电台(站),或者擅自使用无线电频率,干扰无线电通讯秩序,情节严重的,处三年以下有期徒刑、拘役或者管制,并处或者单处罚金;情节特别严重的,处三年以上七年以下有期徒刑,并处罚金。

单位犯前款罪的,对单位判处罚金,并对其直接负责的主管人员和其他直接责任人员,依照前款的规定处罚。

### 理解适用

(1)擅自设置、使用无线电台(站),或者擅自使用无线电频率,同时构成其他犯罪的,按照处罚较重的规定定罪处罚。

(2)明知他人实施诈骗等犯罪,使用"黑广播""伪基站"等无线电设备为

---

[1] 本条根据 2015 年 8 月 29 日《刑法修正案(九)》增加。
[2] 本条第一款根据 2015 年 8 月 29 日《刑法修正案(九)》修改。

其发送信息或者提供其他帮助,同时构成其他犯罪的,按照处罚较重的规定定罪处罚。

(3)负有无线电监督管理职责的国家机关工作人员滥用职权或者玩忽职守,致使公共财产、国家和人民利益遭受重大损失的,应当依照《刑法》第397条的规定,以滥用职权罪或者玩忽职守罪追究刑事责任。有查禁扰乱无线电管理秩序犯罪活动职责的国家机关工作人员,向犯罪分子通风报信、提供便利,帮助犯罪分子逃避处罚的,应当依照《刑法》第417条的规定,以帮助犯罪分子逃避处罚罪追究刑事责任;事先通谋的,以共同犯罪论处。

**条文参见**

《最高人民法院、最高人民检察院关于办理扰乱无线电通讯管理秩序等刑事案件适用法律若干问题的解释》

《最高人民法院关于审理扰乱电信市场管理秩序案件具体应用法律若干问题的解释》第5条

**第二百八十九条**

【对聚众"打砸抢"行为的处理】聚众"打砸抢",致人伤残、死亡的,依照本法第二百三十四条、第二百三十二条的规定定罪处罚。毁坏或者抢走公私财物的,除判令退赔外,对首要分子,依照本法第二百六十三条的规定定罪处罚。

**理解适用**

[聚众"打砸抢"行为与聚众斗殴罪、寻衅滋事罪的界限]

这三个罪侵害的客体不同,犯罪方式也不同。聚众斗殴罪和寻衅滋事罪侵害的客体是社会管理秩序;聚众"打砸抢"行为主要侵害的是公民人身权利,以及与人身权利密切相关的财产权和住宅权利等。

**第二百九十条**[1]

【聚众扰乱社会秩序罪】聚众扰乱社会秩序,情节严重,致使工作、生产、营业和教学、科研、医疗无法进行,造成严重损失的,对首要分子,处

---

[1] 本条根据2015年8月29日《刑法修正案(九)》修改。

三年以上七年以下有期徒刑;对其他积极参加的,处三年以下有期徒刑、拘役、管制或者剥夺政治权利。

【聚众冲击国家机关罪】聚众冲击国家机关,致使国家机关工作无法进行,造成严重损失的,对首要分子,处五年以上十年以下有期徒刑;对其他积极参加的,处五年以下有期徒刑、拘役、管制或者剥夺政治权利。

【扰乱国家机关工作秩序罪】多次扰乱国家机关工作秩序,经行政处罚后仍不改正,造成严重后果的,处三年以下有期徒刑、拘役或者管制。

【组织、资助非法聚集罪】多次组织、资助他人非法聚集,扰乱社会秩序,情节严重的,依照前款的规定处罚。

### 条文参见

《最高人民法院、最高人民检察院、公安部、司法部、国家卫生和计划生育委员会关于依法惩处涉医违法犯罪维护正常医疗秩序的意见》

### 第二百九十一条

【聚众扰乱公共场所秩序、交通秩序罪】聚众扰乱车站、码头、民用航空站、商场、公园、影剧院、展览会、运动场或者其他公共场所秩序,聚众堵塞交通或者破坏交通秩序,抗拒、阻碍国家治安管理工作人员依法执行职务,情节严重的,对首要分子,处五年以下有期徒刑、拘役或者管制。

### 第二百九十一条之一①

【投放虚假危险物质罪;编造、故意传播虚假恐怖信息罪】投放虚假的爆炸性、毒害性、放射性、传染病病原体等物质,或者编造爆炸威胁、生化威胁、放射威胁等恐怖信息,或者明知是编造的恐怖信息而故意传播,严重扰乱社会秩序的,处五年以下有期徒刑、拘役或者管制;造成严重后果的,处五年以上有期徒刑。

【编造、故意传播虚假信息罪】编造虚假的险情、疫情、灾情、警情,在

---

① 本条第一款根据 2001 年 12 月 29 日《刑法修正案(三)》增加,第二款根据 2015 年 8 月 29 日《刑法修正案(九)》增加。

信息网络或者其他媒体上传播,或者明知是上述虚假信息,故意在信息网络或者其他媒体上传播,严重扰乱社会秩序的,处三年以下有期徒刑、拘役或者管制;造成严重后果的,处三年以上七年以下有期徒刑。

**理解适用**

[ "严重扰乱社会秩序"的具体认定]

(1)致使机场、车站、码头、商场、影剧院、运动场馆等人员密集场所秩序混乱,或者采取紧急疏散措施的;(2)影响航空器、列车、船舶等大型客运交通工具正常运行的;(3)致使国家机关、学校、医院、厂矿企业等单位的工作、生产、经营、教学、科研等活动中断的;(4)造成行政村或者社区居民生活秩序严重混乱的;(5)致使公安、武警、消防、卫生检疫等职能部门采取紧急应对措施的;(6)其他严重扰乱社会秩序的。

**条文参见**

《最高人民法院关于审理编造、故意传播虚假恐怖信息刑事案件适用法律若干问题的解释》

**案例指引**

**袁才彦编造虚假恐怖信息案**(检例第11号)

**要旨**:对于编造虚假恐怖信息造成有关部门实施人员疏散,引起公众极度恐慌的,或者致使相关单位无法正常营业,造成重大经济损失的,应当认定为"造成严重后果"。以编造虚假恐怖信息的方式,实施敲诈勒索等其他犯罪的,应当根据案件事实和证据情况,择一重罪处断。

**第二百九十一条之二**①

【**高空抛物罪**】从建筑物或者其他高空抛掷物品,情节严重的,处一年以下有期徒刑、拘役或者管制,并处或者单处罚金。

有前款行为,同时构成其他犯罪的,依照处罚较重的规定定罪处罚。

---

① 本条根据2020年12月26日《刑法修正案(十一)》增加。

> 理解适用

[情节严重]

本条规定的"情节严重",主要看行为人的行为方式、主观心态和损害情况,如果给受害者造成的损害或者行为人当时的主观心态、行为方式达不到相关犯罪的入刑标准,就不应认定为犯罪,受害者可以通过民事途径寻求救济。

[高空抛物与高空坠物的区别]

高空抛物是指故意从高空抛弃物品的行为,主观恶性较大,所涉罪名包括以危险方法危害公共安全罪、故意伤害罪、故意杀人罪等。高空坠物是指过失导致物品从高空坠落的行为,主观心态为过失,所涉罪名包括过失致人死亡罪、过失致人重伤罪、重大责任事故罪。

[高空抛物行为与以危险方法危害公共安全罪的界限]

如果高空抛物行为成立以危险方法危害公共安全罪,则要求:首先,高空抛物行为的行为方式要与放火、决水、爆炸等方法具有相当性。即结合行为地点、被抛物属性、抛物高度等因素判断行为是否具有高度危险。其次,必须要足以危害到公共安全。通常要具备抛物较多和楼下人员密集两个条件。

> 条文参见

《最高人民法院关于依法妥善审理高空抛物、坠物案件的意见》

**第二百九十二条**

【聚众斗殴罪】聚众斗殴的,对首要分子和其他积极参加的,处三年以下有期徒刑、拘役或者管制;有下列情形之一的,对首要分子和其他积极参加的,处三年以上十年以下有期徒刑:

(一)多次聚众斗殴的;

(二)聚众斗殴人数多,规模大,社会影响恶劣的;

(三)在公共场所或者交通要道聚众斗殴,造成社会秩序严重混乱的;

(四)持械聚众斗殴的。

【故意伤害罪;故意杀人罪】聚众斗殴,致人重伤、死亡的,依照本法第二百三十四条、第二百三十二条的规定定罪处罚。

### 第二百九十三条[①]

**【寻衅滋事罪】**有下列寻衅滋事行为之一,破坏社会秩序的,处五年以下有期徒刑、拘役或者管制:
（一）随意殴打他人,情节恶劣的;
（二）追逐、拦截、辱骂、恐吓他人,情节恶劣的;
（三）强拿硬要或者任意损毁、占用公私财物,情节严重的;
（四）在公共场所起哄闹事,造成公共场所秩序严重混乱的。
纠集他人多次实施前款行为,严重破坏社会秩序的,处五年以上十年以下有期徒刑,可以并处罚金。

### 理解适用

[寻衅滋事行为的认定]

行为人为寻求刺激、发泄情绪、逞强耍横等,无事生非,实施本条规定的行为的,应当认定为"寻衅滋事"。行为人因日常生活中的偶发矛盾纠纷,借故生非,实施本条规定的行为的,应当认定为"寻衅滋事",但矛盾系由被害人故意引发或者被害人对矛盾激化负有主要责任的除外。行为人因婚恋、家庭、邻里、债务等纠纷,实施殴打、辱骂、恐吓他人或者损毁、占用他人财物等行为的,一般不认定为"寻衅滋事",但经有关部门批评制止或者处理处罚后,继续实施前列行为,破坏社会秩序的除外。

[同时符合寻衅滋事罪和其他罪名时的定罪处罚]

实施寻衅滋事行为,同时符合寻衅滋事罪和故意杀人罪、故意伤害罪、故意毁坏财物罪、敲诈勒索罪、抢夺罪、抢劫罪等罪的构成要件的,依照处罚较重的犯罪定罪处罚。

[寻衅滋事罪的处罚]

行为人认罪、悔罪,积极赔偿被害人损失或者取得被害人谅解的,可以从轻处罚;犯罪情节轻微的,可以不起诉或者免予刑事处罚。

### 条文参见

《最高人民法院、最高人民检察院关于办理寻衅滋事刑事案件适用法律

---

[①] 本条根据 2011 年 2 月 25 日《刑法修正案(八)》修改。

若干问题的解释》

《最高人民法院、最高人民检察院关于办理利用信息网络实施诽谤等刑事案件适用法律若干问题的解释》第 5、8、10 条

### 第二百九十三条之一①

【催收非法债务罪】有下列情形之一，催收高利放贷等产生的非法债务，情节严重的，处三年以下有期徒刑、拘役或者管制，并处或者单处罚金：

（一）使用暴力、胁迫方法的；
（二）限制他人人身自由或者侵入他人住宅的；
（三）恐吓、跟踪、骚扰他人的。

### 第二百九十四条②

【组织、领导、参加黑社会性质组织罪】组织、领导黑社会性质的组织的，处七年以上有期徒刑，并处没收财产；积极参加的，处三年以上七年以下有期徒刑，可以并处罚金或者没收财产；其他参加的，处三年以下有期徒刑、拘役、管制或者剥夺政治权利，可以并处罚金。

【入境发展黑社会组织罪】境外的黑社会组织的人员到中华人民共和国境内发展组织成员的，处三年以上十年以下有期徒刑。

【包庇、纵容黑社会性质组织罪】国家机关工作人员包庇黑社会性质的组织，或者纵容黑社会性质的组织进行违法犯罪活动的，处五年以下有期徒刑；情节严重的，处五年以上有期徒刑。

犯前三款罪又有其他犯罪行为的，依照数罪并罚的规定处罚。

黑社会性质的组织应当同时具备以下特征：

（一）形成较稳定的犯罪组织，人数较多，有明确的组织者、领导者，骨干成员基本固定；
（二）有组织地通过违法犯罪活动或者其他手段获取经济利益，具有一定的经济实力，以支持该组织的活动；

---

① 本条根据 2020 年 12 月 26 日《刑法修正案（十一）》增加。
② 本条根据 2011 年 2 月 25 日《刑法修正案（八）》修改。

（三）以暴力、威胁或者其他手段,有组织地多次进行违法犯罪活动,为非作恶,欺压、残害群众;

（四）通过实施违法犯罪活动,或者利用国家工作人员的包庇或者纵容,称霸一方,在一定区域或者行业内,形成非法控制或者重大影响,严重破坏经济、社会生活秩序。

**理解适用**

[黑社会性质组织成员的处罚]

(1)对于黑社会性质组织的组织者、领导者,应当按照其所组织、领导的黑社会性质组织所犯的全部罪行处罚;对于黑社会性质组织的参加者,应当按照其所参与的犯罪处罚。(2)对于黑社会性质组织的参加者,没有实施其他违法犯罪活动的,或者是受蒙蔽、胁迫参加黑社会性质的组织,情节轻微的,可以不作为犯罪处理。(3)国家机关工作人员组织、领导、参加黑社会性质组织的,从重处罚。

[国家机关工作人员的包庇行为]

第294条第3款规定的"包庇",是指国家机关工作人员包庇黑社会性质组织的行为,因此,不能简单理解为等同于第310条"窝藏、包庇罪"中的"作假证明包庇",其外延更宽泛。司法实践中,对于国家机关工作人员为使黑社会性质组织及其成员逃避查禁而通风报信、隐匿、毁灭、伪造有关证据,阻止他人作证、检举揭发,指使他人作伪证,帮助黑社会性质组织成员逃匿,或者阻挠其他国家机关工作人员依法对黑社会性质组织进行查禁等行为,一般都应认定为包庇行为。

[国家机关工作人员的纵容行为]

国家机关工作人员的纵容行为,是指国家机关工作人员不依法履行职责,放纵黑社会性质组织进行违法犯罪活动的行为。

**条文参见**

《全国人民代表大会常务委员会关于〈中华人民共和国刑法〉第二百九十四条第一款的解释》

《最高人民法院关于审理黑社会性质组织犯罪的案件具体应用法律若干问题的解释》

> **案例指引**

1. **龚品文等组织、领导、参加黑社会性质组织案**(最高人民法院指导案例186号)

裁判要旨:犯罪组织以其势力、影响和暴力手段的现实可能性为依托,有组织地长期采用多种"软暴力"手段实施大量违法犯罪行为,同时辅之以"硬暴力","软暴力"有向"硬暴力"转化的现实可能性,足以使群众产生恐惧、恐慌进而形成心理强制,并已造成严重危害后果,严重破坏经济、社会生活秩序的,应认定该犯罪组织具有黑社会性质组织的行为特征。

2. **史广振等组织、领导、参加黑社会性质组织案**(最高人民法院指导案例188号)

裁判要旨:在涉黑社会性质组织犯罪案件审理中,应当对查封、扣押、冻结财物及其孳息的权属进行调查,案外人对查封、扣押、冻结财物及其孳息提出权属异议的,人民法院应当听取其意见,确有必要的,人民法院可以通知其出庭,以查明相关财物权属。

## 第二百九十五条[1]

**【传授犯罪方法罪】**传授犯罪方法的,处五年以下有期徒刑、拘役或者管制;情节严重的,处五年以上十年以下有期徒刑;情节特别严重的,处十年以上有期徒刑或者无期徒刑。

> **理解适用**

[传授犯罪方法罪与教唆犯罪的区别]

(1)主观方面不同。传授犯罪方法罪的故意内容是向他人传授犯罪方法,不管犯罪人原来有无犯罪意图;教唆犯罪的故意内容是使本来没有犯罪意图的人产生犯罪意图。(2)客观方面不同。传授犯罪方法罪的行为在于把犯罪的方法、手段、技能、经验传授给他人,可以在他人产生犯意之后;教唆犯罪的行为在于引起他人产生犯罪意图,是造意犯,是在他人犯意产生之前实施。

---

[1] 本条根据2011年2月25日《刑法修正案(八)》修改。

### 第二百九十六条

【非法集会、游行、示威罪】举行集会、游行、示威,未依照法律规定申请或者申请未获许可,或者未按照主管机关许可的起止时间、地点、路线进行,又拒不服从解散命令,严重破坏社会秩序的,对集会、游行、示威的负责人和直接责任人员,处五年以下有期徒刑、拘役、管制或者剥夺政治权利。

### 第二百九十七条

【非法携带武器、管制刀具、爆炸物参加集会、游行、示威罪】违反法律规定,携带武器、管制刀具或者爆炸物参加集会、游行、示威的,处三年以下有期徒刑、拘役、管制或者剥夺政治权利。

理解适用

[非法携带武器参加集会、游行、示威罪与非法持有、私藏枪支弹药罪的界限]

非法持有、私藏枪支弹药罪在客观上表现为没有合法依据,持有、私自藏匿枪支弹药的行为;非法携带武器参加集会、游行、示威罪仅限于在集会、游行、示威活动中携带。非法持有、私藏枪支弹药同时又携带参加集会、游行、示威的,应当依照《刑法》关于数罪并罚的规定处罚。

### 第二百九十八条

【破坏集会、游行、示威罪】扰乱、冲击或者以其他方法破坏依法举行的集会、游行、示威,造成公共秩序混乱的,处五年以下有期徒刑、拘役、管制或者剥夺政治权利。

### 第二百九十九条①

【侮辱国旗、国徽、国歌罪】在公共场合,故意以焚烧、毁损、涂划、玷污、践踏等方式侮辱中华人民共和国国旗、国徽的,处三年以下有期徒刑、拘役、管制或者剥夺政治权利。

在公共场合,故意篡改中华人民共和国国歌歌词、曲谱,以歪曲、贬损方式奏唱国歌,或者以其他方式侮辱国歌,情节严重的,依照前款的规定处罚。

### 第二百九十九条之一②

【侵害英雄烈士名誉、荣誉罪】侮辱、诽谤或者以其他方式侵害英雄烈士的名誉、荣誉,损害社会公共利益,情节严重的,处三年以下有期徒刑、拘役、管制或者剥夺政治权利。

### 案例指引

**仇某侵害英雄烈士名誉、荣誉案**(检例第136号)

**要旨:**侵害英雄烈士名誉、荣誉罪中的"英雄烈士",是指已经牺牲、逝世的英雄烈士。在同一案件中,行为人所侵害的群体中既有烈士,又有健在的英雄模范人物时,应当整体评价为侵害英雄烈士名誉、荣誉的行为,不宜区别适用侵害英雄烈士名誉、荣誉罪和侮辱罪、诽谤罪。《刑法修正案(十一)》实施后,以侮辱、诽谤或者其他方式侵害英雄烈士名誉、荣誉的行为,情节严重的,构成侵害英雄烈士名誉、荣誉罪。行为人利用信息网络侵害英雄烈士名誉、荣誉,引起广泛传播,造成恶劣社会影响的,应当认定为"情节严重"。英雄烈士没有近亲属或者近亲属不提起民事诉讼的,检察机关在提起公诉时,可以一并提起附带民事公益诉讼。

---

① 本条根据2017年11月4日《刑法修正案(十)》修改。
② 本条根据2020年12月26日《刑法修正案(十一)》增加。

### 第三百条①

【组织、利用会道门、邪教组织、利用迷信破坏法律实施罪】组织、利用会道门、邪教组织或者利用迷信破坏国家法律、行政法规实施的,处三年以上七年以下有期徒刑,并处罚金;情节特别严重的,处七年以上有期徒刑或者无期徒刑,并处罚金或者没收财产;情节较轻的,处三年以下有期徒刑、拘役、管制或者剥夺政治权利,并处或者单处罚金。

【组织、利用会道门、邪教组织、利用迷信致人重伤、死亡罪】组织、利用会道门、邪教组织或者利用迷信蒙骗他人,致人重伤、死亡的,依照前款的规定处罚。

【强奸罪;诈骗罪】犯第一款罪又有奸淫妇女、诈骗财物等犯罪行为的,依照数罪并罚的规定处罚。

#### 理解适用

(1)组织、利用邪教组织破坏国家法律、行政法规实施过程中,又有煽动分裂国家、煽动颠覆国家政权或者侮辱、诽谤他人等犯罪行为的,依照数罪并罚的规定定罪处罚。

(2)组织、利用邪教组织,制造、散布迷信邪说,组织、策划、煽动、胁迫、教唆、帮助其成员或者他人实施自杀、自伤的,依照《刑法》第232条、第234条的规定,以故意杀人罪或者故意伤害罪定罪处罚。

(3)邪教组织人员以自焚、自爆或者其他危险方法危害公共安全的,依照《刑法》第114条、第115条的规定,以放火罪、爆炸罪、以危险方法危害公共安全罪等定罪处罚。

(4)明知他人组织、利用邪教组织实施犯罪,而为其提供经费、场地、技术、工具、食宿、接送等便利条件或者帮助的,以共同犯罪论处。

#### 条文参见

《全国人民代表大会常务委员会关于取缔邪教组织、防范和惩治邪教活动的决定》

《最高人民法院、最高人民检察院关于办理组织、利用邪教组织破坏法

---

① 本条根据2015年8月29日《刑法修正案(九)》修改。

律实施等刑事案件适用法律若干问题的解释》

**第三百零一条**

【聚众淫乱罪】聚众进行淫乱活动的,对首要分子或者多次参加的,处五年以下有期徒刑、拘役或者管制。

【引诱未成年人聚众淫乱罪】引诱未成年人参加聚众淫乱活动的,依照前款的规定从重处罚。

**第三百零二条①**

【盗窃、侮辱、故意毁坏尸体、尸骨、骨灰罪】盗窃、侮辱、故意毁坏尸体、尸骨、骨灰的,处三年以下有期徒刑、拘役或者管制。

**第三百零三条②**

【赌博罪】以营利为目的,聚众赌博或者以赌博为业的,处三年以下有期徒刑、拘役或者管制,并处罚金。

【开设赌场罪】开设赌场的,处五年以下有期徒刑、拘役或者管制,并处罚金;情节严重的,处五年以上十年以下有期徒刑,并处罚金。

【组织参与国(境)外赌博罪】组织中华人民共和国公民参与国(境)外赌博,数额巨大或者有其他严重情节的,依照前款的规定处罚。

**理解适用**

[聚众赌博]

有下列情形之一的,属于本条规定的"聚众赌博":(1)组织3人以上赌博,抽头渔利数额累计达到5000元以上的;(2)组织3人以上赌博,赌资数额累计达到5万元以上的;(3)组织3人以上赌博,参赌人数累计达到20人以上的;(4)组织中华人民共和国公民10人以上赴境外赌博,从中收取回扣、

---

① 本条根据2015年8月29日《刑法修正案(九)》修改。
② 本条根据2006年6月29日《刑法修正案(六)》第一次修改,根据2020年12月26日《刑法修正案(十一)》第二次修改。

介绍费的。

### 条文参见

《最高人民法院、最高人民检察院关于办理赌博刑事案件具体应用法律若干问题的解释》

《最高人民法院、最高人民检察院、公安部关于办理网络赌博犯罪案件适用法律若干问题的意见》

《最高人民法院、最高人民检察院、公安部关于办理利用赌博机开设赌场案件适用法律若干问题的意见》

### 案例指引

**1. 洪小强、洪礼沃、洪清泉、李志荣开设赌场案**(最高人民法院指导案例105号)

**裁判要旨**：以营利为目的，通过邀请人员加入微信群的方式招揽赌客，根据竞猜游戏网站的开奖结果等方式进行赌博，设定赌博规则，利用微信群进行控制管理，在一段时间内持续组织网络赌博活动的，属于《刑法》第303条第2款规定的"开设赌场"。

**2. 谢检军、高垒、高尔樵、杨泽彬开设赌场案**(最高人民法院指导案例106号)

**裁判要旨**：以营利为目的，通过邀请人员加入微信群，利用微信群进行控制管理，以抢红包方式进行赌博，在一段时间内持续组织赌博活动的行为，属于《刑法》第303条第2款规定的"开设赌场"。

**3. 陈庆豪、陈淑娟、赵延海开设赌场案**(最高人民法院指导案例146号)

**裁判要旨**：以"二元期权"交易的名义，在法定期货交易场所之外利用互联网招揽"投资者"，以未来某段时间外汇品种的价格走势为交易对象，按照"买涨""买跌"确定盈亏，买对涨跌方向的"投资者"得利，买错的本金归网站（庄家）所有，盈亏结果不与价格实际涨跌幅度挂钩的，本质是"押大小、赌输赢"，是披着期权交易外衣的赌博行为。对相关网站应当认定为赌博网站。

### 第三百零四条

【故意延误投递邮件罪】邮政工作人员严重不负责任,故意延误投递邮件,致使公共财产、国家和人民利益遭受重大损失的,处二年以下有期徒刑或者拘役。

## 第二节 妨害司法罪

### 第三百零五条

【伪证罪】在刑事诉讼中,证人、鉴定人、记录人、翻译人对与案件有重要关系的情节,故意作虚假证明、鉴定、记录、翻译,意图陷害他人或者隐匿罪证的,处三年以下有期徒刑或者拘役;情节严重的,处三年以上七年以下有期徒刑。

**理解适用**

[伪证罪与诬告陷害罪的区别]
(1)犯罪主体不同,伪证罪主体为特殊主体;(2)犯罪发生的时间不同,伪证罪限定于刑事诉讼过程中;(3)犯罪意图不同,伪证罪行为人的犯罪意图既可能是陷害无罪之人,也可能是包庇有罪之人,诬告陷害罪的行为人的犯罪意图只能是陷害他人。

### 第三百零六条

【辩护人、诉讼代理人毁灭证据、伪造证据、妨害作证罪】在刑事诉讼中,辩护人、诉讼代理人毁灭、伪造证据,帮助当事人毁灭、伪造证据,威胁、引诱证人违背事实改变证言或者作伪证的,处三年以下有期徒刑或者拘役;情节严重的,处三年以上七年以下有期徒刑。

辩护人、诉讼代理人提供、出示、引用的证人证言或者其他证据失实,不是有意伪造的,不属于伪造证据。

### 第三百零七条

【妨害作证罪】以暴力、威胁、贿买等方法阻止证人作证或者指使他人作伪证的,处三年以下有期徒刑或者拘役;情节严重的,处三年以上七年以下有期徒刑。

【帮助毁灭、伪造证据罪】帮助当事人毁灭、伪造证据,情节严重的,处三年以下有期徒刑或者拘役。

司法工作人员犯前两款罪的,从重处罚。

### 第三百零七条之一①

【虚假诉讼罪】以捏造的事实提起民事诉讼,妨害司法秩序或者严重侵害他人合法权益的,处三年以下有期徒刑、拘役或者管制,并处或者单处罚金;情节严重的,处三年以上七年以下有期徒刑,并处罚金。

单位犯前款罪的,对单位判处罚金,并对其直接负责的主管人员和其他直接责任人员,依照前款的规定处罚。

有第一款行为,非法占有他人财产或者逃避合法债务,又构成其他犯罪的,依照处罚较重的规定定罪从重处罚。

司法工作人员利用职权,与他人共同实施前三款行为的,从重处罚;同时构成其他犯罪的,依照处罚较重的规定定罪从重处罚。

**理解适用**

对于提起诉讼的基本事实是真实的,但在一些证据材料上弄虚作假,企图欺骗司法机关,获取有利于自己的裁判的行为,不适用本条规定。对这类行为,可以按照《民事诉讼法》的有关规定予以罚款、拘留;构成妨害作证、帮助毁灭、伪造证据等其他犯罪的,应当按照《刑法》有关规定追究刑事责任。

**条文参见**

《最高人民法院、最高人民检察院关于办理虚假诉讼刑事案件适用法律若干问题的解释》

---

① 本条根据 2015 年 8 月 29 日《刑法修正案(九)》增加。

【案例指引】

周某某与项某某、李某某著作权权属、侵权纠纷等系列虚假诉讼监督案（检例第 192 号）

要旨：冒充作者身份，以他人创作的作品骗取著作权登记，并以此为主要证据提起诉讼谋取不正当利益，损害他人合法权益，妨害司法秩序的，构成虚假诉讼。

**第三百零八条**

【打击报复证人罪】对证人进行打击报复的，处三年以下有期徒刑或者拘役；情节严重的，处三年以上七年以下有期徒刑。

**第三百零八条之一**①

【泄露不应公开的案件信息罪】司法工作人员、辩护人、诉讼代理人或者其他诉讼参与人，泄露依法不公开审理的案件中不应当公开的信息，造成信息公开传播或者其他严重后果的，处三年以下有期徒刑、拘役或者管制，并处或者单处罚金。

有前款行为，泄露国家秘密的，依照本法第三百九十八条的规定定罪处罚。

【披露、报道不应公开的案件信息罪】公开披露、报道第一款规定的案件信息，情节严重的，依照第一款的规定处罚。

单位犯前款罪的，对单位判处罚金，并对其直接负责的主管人员和其他直接责任人员，依照第一款的规定处罚。

**第三百零九条**②

【扰乱法庭秩序罪】有下列扰乱法庭秩序情形之一的，处三年以下有期徒刑、拘役、管制或者罚金：

---

① 本条根据 2015 年 8 月 29 日《刑法修正案（九）》增加。
② 本条根据 2015 年 8 月 29 日《刑法修正案（九）》修改。

（一）聚众哄闹、冲击法庭的；
（二）殴打司法工作人员或者诉讼参与人的；
（三）侮辱、诽谤、威胁司法工作人员或者诉讼参与人，不听法庭制止，严重扰乱法庭秩序的；
（四）有毁坏法庭设施，抢夺、损毁诉讼文书、证据等扰乱法庭秩序行为，情节严重的。

### 第三百一十条

【窝藏、包庇罪】明知是犯罪的人而为其提供隐藏处所、财物，帮助其逃匿或者作假证明包庇的，处三年以下有期徒刑、拘役或者管制；情节严重的，处三年以上十年以下有期徒刑。

犯前款罪，事前通谋的，以共同犯罪论处。

**实用问答**

**1. 实践中，哪些行为应当依照本条的规定以窝藏罪定罪处罚？**

答：根据《最高人民法院、最高人民检察院关于办理窝藏、包庇刑事案件适用法律若干问题的解释》第1条的规定，明知是犯罪的人，为帮助其逃匿，实施下列行为之一的，应当依照《刑法》第310条第1款的规定，以窝藏罪定罪处罚：(1)为犯罪的人提供房屋或者其他可以用于隐藏的处所的；(2)为犯罪的人提供车辆、船只、航空器等交通工具，或者提供手机等通讯工具的；(3)为犯罪的人提供金钱的；(4)其他为犯罪的人提供隐藏处所、财物，帮助其逃匿的情形。保证人在犯罪的人取保候审期间，协助其逃匿，或者明知犯罪的人的藏匿地点、联系方式，但拒绝向司法机关提供的，应当依照《刑法》第310条第1款的规定，对保证人以窝藏罪定罪处罚。

虽然为犯罪的人提供隐藏处所、财物，但不是出于帮助犯罪的人逃匿的目的，不以窝藏罪定罪处罚；对未履行法定报告义务的行为人，依法移送有关主管机关给予行政处罚。

**2. 实践中，哪些行为应当依照本条的规定以包庇罪定罪处罚？**

答：根据《最高人民法院、最高人民检察院关于办理窝藏、包庇刑事案件适用法律若干问题的解释》第2条的规定，明知是犯罪的人，为帮助其逃避刑事追究，或者帮助其获得从宽处罚，实施下列行为之一的，应当依照《刑法》

第310条第1款的规定,以包庇罪定罪处罚:(1)故意顶替犯罪的人欺骗司法机关的;(2)故意向司法机关作虚假陈述或者提供虚假证明,以证明犯罪的人没有实施犯罪行为,或者犯罪的人所实施行为不构成犯罪的;(3)故意向司法机关提供虚假证明,以证明犯罪的人具有法定从轻、减轻、免除处罚情节的;(4)其他作假证明包庇的行为。

### 条文参见

《最高人民法院、最高人民检察院关于办理窝藏、包庇刑事案件适用法律若干问题的解释》

### 第三百一十一条①

【拒绝提供间谍犯罪、恐怖主义犯罪、极端主义犯罪证据罪】明知他人有间谍犯罪或者恐怖主义、极端主义犯罪行为,在司法机关向其调查有关情况、收集有关证据时,拒绝提供,情节严重的,处三年以下有期徒刑、拘役或者管制。

### 理解适用

[间谍犯罪行为]

主要是指《反间谍法》第4条规定的构成犯罪的间谍行为,包括:(1)间谍组织及其代理人实施或者指使、资助他人实施,或者境内外机构、组织、个人与其相勾结实施的危害中华人民共和国国家安全的活动;(2)参加间谍组织或者接受间谍组织及其代理人的任务,或者投靠间谍组织及其代理人;(3)间谍组织及其代理人以外的其他境外机构、组织、个人实施或者指使、资助他人实施,或者境内机构、组织、个人与其相勾结实施的窃取、刺探、收买、非法提供国家秘密、情报以及其他关系国家安全和利益的文件、数据、资料、物品,或者策动、引诱、胁迫、收买国家工作人员叛变的活动;(4)间谍组织及其代理人实施或者指使、资助他人实施,或者境内外机构、组织、个人与其相勾结实施针对国家机关、涉密单位或者关键信息基础设施等的网络攻击、侵入、干扰、控制、破坏等活动;(5)为敌人指示攻击目标的;(6)进行其他间谍活动。

---

① 本条根据2015年8月29日《刑法修正案(九)》修改。

[恐怖主义犯罪行为]

主要是指通过暴力、破坏、恐吓等手段,制造社会恐慌、危害公共安全、侵犯人身财产等犯罪行为,包括组织、策划、实施放火、爆炸、杀人、绑架等,造成或者意图造成人员伤亡、重大财产损失、公共设施损坏、社会秩序混乱等严重社会危害的活动的;组织、领导、参加恐怖活动组织的;为恐怖活动组织或者人员提供信息、资金、物资设备或者技术、场所等支持、协助、便利;宣扬恐怖主义或者煽动实施恐怖活动的等。

[极端主义犯罪行为]

主要是指以歪曲宗教教义或者其他方法煽动仇恨、煽动歧视、崇尚暴力等极端主义,构成犯罪的行为,包括宣扬极端主义或者利用极端主义煽动、胁迫群众破坏国家法律确立的婚姻、司法、教育、社会管理等制度实施等犯罪行为。

### 第三百一十二条[1]

**【掩饰、隐瞒犯罪所得、犯罪所得收益罪】** 明知是犯罪所得及其产生的收益而予以窝藏、转移、收购、代为销售或者以其他方法掩饰、隐瞒的,处三年以下有期徒刑、拘役或者管制,并处或者单处罚金;情节严重的,处三年以上七年以下有期徒刑,并处罚金。

单位犯前款罪的,对单位判处罚金,并对其直接负责的主管人员和其他直接责任人员,依照前款的规定处罚。

### 理解适用

(1)犯罪团伙、集团在犯罪中分工负责掩饰、隐瞒犯罪所得及其收益的,应以该犯罪的共犯论处。

(2)犯罪行为人本人掩饰、隐瞒犯罪所得及其收益的,只按其所犯罪行处罚,而不再以本条规定数罪并罚。

(3)行为人与犯罪分子事前通谋,事后对犯罪所得予以掩饰、隐瞒的,应按犯罪的共犯追究刑事责任。

(4)认定掩饰、隐瞒犯罪所得、犯罪所得收益罪,以上游犯罪事实成立为

---

[1] 本条根据2006年6月29日《刑法修正案(六)》第一次修改,根据2009年2月28日《刑法修正案(七)》第二次修改。

前提。上游犯罪尚未依法裁判，但查证属实的，不影响掩饰、隐瞒犯罪所得、犯罪所得收益罪的认定。上游犯罪事实经查证属实，但因行为人未达到刑事责任年龄等原因依法不予追究刑事责任的，也不影响掩饰、隐瞒犯罪所得、犯罪所得收益罪的认定。

**条文参见**

《全国人民代表大会常务委员会关于〈中华人民共和国刑法〉第三百四十一条、第三百一十二条的解释》

《最高人民法院关于审理掩饰、隐瞒犯罪所得、犯罪所得收益刑事案件适用法律若干问题的解释》

《最高人民法院、最高人民检察院关于办理与盗窃、抢劫、诈骗、抢夺机动车相关刑事案件具体应用法律若干问题的解释》第1、4~6条

《最高人民法院、最高人民检察院、公安部、国家工商行政管理局关于依法查处盗窃、抢劫机动车案件的规定》第1~5、17条

《最高人民法院关于办理洗钱刑事案件适用法律若干问题的解释》第6条

《最高人民法院、最高人民检察院关于办理盗窃油气、破坏油气设备等刑事案件具体应用法律若干问题的解释》第5条

《最高人民法院、最高人民检察院关于办理危害计算机信息系统安全刑事案件应用法律若干问题的解释》第7、11条

《最高人民法院、最高人民检察院关于办理妨害文物管理等刑事案件适用法律若干问题的解释》第9条

**第三百一十三条**[1]

【拒不执行判决、裁定罪】对人民法院的判决、裁定有能力执行而拒不执行，情节严重的，处三年以下有期徒刑、拘役或者罚金；情节特别严重的，处三年以上七年以下有期徒刑，并处罚金。

单位犯前款罪的，对单位判处罚金，并对其直接负责的主管人员和其他直接责任人员，依照前款的规定处罚。

---

[1] 本条根据2015年8月29日《刑法修正案（九）》修改。

条文参见

《全国人民代表大会常务委员会关于〈中华人民共和国刑法〉第三百一十三条的解释》

《最高人民法院、最高人民检察院关于办理拒不执行判决、裁定刑事案件适用法律若干问题的解释》

案例指引

**毛建文拒不执行判决、裁定案**(最高人民法院指导案例71号)

裁判要旨：有能力执行而拒不执行判决、裁定的时间从判决、裁定发生法律效力时起算。具有执行内容的判决、裁定发生法律效力后，负有执行义务的人有隐藏、转移、故意毁损财产等拒不执行行为，致使判决、裁定无法执行，情节严重的，应当以拒不执行判决、裁定罪定罪处罚。

## 第三百一十四条

【非法处置查封、扣押、冻结的财产罪】隐藏、转移、变卖、故意毁损已被司法机关查封、扣押、冻结的财产，情节严重的，处三年以下有期徒刑、拘役或者罚金。

## 第三百一十五条

【破坏监管秩序罪】依法被关押的罪犯，有下列破坏监管秩序行为之一，情节严重的，处三年以下有期徒刑：

（一）殴打监管人员的；

（二）组织其他被监管人破坏监管秩序的；

（三）聚众闹事，扰乱正常监管秩序的；

（四）殴打、体罚或者指使他人殴打、体罚其他被监管人的。

## 第三百一十六条

【脱逃罪】依法被关押的罪犯、被告人、犯罪嫌疑人脱逃的，处五年以下有期徒刑或者拘役。

【劫夺被押解人员罪】劫夺押解途中的罪犯、被告人、犯罪嫌疑人的,处三年以上七年以下有期徒刑;情节严重的,处七年以上有期徒刑。

### 第三百一十七条

【组织越狱罪】组织越狱的首要分子和积极参加的,处五年以上有期徒刑;其他参加的,处五年以下有期徒刑或者拘役。

【暴动越狱罪;聚众持械劫狱罪】暴动越狱或者聚众持械劫狱的首要分子和积极参加的,处十年以上有期徒刑或者无期徒刑;情节特别严重的,处死刑;其他参加的,处三年以上十年以下有期徒刑。

## 第三节　妨害国(边)境管理罪

### 第三百一十八条

【组织他人偷越国(边)境罪】组织他人偷越国(边)境的,处二年以上七年以下有期徒刑,并处罚金;有下列情形之一的,处七年以上有期徒刑或者无期徒刑,并处罚金或者没收财产:

(一)组织他人偷越国(边)境集团的首要分子;

(二)多次组织他人偷越国(边)境或者组织他人偷越国(边)境人数众多的;

(三)造成被组织人重伤、死亡的;

(四)剥夺或者限制被组织人人身自由的;

(五)以暴力、威胁方法抗拒检查的;

(六)违法所得数额巨大的;

(七)有其他特别严重情节的。

犯前款罪,对被组织人有杀害、伤害、强奸、拐卖等犯罪行为,或者对检查人员有杀害、伤害等犯罪行为的,依照数罪并罚的规定处罚。

**理解适用**

（1）以单位名义或者单位形式组织他人偷越国（边）境、为他人提供伪造、变造的出入境证件或者运送他人偷越国（边）境的，应当依照《刑法》第318条、第320条、第321条的规定追究直接负责的主管人员和其他直接责任人员的刑事责任。

（2）实施组织他人偷越国（边）境犯罪，同时构成骗取出境证件罪、提供伪造、变造的出入境证件罪、出售出入境证件罪、运送他人偷越国（边）境罪的，依照处罚较重的规定定罪处罚。

**条文参见**

《最高人民法院、最高人民检察院关于办理妨害国（边）境管理刑事案件应用法律若干问题的解释》第1、6~9条

### 第三百一十九条

【骗取出境证件罪】以劳务输出、经贸往来或者其他名义，弄虚作假，骗取护照、签证等出境证件，为组织他人偷越国（边）境使用的，处三年以下有期徒刑，并处罚金；情节严重的，处三年以上十年以下有期徒刑，并处罚金。

单位犯前款罪的，对单位判处罚金，并对其直接负责的主管人员和其他直接责任人员，依照前款的规定处罚。

**条文参见**

《最高人民法院、最高人民检察院关于办理妨害国（边）境管理刑事案件应用法律若干问题的解释》第2条

### 第三百二十条

【提供伪造、变造的出入境证件罪；出售出入境证件罪】为他人提供伪造、变造的护照、签证等出入境证件，或者出售护照、签证等出入境证件的，处五年以下有期徒刑，并处罚金；情节严重的，处五年以上有期徒刑，并处罚金。

> **条文参见**
>
> 《最高人民法院、最高人民检察院关于办理妨害国(边)境管理刑事案件应用法律若干问题的解释》第 3 条

### 第三百二十一条

【运送他人偷越国(边)境罪】运送他人偷越国(边)境的,处五年以下有期徒刑、拘役或者管制,并处罚金;有下列情形之一的,处五年以上十年以下有期徒刑,并处罚金:

(一)多次实施运送行为或者运送人数众多的;

(二)所使用的船只、车辆等交通工具不具备必要的安全条件,足以造成严重后果的;

(三)违法所得数额巨大的;

(四)有其他特别严重情节的。

在运送他人偷越国(边)境中造成被运送人重伤、死亡,或者以暴力、威胁方法抗拒检查的,处七年以上有期徒刑,并处罚金。

犯前两款罪,对被运送人有杀害、伤害、强奸、拐卖等犯罪行为,或者对检查人员有杀害、伤害等犯罪行为的,依照数罪并罚的规定处罚。

> **理解适用**
>
> [运送他人偷越国(边)境犯罪与组织他人偷越国(边)境犯罪]
>
> 主要区别在于行为人是否实施了组织行为。对于组织他人偷越国(边)境的行为人在实施组织行为的过程中又实施了运送行为的,应当根据从一重罪处罚的原则,以处刑较重的犯罪定罪处罚。

> **条文参见**
>
> 《最高人民法院、最高人民检察院关于办理妨害国(边)境管理刑事案件应用法律若干问题的解释》第 4 条

### 第三百二十二条[1]

【偷越国（边）境罪】违反国（边）境管理法规，偷越国（边）境，情节严重的，处一年以下有期徒刑、拘役或者管制，并处罚金；为参加恐怖活动组织、接受恐怖活动培训或者实施恐怖活动，偷越国（边）境的，处一年以上三年以下有期徒刑，并处罚金。

**理解适用**

[国（边）境]

这里所说的"国（边）境"，不能仅从地理意义上进行理解，国（边）境不仅限于两国接壤的区域，还包括内地能够出入境的机场、港口等。

**条文参见**

《最高人民法院、最高人民检察院关于办理妨害国（边）境管理刑事案件应用法律若干问题的解释》第5条

### 第三百二十三条

【破坏界碑、界桩罪；破坏永久性测量标志罪】故意破坏国家边境的界碑、界桩或者永久性测量标志的，处三年以下有期徒刑或者拘役。

## 第四节 妨害文物管理罪

### 第三百二十四条

【故意损毁文物罪】故意损毁国家保护的珍贵文物或者被确定为全国重点文物保护单位、省级文物保护单位的文物的，处三年以下有期徒刑或者拘役，并处或者单处罚金；情节严重的，处三年以上十年以下有期徒刑，并处罚金。

【故意损毁名胜古迹罪】故意损毁国家保护的名胜古迹，情节严重

---

[1] 本条根据2015年8月29日《刑法修正案（九）》修改。

的,处五年以下有期徒刑或者拘役,并处或者单处罚金。

【过失损毁文物罪】过失损毁国家保护的珍贵文物或者被确定为全国重点文物保护单位、省级文物保护单位的文物,造成严重后果的,处三年以下有期徒刑或者拘役。

> **案例指引**

**1. 张永明、毛伟明、张鹭故意损毁名胜古迹案**(最高人民法院指导案例147号)

**裁判要旨**:(1)风景名胜区的核心景区属于《刑法》第324条第2款规定的"国家保护的名胜古迹"。对核心景区内的世界自然遗产实施打岩钉等破坏活动,严重破坏自然遗产的自然性、原始性、完整性和稳定性的,综合考虑有关地质遗迹的特点、损坏程度等,可以认定为故意损毁国家保护的名胜古迹"情节严重"。

(2)对刑事案件中的专门性问题需要鉴定,但没有鉴定机构的,可以指派、聘请有专门知识的人就案件的专门性问题出具报告,相关报告在刑事诉讼中可以作为证据使用。

**2. 张某方、李某香故意损毁文物案**(检例第232号)

**要旨**:在全国重点文物保护单位、省级文物保护单位重要构成的文物上乱涂乱写,虽未造成单个文物的严重破损、毁坏,但是显著改变文物外观,影响文物保护单位整体历史风貌,破坏其历史、艺术、科学价值的,属于《刑法》规定的故意损毁文物行为。在依法追究行为人刑事责任的同时,检察机关可以提起附带民事公益诉讼,要求行为人承担民事责任。

> **第三百二十五条**

【非法向外国人出售、赠送珍贵文物罪】违反文物保护法规,将收藏的国家禁止出口的珍贵文物私自出售或者私自赠送给外国人的,处五年以下有期徒刑或者拘役,可以并处罚金。

单位犯前款罪的,对单位判处罚金,并对其直接负责的主管人员和其他直接责任人员,依照前款的规定处罚。

### 第三百二十六条

【倒卖文物罪】以牟利为目的,倒卖国家禁止经营的文物,情节严重的,处五年以下有期徒刑或者拘役,并处罚金;情节特别严重的,处五年以上十年以下有期徒刑,并处罚金。

单位犯前款罪的,对单位判处罚金,并对其直接负责的主管人员和其他直接责任人员,依照前款的规定处罚。

### 第三百二十七条

【非法出售、私赠文物藏品罪】违反文物保护法规,国有博物馆、图书馆等单位将国家保护的文物藏品出售或者私自送给非国有单位或者个人的,对单位判处罚金,并对其直接负责的主管人员和其他直接责任人员,处三年以下有期徒刑或者拘役。

**理解适用**

[非法出售、私赠文物藏品罪与向外国人私自出售、赠送文物罪的区别]
(1)犯罪主体不同。(2)犯罪对象不同。非法出售、私赠文物藏品罪对象是国有博物馆、图书馆等单位收藏的文物,向外国人私自出售、赠送文物罪的对象是单位或个人收藏的国家禁止出口的珍贵文物。(3)出售或者赠送对象不同。非法出售、私赠文物藏品罪对象是非国有单位和具有中国国籍的人,向外国人私自出售、赠送文物罪对象是外国人。

### 第三百二十八条[①]

【盗掘古文化遗址、古墓葬罪】盗掘具有历史、艺术、科学价值的古文化遗址、古墓葬的,处三年以上十年以下有期徒刑,并处罚金;情节较轻的,处三年以下有期徒刑、拘役或者管制,并处罚金;有下列情形之一的,处十年以上有期徒刑或者无期徒刑,并处罚金或者没收财产:

(一)盗掘确定为全国重点文物保护单位和省级文物保护单位的古文化遗址、古墓葬的;

---

① 本条第一款根据2011年2月25日《刑法修正案(八)》修改。

(二)盗掘古文化遗址、古墓葬集团的首要分子;
(三)多次盗掘古文化遗址、古墓葬的;
(四)盗掘古文化遗址、古墓葬,并盗窃珍贵文物或者造成珍贵文物严重破坏的。

【盗掘古人类化石、古脊椎动物化石罪】盗掘国家保护的具有科学价值的古人类化石和古脊椎动物化石的,依照前款的规定处罚。

## 第三百二十九条

【抢夺、窃取国有档案罪】抢夺、窃取国家所有的档案的,处五年以下有期徒刑或者拘役。

【擅自出卖、转让国有档案罪】违反档案法的规定,擅自出卖、转让国家所有的档案,情节严重的,处三年以下有期徒刑或者拘役。

有前两款行为,同时又构成本法规定的其他犯罪的,依照处罚较重的规定定罪处罚。

## 第五节 危害公共卫生罪

## 第三百三十条①

【妨害传染病防治罪】违反传染病防治法的规定,有下列情形之一,引起甲类传染病以及依法确定采取甲类传染病预防、控制措施的传染病传播或者有传播严重危险的,处三年以下有期徒刑或者拘役;后果特别严重的,处三年以上七年以下有期徒刑:
(一)供水单位供应的饮用水不符合国家规定的卫生标准的;
(二)拒绝按照疾病预防控制机构提出的卫生要求,对传染病病原体污染的污水、污物、场所和物品进行消毒处理的;
(三)准许或者纵容传染病病人、病原携带者和疑似传染病病人从事国务院卫生行政部门规定禁止从事的易使该传染病扩散的工作的;

---

① 本条第一款根据 2020 年 12 月 26 日《刑法修正案(十一)》修改。

(四)出售、运输疫区中被传染病病原体污染或者可能被传染病病原体污染的物品,未进行消毒处理的;

(五)拒绝执行县级以上人民政府、疾病预防控制机构依照传染病防治法提出的预防、控制措施的。

单位犯前款罪的,对单位判处罚金,并对其直接负责的主管人员和其他直接责任人员,依照前款的规定处罚。

甲类传染病的范围,依照《中华人民共和国传染病防治法》和国务院有关规定确定。

### 第三百三十一条

【传染病菌种、毒种扩散罪】从事实验、保藏、携带、运输传染病菌种、毒种的人员,违反国务院卫生行政部门的有关规定,造成传染病菌种、毒种扩散,后果严重的,处三年以下有期徒刑或者拘役;后果特别严重的,处三年以上七年以下有期徒刑。

### 第三百三十二条

【妨害国境卫生检疫罪】违反国境卫生检疫规定,引起检疫传染病传播或者有传播严重危险的,处三年以下有期徒刑或者拘役,并处或者单处罚金。

单位犯前款罪的,对单位判处罚金,并对其直接负责的主管人员和其他直接责任人员,依照前款的规定处罚。

#### 条文参见

《最高人民法院、最高人民检察院、公安部、司法部、海关总署关于进一步加强国境卫生检疫工作依法惩治妨害国境卫生检疫违法犯罪的意见》

### 第三百三十三条

【非法组织卖血罪;强迫卖血罪】非法组织他人出卖血液的,处五年以下有期徒刑,并处罚金;以暴力、威胁方法强迫他人出卖血液的,处五年以上十年以下有期徒刑,并处罚金。

**【故意伤害罪】**有前款行为,对他人造成伤害的,依照本法第二百三十四条的规定定罪处罚。

### 理解适用

[有前款行为,对他人造成伤害的]

"有前款行为,对他人造成伤害的",是指非法组织他人或者以暴力、威胁方法强迫他人出卖血液,对供血者造成伤害,主要包括以下三种情况:(1)组织患有疾病或者有其他原因不宜输血的人输血,造成被采血人健康受到严重损害的;(2)由于长期过度供血,使供血者身体健康受到严重损害的;(3)为了抽取他人血液,使用暴力手段致人身体伤害的。有上述情况之一的,本条第2款规定,依照故意伤害罪的规定定罪处罚。

### 第三百三十四条

**【非法采集、供应血液、制作、供应血液制品罪】**非法采集、供应血液或者制作、供应血液制品,不符合国家规定的标准,足以危害人体健康的,处五年以下有期徒刑或者拘役,并处罚金;对人体健康造成严重危害的,处五年以上十年以下有期徒刑,并处罚金;造成特别严重后果的,处十年以上有期徒刑或者无期徒刑,并处罚金或者没收财产。

**【采集、供应血液、制作、供应血液制品事故罪】**经国家主管部门批准采集、供应血液或者制作、供应血液制品的部门,不依照规定进行检测或者违背其他操作规定,造成危害他人身体健康后果的,对单位判处罚金,并对其直接负责的主管人员和其他直接责任人员,处五年以下有期徒刑或者拘役。

### 条文参见

《最高人民法院、最高人民检察院关于办理非法采供血液等刑事案件具体应用法律若干问题的解释》

### 第三百三十四条之一[①]

【非法采集人类遗传资源、走私人类遗传资源材料罪】违反国家有关规定,非法采集我国人类遗传资源或者非法运送、邮寄、携带我国人类遗传资源材料出境,危害公众健康或者社会公共利益,情节严重的,处三年以下有期徒刑、拘役或者管制,并处或者单处罚金;情节特别严重的,处三年以上七年以下有期徒刑,并处罚金。

### 第三百三十五条

【医疗事故罪】医务人员由于严重不负责任,造成就诊人死亡或者严重损害就诊人身体健康的,处三年以下有期徒刑或者拘役。

### 第三百三十六条

【非法行医罪】未取得医生执业资格的人非法行医,情节严重的,处三年以下有期徒刑、拘役或者管制,并处或者单处罚金;严重损害就诊人身体健康的,处三年以上十年以下有期徒刑,并处罚金;造成就诊人死亡的,处十年以上有期徒刑,并处罚金。

【非法进行节育手术罪】未取得医生执业资格的人擅自为他人进行节育复通手术、假节育手术、终止妊娠手术或者摘取宫内节育器,情节严重的,处三年以下有期徒刑、拘役或者管制,并处或者单处罚金;严重损害就诊人身体健康的,处三年以上十年以下有期徒刑,并处罚金;造成就诊人死亡的,处十年以上有期徒刑,并处罚金。

**理解适用**

[未取得医生执业资格的人非法行医]

本条中的"未取得医生执业资格的人非法行医",是指下列情形之一:(1)未取得或者以非法手段取得医师资格从事医疗活动;(2)被依法吊销医师执业证书期间从事医疗活动;(3)未取得乡村医生执业证书,从事乡村医

---

[①] 本条根据2020年12月26日《刑法修正案(十一)》增加。

疗活动;(4)家庭接生员实施家庭接生以外的医疗行为。医科大学本科毕业,分配到医院担任见习医生,在试用期内从事相应的医疗活动,不属于非法行医。

**条文参见**

《最高人民法院关于审理非法行医刑事案件具体应用法律若干问题的解释》

《最高人民法院、最高人民检察院关于办理妨害预防、控制突发传染病疫情等灾害的刑事案件具体应用法律若干问题的解释》第12条

**第三百三十六条之一①**

【非法植入基因编辑、克隆胚胎罪】将基因编辑、克隆的人类胚胎植入人体或者动物体内,或者将基因编辑、克隆的动物胚胎植入人体内,情节严重的,处三年以下有期徒刑或者拘役,并处罚金;情节特别严重的,处三年以上七年以下有期徒刑,并处罚金。

**第三百三十七条②**

【妨害动植物防疫、检疫罪】违反有关动植物防疫、检疫的国家规定,引起重大动植物疫情的,或者有引起重大动植物疫情危险,情节严重的,处三年以下有期徒刑或者拘役,并处或者单处罚金。

单位犯前款罪的,对单位判处罚金,并对其直接负责的主管人员和其他直接责任人员,依照前款的规定处罚。

---

① 本条根据2020年12月26日《刑法修正案(十一)》增加。
② 本条第一款根据2009年2月28日《刑法修正案(七)》修改。

## 第六节　破坏环境资源保护罪

### 第三百三十八条[①]

**【污染环境罪】**违反国家规定,排放、倾倒或者处置有放射性的废物、含传染病病原体的废物、有毒物质或者其他有害物质,严重污染环境的,处三年以下有期徒刑或者拘役,并处或者单处罚金;情节严重的,处三年以上七年以下有期徒刑,并处罚金;有下列情形之一的,处七年以上有期徒刑,并处罚金:

(一)在饮用水水源保护区、自然保护地核心保护区等依法确定的重点保护区域排放、倾倒、处置有放射性的废物、含传染病病原体的废物、有毒物质,情节特别严重的;

(二)向国家确定的重要江河、湖泊水域排放、倾倒、处置有放射性的废物、含传染病病原体的废物、有毒物质,情节特别严重的;

(三)致使大量永久基本农田基本功能丧失或者遭受永久性破坏的;

(四)致使多人重伤、严重疾病,或者致人严重残疾、死亡的。

有前款行为,同时构成其他犯罪的,依照处罚较重的规定定罪处罚。

**理解适用**

本条所指的排放、倾倒、处置行为本身都是法律允许的行为,但要符合国家规定的标准。如果超过国家规定的标准向环境中排放、倾倒、处置有害物质,就有可能污染环境,进而造成环境污染事故。

**条文参见**

《最高人民法院、最高人民检察院关于办理环境污染刑事案件适用法律若干问题的解释》

《最高人民法院、最高人民检察院关于办理妨害预防、控制突发传染病疫情等灾害的刑事案件具体应用法律若干问题的解释》第13条

---

[①] 本条根据2011年2月25日《刑法修正案(八)》第一次修改,根据2020年12月26日《刑法修正案(十一)》第二次修改。

《最高人民法院、最高人民检察院关于办理破坏黑土地资源刑事案件适用法律若干问题的解释》第3、4条

### 第三百三十九条①

**【非法处置进口的固体废物罪】** 违反国家规定,将境外的固体废物进境倾倒、堆放、处置的,处五年以下有期徒刑或者拘役,并处罚金;造成重大环境污染事故,致使公私财产遭受重大损失或者严重危害人体健康的,处五年以上十年以下有期徒刑,并处罚金;后果特别严重的,处十年以上有期徒刑,并处罚金。

**【擅自进口固体废物罪】** 未经国务院有关主管部门许可,擅自进口固体废物用作原料,造成重大环境污染事故,致使公私财产遭受重大损失或者严重危害人体健康的,处五年以下有期徒刑或者拘役,并处罚金;后果特别严重的,处五年以上十年以下有期徒刑,并处罚金。

以原料利用为名,进口不能用作原料的固体废物、液态废物和气态废物的,依照本法第一百五十二条第二款、第三款的规定定罪处罚。

**条文参见**

《最高人民法院、最高人民检察院关于办理环境污染刑事案件适用法律若干问题的解释》

### 第三百四十条

**【非法捕捞水产品罪】** 违反保护水产资源法规,在禁渔区、禁渔期或者使用禁用的工具、方法捕捞水产品,情节严重的,处三年以下有期徒刑、拘役、管制或者罚金。

### 第三百四十一条②

**【危害珍贵、濒危野生动物罪】** 非法猎捕、杀害国家重点保护的珍贵、濒危野生动物的,或者非法收购、运输、出售国家重点保护的珍贵、濒危

---

① 本条第三款根据 2002 年 12 月 28 日《刑法修正案(四)》修改。
② 本条第三款根据 2020 年 12 月 26 日《刑法修正案(十一)》增加。

野生动物及其制品的,处五年以下有期徒刑或者拘役,并处罚金;情节严重的,处五年以上十年以下有期徒刑,并处罚金;情节特别严重的,处十年以上有期徒刑,并处罚金或者没收财产。

【非法狩猎罪】违反狩猎法规,在禁猎区、禁猎期或者使用禁用的工具、方法进行狩猎,破坏野生动物资源,情节严重的,处三年以下有期徒刑、拘役、管制或者罚金。

【非法猎捕、收购、运输、出售陆生野生动物罪】违反野生动物保护管理法规,以食用为目的非法猎捕、收购、运输、出售第一款规定以外的在野外环境自然生长繁殖的陆生野生动物,情节严重的,依照前款的规定处罚。

### 条文参见

《全国人民代表大会常务委员会关于〈中华人民共和国刑法〉第三百四十一条、第三百一十二条的解释》

《最高人民法院、最高人民检察院关于办理破坏野生动物资源刑事案件适用法律若干问题的解释》

### 第三百四十二条①

【非法占用农用地罪】违反土地管理法规,非法占用耕地、林地等农用地,改变被占用土地用途,数量较大,造成耕地、林地等农用地大量毁坏的,处五年以下有期徒刑或者拘役,并处或者单处罚金。

### 条文参见

《最高人民法院关于审理破坏土地资源刑事案件具体应用法律若干问题的解释》第3、8、9条

《最高人民法院关于审理破坏森林资源刑事案件适用法律若干问题的解释》第1、12~19条

《最高人民法院、最高人民检察院关于办理破坏黑土地资源刑事案件适用法律若干问题的解释》第1、2、4条

---

① 本条根据2001年8月31日《刑法修正案(二)》修改。

### 第三百四十二条之一①

**【破坏自然保护地罪】**违反自然保护地管理法规,在国家公园、国家级自然保护区进行开垦、开发活动或者修建建筑物,造成严重后果或者有其他恶劣情节的,处五年以下有期徒刑或者拘役,并处或者单处罚金。

有前款行为,同时构成其他犯罪的,依照处罚较重的规定定罪处罚。

**条文参见**

《全国人民代表大会常务委员会关于〈中华人民共和国刑法〉第二百二十八条、第三百四十二条、第四百一十条的解释》

《最高人民法院关于审理破坏土地资源刑事案件具体应用法律若干问题的解释》第3、8、9条

《最高人民法院关于审理破坏草原资源刑事案件具体应用法律若干问题的解释》

### 第三百四十三条②

**【非法采矿罪】**违反矿产资源法的规定,未取得采矿许可证擅自采矿,擅自进入国家规划矿区、对国民经济具有重要价值的矿区和他人矿区范围采矿,或者擅自开采国家规定实行保护性开采的特定矿种,情节严重的,处三年以下有期徒刑、拘役或者管制,并处或者单处罚金;情节特别严重的,处三年以上七年以下有期徒刑,并处罚金。

**【破坏性采矿罪】**违反矿产资源法的规定,采取破坏性的开采方法开采矿产资源,造成矿产资源严重破坏的,处五年以下有期徒刑或者拘役,并处罚金。

**条文参见**

《最高人民法院、最高人民检察院关于办理非法采矿、破坏性采矿刑事案件适用法律若干问题的解释》

《最高人民法院、最高人民检察院关于办理盗窃油气、破坏油气设备等

---

① 本条根据2020年12月26日《刑法修正案(十一)》增加。
② 本条第一款根据2011年2月25日《刑法修正案(八)》修改。

刑事案件具体应用法律若干问题的解释》第 6 条

### 第三百四十四条①

【危害国家重点保护植物罪】违反国家规定,非法采伐、毁坏珍贵树木或者国家重点保护的其他植物的,或者非法收购、运输、加工、出售珍贵树木或者国家重点保护的其他植物及其制品的,处三年以下有期徒刑、拘役或者管制,并处罚金;情节严重的,处三年以上七年以下有期徒刑,并处罚金。

**条文参见**

《最高人民法院关于审理破坏森林资源刑事案件适用法律若干问题的解释》第 1、2、13~19 条

### 第三百四十四条之一②

【非法引进、释放、丢弃外来入侵物种罪】违反国家规定,非法引进、释放或者丢弃外来入侵物种,情节严重的,处三年以下有期徒刑或者拘役,并处或者单处罚金。

### 第三百四十五条③

【盗伐林木罪】盗伐森林或者其他林木,数量较大的,处三年以下有期徒刑、拘役或者管制,并处或者单处罚金;数量巨大的,处三年以上七年以下有期徒刑,并处罚金;数量特别巨大的,处七年以上有期徒刑,并处罚金。

【滥伐林木罪】违反森林法的规定,滥伐森林或者其他林木,数量较大的,处三年以下有期徒刑、拘役或者管制,并处或者单处罚金;数量巨大的,处三年以上七年以下有期徒刑,并处罚金。

【非法收购、运输盗伐、滥伐的林木罪】非法收购、运输明知是盗伐、

---

① 本条根据 2002 年 12 月 28 日《刑法修正案(四)》修改。
② 本条根据 2020 年 12 月 26 日《刑法修正案(十一)》增加。
③ 本条根据 2002 年 12 月 28 日《刑法修正案(四)》修改。

滥伐的林木,情节严重的,处三年以下有期徒刑、拘役或者管制,并处或者单处罚金;情节特别严重的,处三年以上七年以下有期徒刑,并处罚金。

盗伐、滥伐国家级自然保护区内的森林或者其他林木的,从重处罚。

**条文参见**

《最高人民法院关于审理破坏森林资源刑事案件适用法律若干问题的解释》第3～9、13～19条

### 第二百四十六条

【单位犯破坏环境资源保护罪的处罚规定】单位犯本节第三百三十八条至第三百四十五条规定之罪的,对单位判处罚金,并对其直接负责的主管人员和其他直接责任人员,依照本节各该条的规定处罚。

## 第七节 走私、贩卖、运输、制造毒品罪

### 第三百四十七条

【走私、贩卖、运输、制造毒品罪】走私、贩卖、运输、制造毒品,无论数量多少,都应当追究刑事责任,予以刑事处罚。

走私、贩卖、运输、制造毒品,有下列情形之一的,处十五年有期徒刑、无期徒刑或者死刑,并处没收财产:

(一)走私、贩卖、运输、制造鸦片一千克以上、海洛因或者甲基苯丙胺五十克以上或者其他毒品数量大的;

(二)走私、贩卖、运输、制造毒品集团的首要分子;

(三)武装掩护走私、贩卖、运输、制造毒品的;

(四)以暴力抗拒检查、拘留、逮捕,情节严重的;

(五)参与有组织的国际贩毒活动的。

走私、贩卖、运输、制造鸦片二百克以上不满一千克、海洛因或者甲基苯丙胺十克以上不满五十克或者其他毒品数量较大的,处七年以上有期徒刑,并处罚金。

走私、贩卖、运输、制造鸦片不满二百克、海洛因或者甲基苯丙胺不满十克或者其他少量毒品的,处三年以下有期徒刑、拘役或者管制,并处罚金;情节严重的,处三年以上七年以下有期徒刑,并处罚金。

单位犯第二款、第三款、第四款罪的,对单位判处罚金,并对其直接负责的主管人员和其他直接责任人员,依照各该款的规定处罚。

利用、教唆未成年人走私、贩卖、运输、制造毒品,或者向未成年人出售毒品的,从重处罚。

对多次走私、贩卖、运输、制造毒品,未经处理的,毒品数量累计计算。

### 理解适用

[情节严重]

走私、贩卖、运输、制造毒品,具有下列情形之一的,应当认定为本条第4款规定的"情节严重":向多人贩卖毒品或者多次走私、贩卖、运输、制造毒品的;在戒毒场所、监管场所贩卖毒品的;向在校学生贩卖毒品的;组织、利用残疾人、严重疾病患者、怀孕或者正在哺乳自己婴儿的妇女走私、贩卖、运输、制造毒品的;国家工作人员走私、贩卖、运输、制造毒品的;其他情节严重的情形。

[贩卖假毒品的行为]

明知是假毒品而以毒品进行贩卖的,应当以诈骗罪追究被告人的刑事责任;不知是假毒品而以毒品进行贩卖的,应当以贩卖毒品罪追究被告人的刑事责任,对其所贩卖的是假毒品的事实,可以作为从轻或者减轻情节,在处罚时予以考虑。

[在实施走私、贩卖、运输、制造毒品犯罪的过程中的行为]

其一,携带枪支、弹药或者爆炸物用于掩护的,应当认定为《刑法》第347条第2款第3项规定的"武装掩护走私、贩卖、运输、制造毒品"。枪支、弹药、爆炸物种类的认定,依照《最高人民法院关于审理非法制造、买卖、运输枪支、弹药、爆炸物等刑事案件具体应用法律若干问题的解释》的规定执行。其二,以暴力抗拒检查、拘留、逮捕,造成执法人员死亡、重伤、多人轻伤或者具有其他严重情节的,应当认定为《刑法》第347条第2款第4项规定的"以暴力抗拒检查、拘留、逮捕,情节严重"。

### 条文参见

《最高人民法院关于审理毒品犯罪案件适用法律若干问题的解释》第1~4条

《最高人民法院、最高人民检察院、公安部关于办理毒品犯罪案件适用法律若干问题的意见》

《最高人民法院、最高人民检察院、公安部关于办理走私、非法买卖麻黄碱类复方制剂等刑事案件适用法律若干问题的意见》

《最高人民法院、最高人民检察院关于办理走私刑事案件适用法律若干问题的解释》第20、22条

### 案例指引

**1. 王某贩卖、制造毒品案**（检例第150号）

要旨：行为人利用未列入国家管制的化学品为原料，生产、销售含有国家管制的麻醉药品、精神药品成分的食品，明知该成分毒品属性的，应当认定为贩卖、制造毒品罪。

**2. 马某某走私、贩卖毒品案**（检例第151号）

要旨：行为人明知系国家管制的麻醉药品、精神药品，出于非法用途走私、贩卖的，应当以走私、贩卖毒品罪追究刑事责任。行为人出于非法用途，以贩卖为目的非法购买国家管制的麻醉药品、精神药品的，应当认定为贩卖毒品罪既遂。检察机关应当综合评价新型毒品犯罪的社会危害性，依法提出量刑建议。

### 第三百四十八条

【非法持有毒品罪】非法持有鸦片一千克以上、海洛因或者甲基苯丙胺五十克以上或者其他毒品数量大的，处七年以上有期徒刑或者无期徒刑，并处罚金；非法持有鸦片二百克以上不满一千克、海洛因或者甲基苯丙胺十克以上不满五十克或者其他毒品数量较大的，处三年以下有期徒刑、拘役或者管制，并处罚金；情节严重的，处三年以上七年以下有期徒刑，并处罚金。

### 理解适用

对于被查获的非法持有毒品者,首先应当尽力调查犯罪事实,如果经查证是以走私、贩卖毒品为目的而非法持有毒品的,应当以走私、贩卖毒品罪定罪量刑。只有在确实难以查实犯罪分子走私、贩卖毒品证据的情况下,才能适用本条规定对犯罪分子进行处罚。

### 条文参见

《最高人民法院关于审理毒品犯罪案件适用法律若干问题的解释》第 5 条

### 第三百四十九条

【包庇毒品犯罪分子罪;窝藏、转移、隐瞒毒品、毒赃罪】包庇走私、贩卖、运输、制造毒品的犯罪分子的,为犯罪分子窝藏、转移、隐瞒毒品或者犯罪所得的财物的,处三年以下有期徒刑、拘役或者管制;情节严重的,处三年以上十年以下有期徒刑。

【包庇毒品犯罪分子罪】缉毒人员或者其他国家机关工作人员掩护、包庇走私、贩卖、运输、制造毒品的犯罪分子的,依照前款的规定从重处罚。

【走私、贩卖、运输、制造毒品罪】犯前两款罪,事先通谋的,以走私、贩卖、运输、制造毒品罪的共犯论处。

### 条文参见

《最高人民法院关于审理毒品犯罪案件适用法律若干问题的解释》第 6 条

### 第三百五十条[①]

【非法生产、买卖、运输制毒物品、走私制毒物品罪】违反国家规定,非法生产、买卖、运输醋酸酐、乙醚、三氯甲烷或者其他用于制造毒品的原料、配剂,或者携带上述物品进出境,情节较重的,处三年以下有期徒刑、拘役或者管制,并处罚金;情节严重的,处三年以上七年以下有期徒刑,并处罚金;情节特别严重的,处七年以上有期徒刑,并处罚金或者没

---

① 本条第一、二款根据 2015 年 8 月 29 日《刑法修正案(九)》修改。

收财产。

【制造毒品罪】明知他人制造毒品而为其生产、买卖、运输前款规定的物品的,以制造毒品罪的共犯论处。

单位犯前两款罪的,对单位判处罚金,并对其直接负责的主管人员和其他直接责任人员,依照前两款的规定处罚。

**条文参见**

《最高人民法院、最高人民检察院关于办理走私刑事案件适用法律若干问题的解释》第20、22条

《最高人民法院关于审理毒品犯罪案件适用法律若干问题的解释》第7、8条

**第三百五十一条**

【非法种植毒品原植物罪】非法种植罂粟、大麻等毒品原植物的,一律强制铲除。有下列情形之一的,处五年以下有期徒刑、拘役或者管制,并处罚金:

(一)种植罂粟五百株以上不满三千株或者其他毒品原植物数量较大的;

(二)经公安机关处理后又种植的;

(三)抗拒铲除的。

非法种植罂粟三千株以上或者其他毒品原植物数量大的,处五年以上有期徒刑,并处罚金或者没收财产。

非法种植罂粟或者其他毒品原植物,在收获前自动铲除的,可以免除处罚。

**条文参见**

《最高人民法院关于审理毒品犯罪案件适用法律若干问题的解释》第9条

## 第三百五十二条

【非法买卖、运输、携带、持有毒品原植物种子、幼苗罪】非法买卖、运输、携带、持有未经灭活的罂粟等毒品原植物种子或者幼苗,数量较大的,处三年以下有期徒刑、拘役或者管制,并处或者单处罚金。

**条文参见**

《最高人民法院关于审理毒品犯罪案件适用法律若干问题的解释》第10条

## 第三百五十三条

【引诱、教唆、欺骗他人吸毒罪】引诱、教唆、欺骗他人吸食、注射毒品的,处三年以下有期徒刑、拘役或者管制,并处罚金;情节严重的,处三年以上七年以下有期徒刑,并处罚金。

【强迫他人吸毒罪】强迫他人吸食、注射毒品的,处三年以上十年以下有期徒刑,并处罚金。

引诱、教唆、欺骗或者强迫未成年人吸食、注射毒品的,从重处罚。

**条文参见**

《最高人民法院关于审理毒品犯罪案件适用法律若干问题的解释》第11条

**案例指引**

**郭某某欺骗他人吸毒案**(检例第152号)

**要旨**:行为人明知系国家管制的麻醉药品、精神药品而向他人的饮料、食物中投放,欺骗他人吸食的,应当以欺骗他人吸毒罪追究刑事责任。对于有证据证明行为人为实施强奸、抢劫等犯罪而欺骗他人吸食麻醉药品、精神药品的,应当按照处罚较重的罪名追究刑事责任。检察机关应当加强自行补充侦查,强化电子数据等客观性证据审查,准确认定犯罪事实。

## 第三百五十四条

【容留他人吸毒罪】容留他人吸食、注射毒品的,处三年以下有期徒刑、拘役或者管制,并处罚金。

> 条文参见

《最高人民法院关于审理毒品犯罪案件适用法律若干问题的解释》第 12 条

### 第三百五十五条

【非法提供麻醉药品、精神药品罪】依法从事生产、运输、管理、使用国家管制的麻醉药品、精神药品的人员,违反国家规定,向吸食、注射毒品的人提供国家规定管制的能够使人形成瘾癖的麻醉药品、精神药品的,处三年以下有期徒刑或者拘役,并处罚金;情节严重的,处三年以上七年以下有期徒刑,并处罚金。向走私、贩卖毒品的犯罪分子或者以牟利为目的,向吸食、注射毒品的人提供国家规定管制的能够使人形成瘾癖的麻醉药品、精神药品的,依照本法第三百四十七条的规定定罪处罚。

单位犯前款罪的,对单位判处罚金,并对其直接负责的主管人员和其他直接责任人员,依照前款的规定处罚。

> 条文参见

《最高人民法院关于审理毒品犯罪案件适用法律若干问题的解释》第 13 条

### 第三百五十五条之一[①]

【妨害兴奋剂管理罪】引诱、教唆、欺骗运动员使用兴奋剂参加国内、国际重大体育竞赛,或者明知运动员参加上述竞赛而向其提供兴奋剂,情节严重的,处三年以下有期徒刑或者拘役,并处罚金。

组织、强迫运动员使用兴奋剂参加国内、国际重大体育竞赛的,依照前款的规定从重处罚。

### 第三百五十六条

【毒品犯罪的再犯】因走私、贩卖、运输、制造、非法持有毒品罪被判过刑,又犯本节规定之罪的,从重处罚。

---

① 本条根据 2020 年 12 月 26 日《刑法修正案(十一)》增加。

### 第三百五十七条

【毒品的范围及数量的计算原则】本法所称的毒品,是指鸦片、海洛因、甲基苯丙胺(冰毒)、吗啡、大麻、可卡因以及国家规定管制的其他能够使人形成瘾癖的麻醉药品和精神药品。

毒品的数量以查证属实的走私、贩卖、运输、制造、非法持有毒品的数量计算,不以纯度折算。

## 第八节 组织、强迫、引诱、容留、介绍卖淫罪

### 第三百五十八条[①]

【组织卖淫罪;强迫卖淫罪】组织、强迫他人卖淫的,处五年以上十年以下有期徒刑,并处罚金;情节严重的,处十年以上有期徒刑或者无期徒刑,并处罚金或者没收财产。

组织、强迫未成年人卖淫的,依照前款的规定从重处罚。

犯前两款罪,并有杀害、伤害、强奸、绑架等犯罪行为的,依照数罪并罚的规定处罚。

【协助组织卖淫罪】为组织卖淫的人招募、运送人员或者有其他协助组织他人卖淫行为的,处五年以下有期徒刑,并处罚金;情节严重的,处五年以上十年以下有期徒刑,并处罚金。

**理解适用**

(1)在组织卖淫犯罪活动中,对被组织卖淫的人有引诱、容留、介绍卖淫行为的,依照处罚较重的规定定罪处罚。但是,对被组织卖淫的人以外的其他人有引诱、容留、介绍卖淫行为的,应当分别定罪,实行数罪并罚。

(2)根据本条第 3 款的规定,犯组织、强迫卖淫罪,并有杀害、伤害、强奸、绑架等犯罪行为的,依照数罪并罚的规定处罚。协助组织卖淫行为人参与实施上述行为的,以共同犯罪论处。

---

[①] 本条根据 2011 年 2 月 25 日《刑法修正案(八)》第一次修改,根据 2015 年 8 月 29 日《刑法修正案(九)》第二次修改。

> **条文参见**

《最高人民法院、最高人民检察院关于办理组织、强迫、引诱、容留、介绍卖淫刑事案件适用法律若干问题的解释》第 1~7、10、13 条

《最高人民法院、最高人民检察院、公安部、司法部关于办理性侵害未成年人刑事案件的意见》

### 第三百五十九条

【引诱、容留、介绍卖淫罪】引诱、容留、介绍他人卖淫的,处五年以下有期徒刑、拘役或者管制,并处罚金;情节严重的,处五年以上有期徒刑,并处罚金。

【引诱幼女卖淫罪】引诱不满十四周岁的幼女卖淫的,处五年以上有期徒刑,并处罚金。

> **理解适用**

(1)利用信息网络发布招嫖违法信息,情节严重的,依照《刑法》第287条之一的规定,以非法利用信息网络罪定罪处罚。同时构成介绍卖淫罪的,依照处罚较重的规定定罪处罚。

(2)被引诱卖淫的人员中既有不满14周岁的幼女,又有其他人员的,分别以引诱幼女卖淫罪和引诱卖淫罪定罪,实行并罚。

> **条文参见**

《最高人民法院、最高人民检察院关于办理组织、强迫、引诱、容留、介绍卖淫刑事案件适用法律若干问题的解释》第 8~10、13 条

《最高人民法院、最高人民检察院、公安部、司法部关于办理性侵害未成年人刑事案件的意见》

### 第三百六十条[①]

【传播性病罪】明知自己患有梅毒、淋病等严重性病卖淫、嫖娼的,处五年以下有期徒刑、拘役或者管制,并处罚金。

嫖宿不满十四周岁的幼女的,处五年以上有期徒刑,并处罚金。

---

① 本条第二款根据 2015 年 8 月 29 日《刑法修正案(九)》删去。

### 理解适用

明知自己患有艾滋病或者感染艾滋病病毒而卖淫、嫖娼的,以传播性病罪定罪,从重处罚。但是,具有下列情形之一,致使他人感染艾滋病病毒的,认定为《刑法》第 95 条第 3 项"其他对于人身健康有重大伤害"所指的"重伤",依照《刑法》第 234 条第 2 款的规定,以故意伤害罪定罪处罚:其一,明知自己感染艾滋病病毒而卖淫、嫖娼的;其二,明知自己感染艾滋病病毒,故意不采取防范措施而与他人发生性关系的。

### 条文参见

《最高人民法院、最高人民检察院关于办理组织、强迫、引诱、容留、介绍卖淫刑事案件适用法律若干问题的解释》第 11、12 条

### 第三百六十一条

【特定单位的人员组织、强迫、引诱、容留、介绍卖淫的处理规定】旅馆业、饮食服务业、文化娱乐业、出租汽车业等单位的人员,利用本单位的条件,组织、强迫、引诱、容留、介绍他人卖淫的,依照本法第三百五十八条、第三百五十九条的规定定罪处罚。

前款所列单位的主要负责人,犯前款罪的,从重处罚。

### 第三百六十二条

【窝藏、包庇罪】旅馆业、饮食服务业、文化娱乐业、出租汽车业等单位的人员,在公安机关查处卖淫、嫖娼活动时,为违法犯罪分子通风报信,情节严重的,依照本法第三百一十条的规定定罪处罚。

### 理解适用

[本条与《刑法》第 310 条的区别]

本条与第 310 条规定相比,有以下两点不同:其一,第 310 条规定的是窝藏犯罪分子和作假证明行为,本条规定的是为违法犯罪分子通风报信的行为;其二,第 310 条的对象仅限于犯罪分子,本条补充了违法人员,这里的"违法人员"主要指不构成犯罪的卖淫、嫖娼人员。

> **条文参见**

《最高人民法院、最高人民检察院关于办理组织、强迫、引诱、容留、介绍卖淫刑事案件适用法律若干问题的解释》第 14 条

## 第九节 制作、贩卖、传播淫秽物品罪

> **第三百六十三条**
>
> 【制作、复制、出版、贩卖、传播淫秽物品牟利罪】以牟利为目的,制作、复制、出版、贩卖、传播淫秽物品的,处三年以下有期徒刑、拘役或者管制,并处罚金;情节严重的,处三年以上十年以下有期徒刑,并处罚金;情节特别严重的,处十年以上有期徒刑或者无期徒刑,并处罚金或者没收财产。
>
> 【为他人提供书号出版淫秽书刊罪】为他人提供书号,出版淫秽书刊的,处三年以下有期徒刑、拘役或者管制,并处或者单处罚金;明知他人用于出版淫秽书刊而提供书号的,依照前款的规定处罚。

> **条文参见**

《最高人民法院、最高人民检察院关于办理利用互联网、移动通讯终端、声讯台制作、复制、出版、贩卖、传播淫秽电子信息刑事案件具体应用法律若干问题的解释》第 1、2、5~8 条

《最高人民法院、最高人民检察院关于办理利用互联网、移动通讯终端、声讯台制作、复制、出版、贩卖、传播淫秽电子信息刑事案件具体应用法律若干问题的解释(二)》第 1、4、6~11 条

《最高人民法院关于审理非法出版物刑事案件具体应用法律若干问题的解释》第 8~9、16 条

> **案例指引**

**钱某制作、贩卖、传播淫秽物品牟利案**(检例第 139 号)

要旨:自然人在私密空间的日常生活属于《民法典》保护的隐私。行为人以牟利为目的,偷拍他人性行为并制作成视频文件,以贩卖、传播方式予以公开,不仅侵犯他人隐私,而且该偷拍视频公开后具有描绘性行为、宣扬色情

的客观属性,符合《刑法》关于"淫秽物品"的规定,构成犯罪的,应当以制作、贩卖、传播淫秽物品牟利罪追究刑事责任。以牟利为目的提供互联网链接,使他人可以通过偷拍设备实时观看或者下载视频文件的,属于该罪的"贩卖、传播"行为。检察机关办理涉及偷拍他人隐私的刑事案件时,应当根据犯罪的主客观方面依法适用不同罪名追究刑事责任。

### 第三百六十四条

【传播淫秽物品罪】传播淫秽的书刊、影片、音像、图片或者其他淫秽物品,情节严重的,处二年以下有期徒刑、拘役或者管制。

【组织播放淫秽音像制品罪】组织播放淫秽的电影、录像等音像制品的,处三年以下有期徒刑、拘役或者管制,并处罚金;情节严重的,处三年以上十年以下有期徒刑,并处罚金。

制作、复制淫秽的电影、录像等音像制品组织播放的,依照第二款的规定从重处罚。

向不满十八周岁的未成年人传播淫秽物品的,从重处罚。

### 条文参见

《最高人民法院、最高人民检察院关于办理利用互联网、移动通讯终端、声讯台制作、复制、出版、贩卖、传播淫秽电子信息刑事案件具体应用法律若干问题的解释》第3、4、6、7条

《最高人民法院、最高人民检察院关于办理利用互联网、移动通讯终端、声讯台制作、复制、出版、贩卖、传播淫秽电子信息刑事案件具体应用法律若干问题的解释(二)》第2、3、5、8~12条

### 第三百六十五条

【组织淫秽表演罪】组织进行淫秽表演的,处三年以下有期徒刑、拘役或者管制,并处罚金;情节严重的,处三年以上十年以下有期徒刑,并处罚金。

### 理解适用

不论是否以牟利为目的,均不影响本罪的构成。在聚众进行淫乱活动中,也经常出现由数人作性交表演,其他人观看的情况,这种表演属于聚众进

行淫乱的一部分,对于这种行为,应按照本法关于聚众淫乱罪的规定来处理。

### 第三百六十六条

**【单位犯本节规定之罪的处罚】**单位犯本节第三百六十三条、第三百六十四条、第三百六十五条规定之罪的,对单位判处罚金,并对其直接负责的主管人员和其他直接责任人员,依照各该条的规定处罚。

#### 理解适用

对单位犯罪进行追究,在认定直接责任人员或者直接负责的主管人员时,应当把握两点:(1)行为人在主观上必须对单位所从事的犯罪活动是明知的,具体表现为有批准、默许、纵容本单位实施或者直接参与实施本条规定的违法犯罪活动的行为;(2)单位从事本条规定的违法犯罪行为所获得的具体利益归于单位。上述两个条件同时具备才能构成本条规定的单位犯罪。

### 第三百六十七条

**【淫秽物品的范围】**本法所称淫秽物品,是指具体描绘性行为或者露骨宣扬色情的诲淫性的书刊、影片、录像带、录音带、图片及其他淫秽物品。

有关人体生理、医学知识的科学著作不是淫秽物品。

包含有色情内容的有艺术价值的文学、艺术作品不视为淫秽物品。

#### 条文参见

《最高人民法院关于审理非法出版物刑事案件具体应用法律若干问题的解释》第 8~10、16~18 条

《最高人民法院、最高人民检察院关于办理利用互联网、移动通讯终端、声讯台制作、复制、出版、贩卖、传播淫秽电子信息刑事案件具体应用法律若干问题的解释》第 9 条

## 第七章　危害国防利益罪

### 第三百六十八条

【阻碍军人执行职务罪】以暴力、威胁方法阻碍军人依法执行职务的,处三年以下有期徒刑、拘役、管制或者罚金。

【阻碍军事行动罪】故意阻碍武装部队军事行动,造成严重后果的,处五年以下有期徒刑或者拘役。

### 第三百六十九条[①]

【破坏武器装备、军事设施、军事通信罪】破坏武器装备、军事设施、军事通信的,处三年以下有期徒刑、拘役或者管制;破坏重要武器装备、军事设施、军事通信的,处三年以上十年以下有期徒刑;情节特别严重的,处十年以上有期徒刑、无期徒刑或者死刑。

【过失损坏武器装备、军事设施、军事通信罪】过失犯前款罪,造成严重后果的,处三年以下有期徒刑或者拘役;造成特别严重后果的,处三年以上七年以下有期徒刑。

战时犯前两款罪的,从重处罚。

**条文参见**

《最高人民法院关于审理危害军事通信刑事案件具体应用法律若干问题的解释》

### 第三百七十条

【故意提供不合格武器装备、军事设施罪】明知是不合格的武器装备、军事设施而提供给武装部队的,处五年以下有期徒刑或者拘役;情节严重的,处五年以上十年以下有期徒刑;情节特别严重的,处十年以上有

---

① 本条根据 2005 年 2 月 28 日《刑法修正案(五)》修改。

期徒刑、无期徒刑或者死刑。

**【过失提供不合格武器装备、军事设施罪】** 过失犯前款罪,造成严重后果的,处三年以下有期徒刑或者拘役;造成特别严重后果的,处三年以上七年以下有期徒刑。

单位犯第一款罪的,对单位判处罚金,并对其直接负责的主管人员和其他直接责任人员,依照第一款的规定处罚。

### 第三百七十一条

**【聚众冲击军事禁区罪】** 聚众冲击军事禁区,严重扰乱军事禁区秩序的,对首要分子,处五年以上十年以下有期徒刑;对其他积极参加的,处五年以下有期徒刑、拘役、管制或者剥夺政治权利。

**【聚众扰乱军事管理区秩序罪】** 聚众扰乱军事管理区秩序,情节严重,致使军事管理区工作无法进行,造成严重损失的,对首要分子,处五年以上七年以下有期徒刑;对其他积极参加的,处三年以下有期徒刑、拘役、管制或者剥夺政治权利。

### 第三百七十二条

**【冒充军人招摇撞骗罪】** 冒充军人招摇撞骗的,处三年以下有期徒刑、拘役、管制或者剥夺政治权利;情节严重的,处三年以上十年以下有期徒刑。

### 理解适用

**[假冒军人身份]**

假冒军人身份主要包括三种情况:(1)非军人冒充军人;(2)级别较低的军人假冒级别较高的军人;(3)一般部门的军人假冒要害部门的军人。

**[招摇撞骗]**

指假借军人身份进行炫耀、蒙骗,但不包括骗取数额巨大的财物的行为;对冒充军人骗取数额巨大财物的,应认定为诈骗罪。冒充军人使用伪造、变造、盗窃的武装部队车辆号牌,造成恶劣影响的,也构成本罪。

### 第三百七十三条

【煽动军人逃离部队罪;雇用逃离部队军人罪】煽动军人逃离部队或者明知是逃离部队的军人而雇用,情节严重的,处三年以下有期徒刑、拘役或者管制。

### 第三百七十四条

【接送不合格兵员罪】在征兵工作中徇私舞弊,接送不合格兵员,情节严重的,处三年以下有期徒刑或者拘役;造成特别严重后果的,处三年以上七年以下有期徒刑。

### 第三百七十五条[1]

【伪造、变造、买卖武装部队公文、证件、印章罪;盗窃、抢夺武装部队公文、证件、印章罪】伪造、变造、买卖或者盗窃、抢夺武装部队公文、证件、印章的,处三年以下有期徒刑、拘役、管制或者剥夺政治权利;情节严重的,处三年以上十年以下有期徒刑。

【非法生产、买卖武装部队制式服装罪】非法生产、买卖武装部队制式服装,情节严重的,处三年以下有期徒刑、拘役或者管制,并处或者单处罚金。

【伪造、盗窃、买卖、非法提供、非法使用武装部队专用标志罪】伪造、盗窃、买卖或者非法提供、使用武装部队车辆号牌等专用标志,情节严重的,处三年以下有期徒刑、拘役或者管制,并处或者单处罚金;情节特别严重的,处三年以上七年以下有期徒刑,并处罚金。

单位犯第二款、第三款罪的,对单位判处罚金,并对其直接负责的主管人员和其他直接责任人员,依照各该款的规定处罚。

### 条文参见

《最高人民法院、最高人民检察院关于办理妨害武装部队制式服装、车

---

[1] 本条根据 2009 年 2 月 28 日《刑法修正案(七)》修改。

辆号牌管理秩序等刑事案件具体应用法律若干问题的解释》

### 第三百七十六条

【战时拒绝、逃避征召、军事训练罪】预备役人员战时拒绝、逃避征召或者军事训练,情节严重的,处三年以下有期徒刑或者拘役。

【战时拒绝、逃避服役罪】公民战时拒绝、逃避服役,情节严重的,处二年以下有期徒刑或者拘役。

### 第三百七十七条

【战时故意提供虚假敌情罪】战时故意向武装部队提供虚假敌情,造成严重后果的,处三年以上十年以下有期徒刑;造成特别严重后果的,处十年以上有期徒刑或者无期徒刑。

### 第三百七十八条

【战时造谣扰乱军心罪】战时造谣惑众,扰乱军心的,处三年以下有期徒刑、拘役或者管制;情节严重的,处三年以上十年以下有期徒刑。

### 第三百七十九条

【战时窝藏逃离部队军人罪】战时明知是逃离部队的军人而为其提供隐蔽处所、财物,情节严重的,处三年以下有期徒刑或者拘役。

### 第三百八十条

【战时拒绝、故意延误军事订货罪】战时拒绝或者故意延误军事订货,情节严重的,对单位判处罚金,并对其直接负责的主管人员和其他直接责任人员,处五年以下有期徒刑或者拘役;造成严重后果的,处五年以上有期徒刑。

### 第三百八十一条[①]

【战时拒绝军事征收、征用罪】战时拒绝军事征收、征用,情节严重的,处三年以下有期徒刑或者拘役。

## 第八章 贪污贿赂罪

### 第三百八十二条

【贪污罪】国家工作人员利用职务上的便利,侵吞、窃取、骗取或者以其他手段非法占有公共财物的,是贪污罪。

受国家机关、国有公司、企业、事业单位、人民团体委托管理、经营国有财产的人员,利用职务上的便利,侵吞、窃取、骗取或者以其他手段非法占有国有财物的,以贪污论。

与前两款所列人员勾结,伙同贪污的,以共犯论处。

#### 理解适用

[侵吞]
指将暂时由自己合法管理、支配、使用或经手的财物非法据为己有。

[窃取]
指行为人利用职务上的便利,秘密地将由其本人合法保管的财物据为己有。

[骗取]
指行为人利用职务上的便利,采用虚构事实、隐瞒真相的方法,非法占有单位的财物。

#### 条文参见

《全国法院审理经济犯罪案件工作座谈会纪要》第1、2条
《最高人民法院关于审理贪污、职务侵占案件如何认定共同犯罪几个问

---

[①] 本条根据2009年8月27日《全国人民代表大会常务委员会关于修改部分法律的决定》修改。

题的解释》

《最高人民法院、最高人民检察院关于办理国家出资企业中职务犯罪案件具体应用法律若干问题的意见》第1、4、5条

案例指引

**杨延虎等贪污案**(最高人民法院指导案例11号)

裁判要旨:(1)贪污罪中的"利用职务上的便利",是指利用职务上主管、管理、经手公共财物的权力及方便条件,既包括利用本人职务上主管、管理公共财物的职务便利,也包括利用职务上有隶属关系的其他国家工作人员的职务便利。

(2)土地使用权具有财产性利益,属于《刑法》第382条第1款规定的"公共财物",可以成为贪污的对象。

**第三百八十三条**①

【**贪污罪的处罚规定**】对犯贪污罪的,根据情节轻重,分别依照下列规定处罚:

(一)贪污数额较大或者有其他较重情节的,处三年以下有期徒刑或者拘役,并处罚金。

(二)贪污数额巨大或者有其他严重情节的,处三年以上十年以下有期徒刑,并处罚金或者没收财产。

(三)贪污数额特别巨大或者有其他特别严重情节的,处十年以上有期徒刑或者无期徒刑,并处罚金或者没收财产;数额特别巨大,并使国家和人民利益遭受特别重大损失的,处无期徒刑或者死刑,并处没收财产。

对多次贪污未经处理的,按照累计贪污数额处罚。

犯第一款罪,在提起公诉前如实供述自己罪行、真诚悔罪、积极退赃,避免、减少损害结果的发生,有第一项规定情形的,可以从轻、减轻或者免除处罚;有第二项、第三项规定情形的,可以从轻处罚。

犯第一款罪,有第三项规定情形被判处死刑缓期执行的,人民法院根据犯罪情节等情况可以同时决定在其死刑缓期执行二年期满依法减为无期徒刑后,终身监禁,不得减刑、假释。

---

① 本条根据2015年8月29日《刑法修正案(九)》修改。

【条文参见】

《最高人民法院、最高人民检察院关于办理贪污贿赂刑事案件适用法律若干问题的解释》

《最高人民法院、最高人民检察院关于办理国家出资企业中职务犯罪案件具体应用法律若干问题的意见》第1、4、5条

### 第三百八十四条

【挪用公款罪】国家工作人员利用职务上的便利,挪用公款归个人使用,进行非法活动的,或者挪用公款数额较大、进行营利活动的,或者挪用公款数额较大、超过三个月未还的,是挪用公款罪,处五年以下有期徒刑或者拘役;情节严重的,处五年以上有期徒刑。挪用公款数额巨大不退还的,处十年以上有期徒刑或者无期徒刑。

挪用用于救灾、抢险、防汛、优抚、扶贫、移民、救济款物归个人使用的,从重处罚。

【实用问答】

**实践中,哪些情形属于本条第1款规定的"挪用公款归个人使用"?**

答:根据《全国人民代表大会常务委员会关于〈中华人民共和国刑法〉第三百八十四条第一款的解释》的规定,有下列情形之一的,属于挪用公款"归个人使用":(1)将公款供本人、亲友或者其他自然人使用的;(2)以个人名义将公款供其他单位使用的;(3)个人决定以单位名义将公款供其他单位使用,谋取个人利益的。

【条文参见】

《全国人民代表大会常务委员会关于〈中华人民共和国刑法〉第三百八十四条第一款的解释》

《最高人民法院关于审理挪用公款案件具体应用法律若干问题的解释》

《全国法院审理经济犯罪案件工作座谈会纪要》第4条

《最高人民法院、最高人民检察院关于办理国家出资企业中职务犯罪案件具体应用法律若干问题的意见》第3条

## 第三百八十五条

**【受贿罪】**国家工作人员利用职务上的便利,索取他人财物的,或者非法收受他人财物,为他人谋取利益的,是受贿罪。

国家工作人员在经济往来中,违反国家规定,收受各种名义的回扣、手续费,归个人所有的,以受贿论处。

### 理解适用

为他人谋取的利益是否正当,为他人谋取的利益是否兑现,为他人谋取的利益是在收受贿赂之前、当时还是之后,均不影响受贿罪的成立。

### 条文参见

《全国法院审理经济犯罪案件工作座谈会纪要》第3条

《最高人民法院、最高人民检察院关于办理受贿刑事案件适用法律若干问题的意见》

《最高人民法院、最高人民检察院关于办理商业贿赂刑事案件适用法律若干问题的意见》

《最高人民法院、最高人民检察院关于办理国家出资企业中职务犯罪案件具体应用法律若干问题的意见》第4、5条

### 案例指引

**潘玉梅、陈宁受贿案**(最高人民法院指导案例3号)

**裁判要旨**:(1)国家工作人员利用职务上的便利为请托人谋取利益,并与请托人以"合办"公司的名义获取"利润",没有实际出资和参与经营管理的,以受贿论处。

(2)国家工作人员明知他人有请托事项而收受其财物,视为承诺"为他人谋取利益",是否已实际为他人谋取利益或谋取到利益,不影响受贿的认定。

(3)国家工作人员利用职务上的便利为请托人谋取利益,以明显低于市场的价格向请托人购买房屋等物品的,以受贿论处,受贿数额按照交易时当地市场价格与实际支付价格的差额计算。

(4)国家工作人员收受财物后,因与其受贿有关联的人、事被查处,为掩饰犯罪而退还的,不影响认定受贿罪。

### 第三百八十六条

【受贿罪的处罚规定】对犯受贿罪的,根据受贿所得数额及情节,依照本法第三百八十三条的规定处罚。索贿的从重处罚。

### 第三百八十七条①

【单位受贿罪】国家机关、国有公司、企业、事业单位、人民团体,索取、非法收受他人财物,为他人谋取利益,情节严重的,对单位判处罚金,并对其直接负责的主管人员和其他直接责任人员,处三年以下有期徒刑或者拘役;情节特别严重的,处三年以上十年以下有期徒刑。

前款所列单位,在经济往来中,在帐外暗中收受各种名义的回扣、手续费的,以受贿论,依照前款的规定处罚。

### 第三百八十八条

【斡旋受贿罪】国家工作人员利用本人职权或者地位形成的便利条件,通过其他国家工作人员职务上的行为,为请托人谋取不正当利益,索取请托人财物或者收受请托人财物的,以受贿论处。

### 第三百八十八条之一②

【利用影响力受贿罪】国家工作人员的近亲属或者其他与该国家工作人员关系密切的人,通过该国家工作人员职务上的行为,或者利用该国家工作人员职权或者地位形成的便利条件,通过其他国家工作人员职务上的行为,为请托人谋取不正当利益,索取请托人财物或者收受请托人财物,数额较大或者有其他较重情节的,处三年以下有期徒刑或者拘役,并处罚金;数额巨大或者有其他严重情节的,处三年以上七年以下有期徒刑,并处罚金;数额特别巨大或者有其他特别严重情节的,处七年以上有期徒刑,并处罚金或者没收财产。

---

① 本条第一款根据 2023 年 12 月 29 日《刑法修正案(十二)》修改。
② 本条根据 2009 年 2 月 28 日《刑法修正案(七)》增加。

离职的国家工作人员或者其近亲属以及其他与其关系密切的人,利用该离职的国家工作人员原职权或者地位形成的便利条件实施前款行为的,依照前款的规定定罪处罚。

### 第三百八十九条

【行贿罪】为谋取不正当利益,给予国家工作人员以财物的,是行贿罪。

在经济往来中,违反国家规定,给予国家工作人员以财物,数额较大的,或者违反国家规定,给予国家工作人员以各种名义的回扣、手续费的,以行贿论处。

因被勒索给予国家工作人员以财物,没有获得不正当利益的,不是行贿。

#### 条文参见

《最高人民法院、最高人民检察院关于办理行贿刑事案件具体应用法律若干问题的解释》

### 第三百九十条[①]

【行贿罪的处罚规定】对犯行贿罪的,处三年以下有期徒刑或者拘役,并处罚金;因行贿谋取不正当利益,情节严重的,或者使国家利益遭受重大损失的,处三年以上十年以下有期徒刑,并处罚金;情节特别严重的,或者使国家利益遭受特别重大损失的,处十年以上有期徒刑或者无期徒刑,并处罚金或者没收财产。

有下列情形之一的,从重处罚:
(一)多次行贿或者向多人行贿的;
(二)国家工作人员行贿的;
(三)在国家重点工程、重大项目中行贿的;

---

① 本条根据 2015 年 8 月 29 日《刑法修正案(九)》第一次修改,根据 2023 年 12 月 29 日《刑法修正案(十二)》第二次修改。

（四）为谋取职务、职级晋升、调整行贿的；

（五）对监察、行政执法、司法工作人员行贿的；

（六）在生态环境、财政金融、安全生产、食品药品、防灾救灾、社会保障、教育、医疗等领域行贿，实施违法犯罪活动的；

（七）将违法所得用于行贿的。

行贿人在被追诉前主动交待行贿行为的，可以从轻或者减轻处罚。其中，犯罪较轻的，对调查突破、侦破重大案件起关键作用的，或者有重大立功表现的，可以减轻或者免除处罚。

### 第三百九十条之一①

【对有影响力的人行贿罪】为谋取不正当利益，向国家工作人员的近亲属或者其他与该国家工作人员关系密切的人，或者向离职的国家工作人员或者其近亲属以及其他与其关系密切的人行贿的，处三年以下有期徒刑或者拘役，并处罚金；情节严重的，或者使国家利益遭受重大损失的，处三年以上七年以下有期徒刑，并处罚金；情节特别严重的，或者使国家利益遭受特别重大损失的，处七年以上十年以下有期徒刑，并处罚金。

单位犯前款罪的，对单位判处罚金，并对其直接负责的主管人员和其他直接责任人员，处三年以下有期徒刑或者拘役，并处罚金。

### 第三百九十一条②

【对单位行贿罪】为谋取不正当利益，给予国家机关、国有公司、企业、事业单位、人民团体以财物的，或者在经济往来中，违反国家规定，给予各种名义的回扣、手续费的，处三年以下有期徒刑或者拘役，并处罚金；情节严重的，处三年以上七年以下有期徒刑，并处罚金。

---

① 本条根据2015年8月29日《刑法修正案（九）》增加。

② 本条第一款根据2015年8月29日《刑法修正案（九）》第一次修改，根据2023年12月29日《刑法修正案（十二）》第二次修改。

单位犯前款罪的,对单位判处罚金,并对其直接负责的主管人员和其他直接责任人员,依照前款的规定处罚。

#### 第三百九十二条①

【介绍贿赂罪】向国家工作人员介绍贿赂,情节严重的,处三年以下有期徒刑或者拘役,并处罚金。

介绍贿赂人在被追诉前主动交待介绍贿赂行为的,可以减轻处罚或者免除处罚。

#### 第三百九十三条②

【单位行贿罪】单位为谋取不正当利益而行贿,或者违反国家规定,给予国家工作人员以回扣、手续费,情节严重的,对单位判处罚金,并对其直接负责的主管人员和其他直接责任人员,处三年以下有期徒刑或者拘役,并处罚金;情节特别严重的,处三年以上十年以下有期徒刑,并处罚金。因行贿取得的违法所得归个人所有的,依照本法第三百八十九条、第三百九十条的规定定罪处罚。

#### 第三百九十四条

【贪污罪】国家工作人员在国内公务活动或者对外交往中接受礼物,依照国家规定应当交公而不交公,数额较大的,依照本法第三百八十二条、第三百八十三条的规定定罪处罚。

---

① 本条第一款根据 2015 年 8 月 29 日《刑法修正案(九)》修改。
② 本条根据 2015 年 8 月 29 日《刑法修正案(九)》第一次修改,根据 2023 年 12 月 29 日《刑法修正案(十二)》第二次修改。

## 第三百九十五条[1]

**【巨额财产来源不明罪】**国家工作人员的财产、支出明显超过合法收入,差额巨大的,可以责令该国家工作人员说明来源,不能说明来源的,差额部分以非法所得论,处五年以下有期徒刑或者拘役;差额特别巨大的,处五年以上十年以下有期徒刑。财产的差额部分予以追缴。

**【隐瞒境外存款罪】**国家工作人员在境外的存款,应当依照国家规定申报。数额较大、隐瞒不报的,处二年以下有期徒刑或者拘役;情节较轻的,由其所在单位或者上级主管机关酌情给予行政处分。

### 理解适用

[不能说明来源的情形]

"不能说明来源",根据相关司法解释包括以下情况:(1)行为人拒不说明财产来源;(2)行为人无法说明财产的具体来源;(3)行为人所说的财产来源经司法机关查证并不属实;(4)行为人所说的财产来源因线索不具体等原因,司法机关无法查实,但能排除存在来源合法的可能性和合理性。

[举证责任]

"国家工作人员的财产、支出明显超过合法收入,差额巨大"应当由司法机关承担举证责任;至于"不能说明来源的,差额部分以非法所得论",属于法律规定的推定情形,而非证明责任倒置,这与《刑事诉讼法》的举证责任规定并不矛盾。

### 条文参见

《全国法院审理经济犯罪案件工作座谈会纪要》第 5 条

### 案例指引

**任润厚受贿、巨额财产来源不明违法所得没收案**(检例第 130 号)

**要旨:**涉嫌巨额财产来源不明犯罪的人在立案前死亡,依照《刑法》规定应当追缴其违法所得及其他涉案财产的,可以依法适用违法所得没收程序。对涉案的巨额财产,可以由其近亲属或其他利害关系人说明来源。没有近亲

---

[1] 本条第一款根据 2009 年 2 月 28 日《刑法修正案(七)》修改。

属或其他利害关系人主张权利或者说明来源,或者近亲属或其他利害关系人主张权利所提供的证据达不到相应证明标准,或者说明的来源经查证不属实的,该财产应依法认定为违法所得予以申请没收。违法所得与合法财产混同并产生孳息的,可以按照违法所得占比计算孳息予以申请没收。

### 第三百九十六条

【私分国有资产罪】国家机关、国有公司、企业、事业单位、人民团体,违反国家规定,以单位名义将国有资产集体私分给个人,数额较大的,对其直接负责的主管人员和其他直接责任人员,处三年以下有期徒刑或者拘役,并处或者单处罚金;数额巨大的,处三年以上七年以下有期徒刑,并处罚金。

【私分罚没财物罪】司法机关、行政执法机关违反国家规定,将应当上缴国家的罚没财物,以单位名义集体私分给个人的,依照前款的规定处罚。

# 第九章 渎 职 罪

### 第三百九十七条

【滥用职权罪;玩忽职守罪】国家机关工作人员滥用职权或者玩忽职守,致使公共财产、国家和人民利益遭受重大损失的,处三年以下有期徒刑或者拘役;情节特别严重的,处三年以上七年以下有期徒刑。本法另有规定的,依照规定。

国家机关工作人员徇私舞弊,犯前款罪的,处五年以下有期徒刑或者拘役;情节特别严重的,处五年以上十年以下有期徒刑。本法另有规定的,依照规定。

### 理解适用

[适用第九章罪名需注意的问题]

(1)国家机关工作人员滥用职权或者玩忽职守,因不具备徇私舞弊等情形,不符合《刑法》分则第398条至第419条的规定,但依法构成第397条规定的犯罪的,以滥用职权罪或者玩忽职守罪定罪处罚。(2)国家机关工作人员实施渎职犯罪并收受贿赂,同时构成受贿罪的,除《刑法》另有规定外,以渎职犯罪和受贿罪数罪并罚。(3)国家机关工作人员实施渎职行为,放纵他人犯罪或者帮助他人逃避刑事处罚,构成犯罪的,依照渎职罪的规定定罪处罚。(4)国家机关工作人员与他人共谋,利用其职务行为帮助他人实施其他犯罪行为,同时构成渎职犯罪和共谋实施的其他犯罪共犯的,依照处罚较重的规定定罪处罚。(5)国家机关工作人员与他人共谋,既利用其职务行为帮助他人实施其他犯罪,又以非职务行为与他人共同实施该其他犯罪行为,同时构成渎职犯罪和其他犯罪的共犯的,依照数罪并罚的规定定罪处罚。(6)以"集体研究"形式实施的渎职犯罪,应当依照《刑法》分则第九章的规定追究国家机关负有责任的人员的刑事责任。对于具体执行人员,应当在综合认定其行为性质、是否提出反对意见、危害结果大小等情节的基础上决定是否追究刑事责任和应当判处的刑罚。

[滥用职权]

根据我国司法实践,滥用职权表现为:(1)超越职权,擅自决定或处理没有具体决定、处理权限的事项;(2)玩弄职权,随心所欲地对事项作出决定或者处理;(3)故意不履行应当履行的职责,或者任意放弃职责;(4)以权谋私、假公济私,不正确地履行职责。

【条文参见】

《全国人民代表大会常务委员会关于〈中华人民共和国刑法〉第九章渎职罪主体适用问题的解释》

《全国人民代表大会常务委员会关于惩治骗购外汇、逃汇和非法买卖外汇犯罪的决定》第6条

《全国法院审理经济犯罪案件工作座谈会纪要》第6条

《最高人民法院、最高人民检察院关于办理渎职刑事案件适用法律若干问题的解释(一)》

《最高人民法院、最高人民检察院关于办理盗窃油气、破坏油气设备等刑事案件具体应用法律若干问题的解释》第7条

《最高人民检察院关于渎职侵权犯罪案件立案标准的规定》

【案例指引】

**罗建华、罗镜添、朱炳灿、罗锦游滥用职权案**(检例第6号)

**要旨:** 根据《刑法》的规定,滥用职权罪是指国家机关工作人员滥用职权,"致使公共财产、国家和人民利益遭受重大损失"的行为。实践中,滥用

职权造成恶劣社会影响的,应当依法认定为"致使公共财产、国家和人民利益遭受重大损失"。

### 第三百九十八条

【故意泄露国家秘密罪;过失泄露国家秘密罪】国家机关工作人员违反保守国家秘密法的规定,故意或者过失泄露国家秘密,情节严重的,处三年以下有期徒刑或者拘役;情节特别严重的,处三年以上七年以下有期徒刑。

非国家机关工作人员犯前款罪的,依照前款的规定酌情处罚。

### 理解适用

非国家机关工作人员犯泄露国家秘密罪的,不具有渎职性质,不属于国家机关工作人员渎职犯罪的类别。

### 条文参见

《最高人民法院关于审理为境外窃取、刺探、收买、非法提供国家秘密、情报案件具体应用法律若干问题的解释》第6条

### 第三百九十九条[①]

【徇私枉法罪】司法工作人员徇私枉法、徇情枉法,对明知是无罪的人而使他受追诉,对明知是有罪的人而故意包庇不使他受追诉,或者在刑事审判活动中故意违背事实和法律作枉法裁判的,处五年以下有期徒刑或者拘役;情节严重的,处五年以上十年以下有期徒刑;情节特别严重的,处十年以上有期徒刑。

【民事、行政枉法裁判罪】在民事、行政审判活动中故意违背事实和法律作枉法裁判,情节严重的,处五年以下有期徒刑或者拘役;情节特别严重的,处五年以上十年以下有期徒刑。

【执行判决、裁定失职罪;执行判决、裁定滥用职权罪】在执行判决、裁定活动中,严重不负责任或者滥用职权,不依法采取诉讼保全措施、不履行法定执行职责,或者违法采取诉讼保全措施、强制执行措施,致使当

---

① 本条根据2002年12月28日《刑法修正案(四)》修改。

事人或者其他人的利益遭受重大损失的,处五年以下有期徒刑或者拘役;致使当事人或者其他人的利益遭受特别重大损失的,处五年以上十年以下有期徒刑。

司法工作人员收受贿赂,有前三款行为的,同时又构成本法第三百八十五条规定之罪的,依照处罚较重的规定定罪处罚。

### 第三百九十九条之一①

【枉法仲裁罪】依法承担仲裁职责的人员,在仲裁活动中故意违背事实和法律作枉法裁决,情节严重的,处三年以下有期徒刑或者拘役;情节特别严重的,处三年以上七年以下有期徒刑。

### 第四百条

【私放在押人员罪】司法工作人员私放在押的犯罪嫌疑人、被告人或者罪犯的,处五年以下有期徒刑或者拘役;情节严重的,处五年以上十年以下有期徒刑;情节特别严重的,处十年以上有期徒刑。

【失职致使在押人员脱逃罪】司法工作人员由于严重不负责任,致使在押的犯罪嫌疑人、被告人或者罪犯脱逃,造成严重后果的,处三年以下有期徒刑或者拘役;造成特别严重后果的,处三年以上十年以下有期徒刑。

### 理解适用

[私放行为的表现]

私放的行为主要表现为:司法工作人员利用职务之便,如利用看守、押解、关押在押人员等职务、职责的便利条件,私自将犯罪嫌疑人、被告人或者罪犯放走或者授意、指使他人放走;伪造、变造或者涂改有关法律文件,将犯罪嫌疑人、被告人或者罪犯放走;为犯罪嫌疑人、被告人或者罪犯提供便利条件,帮助使其脱逃等情形。

---

① 本条根据 2006 年 6 月 29 日《刑法修正案(六)》增加。

## 第四百零一条

【徇私舞弊减刑、假释、暂予监外执行罪】司法工作人员徇私舞弊,对不符合减刑、假释、暂予监外执行条件的罪犯,予以减刑、假释或者暂予监外执行的,处三年以下有期徒刑或者拘役;情节严重的,处三年以上七年以下有期徒刑。

## 第四百零二条

【徇私舞弊不移交刑事案件罪】行政执法人员徇私舞弊,对依法应当移交司法机关追究刑事责任的不移交,情节严重的,处三年以下有期徒刑或者拘役;造成严重后果的,处三年以上七年以下有期徒刑。

## 第四百零三条

【滥用管理公司、证券职权罪】国家有关主管部门的国家机关工作人员,徇私舞弊,滥用职权,对不符合法律规定条件的公司设立、登记申请或者股票、债券发行、上市申请,予以批准或者登记,致使公共财产、国家和人民利益遭受重大损失的,处五年以下有期徒刑或者拘役。

上级部门强令登记机关及其工作人员实施前款行为的,对其直接负责的主管人员,依照前款的规定处罚。

## 第四百零四条

【徇私舞弊不征、少征税款罪】税务机关的工作人员徇私舞弊,不征或者少征应征税款,致使国家税收遭受重大损失的,处五年以下有期徒刑或者拘役;造成特别重大损失的,处五年以上有期徒刑。

> 理解适用

(1)如果行为人在征税工作中因不认真负责而计算有误,没有征收或者少征了应征税款,致使国家税收遭受重大损失,可按玩忽职守罪追究其刑事责任。

(2)如果行为人与纳税人相勾结,帮助纳税人偷税,如为其出主意,然后不征或少征其应缴的税款,应按逃税罪的共犯追究其刑事责任。

### 第四百零五条

【徇私舞弊发售发票、抵扣税款、出口退税罪】税务机关的工作人员违反法律、行政法规的规定,在办理发售发票、抵扣税款、出口退税工作中,徇私舞弊,致使国家利益遭受重大损失的,处五年以下有期徒刑或者拘役;致使国家利益遭受特别重大损失的,处五年以上有期徒刑。

【违法提供出口退税凭证罪】其他国家机关工作人员违反国家规定,在提供出口货物报关单、出口收汇核销单等出口退税凭证的工作中,徇私舞弊,致使国家利益遭受重大损失的,依照前款的规定处罚。

### 第四百零六条

【国家机关工作人员签订、履行合同失职被骗罪】国家机关工作人员在签订、履行合同过程中,因严重不负责任被诈骗,致使国家利益遭受重大损失的,处三年以下有期徒刑或者拘役;致使国家利益遭受特别重大损失的,处三年以上七年以下有期徒刑。

### 第四百零七条

【违法发放林木采伐许可证罪】林业主管部门的工作人员违反森林法的规定,超过批准的年采伐限额发放林木采伐许可证或者违反规定滥发林木采伐许可证,情节严重,致使森林遭受严重破坏的,处三年以下有期徒刑或者拘役。

### 第四百零八条

【环境监管失职罪】负有环境保护监督管理职责的国家机关工作人员严重不负责任,导致发生重大环境污染事故,致使公私财产遭受重大损失或者造成人身伤亡的严重后果的,处三年以下有期徒刑或者拘役。

### 第四百零八条之一①

【**食品、药品监管渎职罪**】负有食品药品安全监督管理职责的国家机关工作人员,滥用职权或者玩忽职守,有下列情形之一,造成严重后果或者有其他严重情节的,处五年以下有期徒刑或者拘役;造成特别严重后果或者有其他特别严重情节的,处五年以上十年以下有期徒刑:

(一)瞒报、谎报食品安全事故、药品安全事件的;
(二)对发现的严重食品药品安全违法行为未按规定查处的;
(三)在药品和特殊食品审批审评过程中,对不符合条件的申请准予许可的;
(四)依法应当移交司法机关追究刑事责任不移交的;
(五)有其他滥用职权或者玩忽职守行为的。

徇私舞弊犯前款罪的,从重处罚。

#### 案例指引

**赛跃、韩成武受贿、食品监管渎职案**(检例第16号)

**要旨:**负有食品安全监督管理职责的国家机关工作人员,滥用职权或玩忽职守,导致发生重大食品安全事故或者造成其他严重后果的,应当认定为食品监管渎职罪。在渎职过程中受贿的,应当以食品监管渎职罪和受贿罪实行数罪并罚。

### 第四百零九条

【**传染病防治失职罪**】从事传染病防治的政府卫生行政部门的工作人员严重不负责任,导致传染病传播或者流行,情节严重的,处三年以下有期徒刑或者拘役。

#### 条文参见

《最高人民法院、最高人民检察院关于办理妨害预防、控制突发传染病疫情等灾害的刑事案件具体应用法律若干问题的解释》第16、18条

---

① 本条根据2011年2月25日《刑法修正案(八)》增加,本条第一款根据2020年12月26日《刑法修正案(十一)》修改。

### 第四百一十条[①]

**【非法批准征收、征用、占用土地罪；非法低价出让国有土地使用权罪】**国家机关工作人员徇私舞弊，违反土地管理法规，滥用职权，非法批准征收、征用、占用土地，或者非法低价出让国有土地使用权，情节严重的，处三年以下有期徒刑或者拘役；致使国家或者集体利益遭受特别重大损失的，处三年以上七年以下有期徒刑。

#### 条文参见

《全国人民代表大会常务委员会关于〈中华人民共和国刑法〉第二百二十八条、第三百四十二条、第四百一十条的解释》

《最高人民法院关于审理破坏土地资源刑事案件具体应用法律若干问题的解释》第4～7、9条

《最高人民法院关于审理破坏森林资源刑事案件适用法律若干问题的解释》

《最高人民法院关于审理破坏草原资源刑事案件应用法律若干问题的解释》第3条

### 第四百一十一条

**【放纵走私罪】**海关工作人员徇私舞弊，放纵走私，情节严重的，处五年以下有期徒刑或者拘役；情节特别严重的，处五年以上有期徒刑。

#### 理解适用

负有特定监管义务的海关工作人员徇私舞弊，利用职权，放任、纵容走私犯罪行为，情节严重的，构成放纵走私罪。放纵走私行为，一般是消极的不作为。如果海关工作人员与走私分子通谋，在放纵走私过程中以积极的行为配合走私分子逃避海关监管或者在放纵走私之后分得赃款的，应以共同走私犯罪追究刑事责任。海关工作人员收受贿赂又放纵走私的，应以受贿罪和放纵走私罪数罪并罚。

---

① 本条根据2009年8月27日《全国人民代表大会常务委员会关于修改部分法律的决定》修改。

**条文参见**

《最高人民法院、最高人民检察院、海关总署关于办理走私刑事案件适用法律若干问题的意见》第16条

### 第四百一十二条

【商检徇私舞弊罪】国家商检部门、商检机构的工作人员徇私舞弊,伪造检验结果的,处五年以下有期徒刑或者拘役;造成严重后果的,处五年以上十年以下有期徒刑。

【商检失职罪】前款所列人员严重不负责任,对应当检验的物品不检验,或者延误检验出证、错误出证,致使国家利益遭受重大损失的,处二年以下有期徒刑或者拘役。

### 第四百一十三条

【动植物检疫徇私舞弊罪】动植物检疫机关的检疫人员徇私舞弊,伪造检疫结果的,处五年以下有期徒刑或者拘役;造成严重后果的,处五年以上十年以下有期徒刑。

【动植物检疫失职罪】前款所列人员严重不负责任,对应当检疫的检疫物不检疫,或者延误检疫出证、错误出证,致使国家利益遭受重大损失的,处三年以下有期徒刑或者拘役。

### 第四百一十四条

【放纵制售伪劣商品犯罪行为罪】对生产、销售伪劣商品犯罪行为负有追究责任的国家机关工作人员,徇私舞弊,不履行法律规定的追究职责,情节严重的,处五年以下有期徒刑或者拘役。

**条文参见**

《最高人民法院、最高人民检察院关于办理生产、销售伪劣商品刑事案件具体应用法律若干问题的解释》第8条

### 第四百一十五条

【办理偷越国（边）境人员出入境证件罪；放行偷越国（边）境人员罪】负责办理护照、签证以及其他出入境证件的国家机关工作人员，对明知是企图偷越国（边）境的人员，予以办理出入境证件的，或者边防、海关等国家机关工作人员，对明知是偷越国（边）境的人员，予以放行的，处三年以下有期徒刑或者拘役；情节严重的，处三年以上七年以下有期徒刑。

### 第四百一十六条

【不解救被拐卖、绑架妇女、儿童罪】对被拐卖、绑架的妇女、儿童负有解救职责的国家机关工作人员，接到被拐卖、绑架的妇女、儿童及其家属的解救要求或者接到其他人的举报，而对被拐卖、绑架的妇女、儿童不进行解救，造成严重后果的，处五年以下有期徒刑或者拘役。

【阻碍解救被拐卖、绑架妇女、儿童罪】负有解救职责的国家机关工作人员利用职务阻碍解救的，处二年以上七年以下有期徒刑；情节较轻的，处二年以下有期徒刑或者拘役。

### 第四百一十七条

【帮助犯罪分子逃避处罚罪】有查禁犯罪活动职责的国家机关工作人员，向犯罪分子通风报信、提供便利，帮助犯罪分子逃避处罚的，处三年以下有期徒刑或者拘役；情节严重的，处三年以上十年以下有期徒刑。

**条文参见**

《最高人民法院、最高人民检察院、公安部、国家工商行政管理局关于依法查处盗窃、抢劫机动车案件的规定》第 10 条

### 第四百一十八条

【招收公务员、学生徇私舞弊罪】国家机关工作人员在招收公务员、学生工作中徇私舞弊，情节严重的，处三年以下有期徒刑或者拘役。

**第四百一十九条**

【失职造成珍贵文物损毁、流失罪】国家机关工作人员严重不负责任,造成珍贵文物损毁或者流失,后果严重的,处三年以下有期徒刑或者拘役。

# 第十章 军人违反职责罪

**第四百二十条**

【军人违反职责罪的概念】军人违反职责,危害国家军事利益,依照法律应当受刑罚处罚的行为,是军人违反职责罪。

**第四百二十一条**

【战时违抗命令罪】战时违抗命令,对作战造成危害的,处三年以上十年以下有期徒刑;致使战斗、战役遭受重大损失的,处十年以上有期徒刑、无期徒刑或者死刑。

**第四百二十二条**

【隐瞒、谎报军情罪;拒传、假传军令罪】故意隐瞒、谎报军情或者拒传、假传军令,对作战造成危害的,处三年以上十年以下有期徒刑;致使战斗、战役遭受重大损失的,处十年以上有期徒刑、无期徒刑或者死刑。

**第四百二十三条**

【投降罪】在战场上贪生怕死,自动放下武器投降敌人的,处三年以上十年以下有期徒刑;情节严重的,处十年以上有期徒刑或者无期徒刑。

投降后为敌人效劳的,处十年以上有期徒刑、无期徒刑或者死刑。

### 第四百二十四条

【战时临阵脱逃罪】战时临阵脱逃的,处三年以下有期徒刑;情节严重的,处三年以上十年以下有期徒刑;致使战斗、战役遭受重大损失的,处十年以上有期徒刑、无期徒刑或者死刑。

### 第四百二十五条

【擅离、玩忽军事职守罪】指挥人员和值班、值勤人员擅离职守或者玩忽职守,造成严重后果的,处三年以下有期徒刑或者拘役;造成特别严重后果的,处三年以上七年以下有期徒刑。

战时犯前款罪的,处五年以上有期徒刑。

### 第四百二十六条[①]

【阻碍执行军事职务罪】以暴力、威胁方法,阻碍指挥人员或者值班、值勤人员执行职务的,处五年以下有期徒刑或者拘役;情节严重的,处五年以上十年以下有期徒刑;情节特别严重的,处十年以上有期徒刑或者无期徒刑。战时从重处罚。

### 第四百二十七条

【指使部属违反职责罪】滥用职权,指使部属进行违反职责的活动,造成严重后果的,处五年以下有期徒刑或者拘役;情节特别严重的,处五年以上十年以下有期徒刑。

---

[①] 本条根据 2015 年 8 月 29 日《刑法修正案(九)》修改。

#### 第四百二十八条

【违令作战消极罪】指挥人员违抗命令,临阵畏缩,作战消极,造成严重后果的,处五年以下有期徒刑;致使战斗、战役遭受重大损失或者有其他特别严重情节的,处五年以上有期徒刑。

#### 第四百二十九条

【拒不救援友邻部队罪】在战场上明知友邻部队处境危急请求救援,能救援而不救援,致使友邻部队遭受重大损失的,对指挥人员,处五年以下有期徒刑。

#### 第四百三十条

【军人叛逃罪】在履行公务期间,擅离岗位,叛逃境外或者在境外叛逃,危害国家军事利益的,处五年以下有期徒刑或者拘役;情节严重的,处五年以上有期徒刑。

驾驶航空器、舰船叛逃的,或者有其他特别严重情节的,处十年以上有期徒刑、无期徒刑或者死刑。

#### 第四百三十一条[1]

【非法获取军事秘密罪】以窃取、刺探、收买方法,非法获取军事秘密的,处五年以下有期徒刑;情节严重的,处五年以上十年以下有期徒刑;情节特别严重的,处十年以上有期徒刑。

【为境外窃取、刺探、收买、非法提供军事秘密罪】为境外的机构、组织、人员窃取、刺探、收买、非法提供军事秘密的,处五年以上十年以下有期徒刑;情节严重的,处十年以上有期徒刑、无期徒刑或者死刑。

---

[1] 本条第二款根据 2020 年 12 月 26 日《刑法修正案(十一)》修改。

### 第四百三十二条

【故意泄露军事秘密罪;过失泄露军事秘密罪】违反保守国家秘密法规,故意或者过失泄露军事秘密,情节严重的,处五年以下有期徒刑或者拘役;情节特别严重的,处五年以上十年以下有期徒刑。

战时犯前款罪的,处五年以上十年以下有期徒刑;情节特别严重的,处十年以上有期徒刑或者无期徒刑。

### 第四百三十三条[①]

【战时造谣惑众罪】战时造谣惑众,动摇军心的,处三年以下有期徒刑;情节严重的,处三年以上十年以下有期徒刑;情节特别严重的,处十年以上有期徒刑或者无期徒刑。

### 第四百三十四条

【战时自伤罪】战时自伤身体,逃避军事义务的,处三年以下有期徒刑;情节严重的,处三年以上七年以下有期徒刑。

### 第四百三十五条

【逃离部队罪】违反兵役法规,逃离部队,情节严重的,处三年以下有期徒刑或者拘役。

战时犯前款罪的,处三年以上七年以下有期徒刑。

**法条参见**

《最高人民法院、最高人民检察院关于对军人非战时逃离部队的行为能否定罪处罚问题的批复》

---

① 本条根据 2015 年 8 月 29 日《刑法修正案(九)》修改。

### 第四百三十六条

【武器装备肇事罪】违反武器装备使用规定,情节严重,因而发生责任事故,致人重伤、死亡或者造成其他严重后果的,处三年以下有期徒刑或者拘役;后果特别严重的,处三年以上七年以下有期徒刑。

### 第四百三十七条

【擅自改变武器装备编配用途罪】违反武器装备管理规定,擅自改变武器装备的编配用途,造成严重后果的,处三年以下有期徒刑或者拘役;造成特别严重后果的,处三年以上七年以下有期徒刑。

### 第四百三十八条

【盗窃、抢夺武器装备、军用物资罪】盗窃、抢夺武器装备或者军用物资的,处五年以下有期徒刑或者拘役;情节严重的,处五年以上十年以下有期徒刑;情节特别严重的,处十年以上有期徒刑、无期徒刑或者死刑。

【盗窃、抢夺枪支、弹药、爆炸物、危险物质罪】盗窃、抢夺枪支、弹药、爆炸物的,依照本法第一百二十七条的规定处罚。

### 第四百三十九条

【非法出卖、转让武器装备罪】非法出卖、转让军队武器装备的,处三年以上十年以下有期徒刑;出卖、转让大量武器装备或者有其他特别严重情节的,处十年以上有期徒刑、无期徒刑或者死刑。

### 第四百四十条

【遗弃武器装备罪】违抗命令,遗弃武器装备的,处五年以下有期徒刑或者拘役;遗弃重要或者大量武器装备的,或者有其他严重情节的,处五年以上有期徒刑。

### 第四百四十一条

【遗失武器装备罪】遗失武器装备,不及时报告或者有其他严重情节的,处三年以下有期徒刑或者拘役。

### 第四百四十二条

【擅自出卖、转让军队房地产罪】违反规定,擅自出卖、转让军队房地产,情节严重的,对直接责任人员,处三年以下有期徒刑或者拘役;情节特别严重的,处三年以上十年以下有期徒刑。

### 第四百四十三条

【虐待部属罪】滥用职权,虐待部属,情节恶劣,致人重伤或者造成其他严重后果的,处五年以下有期徒刑或者拘役;致人死亡的,处五年以上有期徒刑。

### 第四百四十四条

【遗弃伤病军人罪】在战场上故意遗弃伤病军人,情节恶劣的,对直接责任人员,处五年以下有期徒刑。

### 第四百四十五条

【战时拒不救治伤病军人罪】战时在救护治疗职位上,有条件救治而拒不救治危重伤病军人的,处五年以下有期徒刑或者拘役;造成伤病军人重残、死亡或者有其他严重情节的,处五年以上十年以下有期徒刑。

### 第四百四十六条

【战时残害居民、掠夺居民财物罪】战时在军事行动地区,残害无辜居民或者掠夺无辜居民财物的,处五年以下有期徒刑;情节严重的,处五年以上十年以下有期徒刑;情节特别严重的,处十年以上有期徒刑、无期徒刑或者死刑。

### 第四百四十七条

【私放俘虏罪】私放俘虏的,处五年以下有期徒刑;私放重要俘虏、私放俘虏多人或者有其他严重情节的,处五年以上有期徒刑。

### 第四百四十八条

【虐待俘虏罪】虐待俘虏,情节恶劣的,处三年以下有期徒刑。

### 第四百四十九条

【战时缓刑】在战时,对被判处三年以下有期徒刑没有现实危险宣告缓刑的犯罪军人,允许其戴罪立功,确有立功表现时,可以撤销原判刑罚,不以犯罪论处。

### 第四百五十条①

【本章适用的主体范围】本章适用于中国人民解放军的现役军官、文职干部、士兵及具有军籍的学员和中国人民武装警察部队的现役警官、文职干部、士兵及具有军籍的学员以及文职人员、执行军事任务的预备役人员和其他人员。

---

① 本条根据 2020 年 12 月 26 日《刑法修正案(十一)》修改。

### 第四百五十一条

【战时的界定】本章所称战时,是指国家宣布进入战争状态、部队受领作战任务或者遭敌突然袭击时。

部队执行戒严任务或者处置突发性暴力事件时,以战时论。

# 附　　则

### 第四百五十二条

【施行日期及法律的废止与保留】本法自1997年10月1日起施行。

列于本法附件一的全国人民代表大会常务委员会制定的条例、补充规定和决定,已纳入本法或者已不适用,自本法施行之日起,予以废止。

列于本法附件二的全国人民代表大会常务委员会制定的补充规定和决定予以保留。其中,有关行政处罚和行政措施的规定继续有效;有关刑事责任的规定已纳入本法,自本法施行之日起,适用本法规定。

附件一

全国人民代表大会常务委员会制定的下列条例、补充规定和决定,已纳入本法或者已不适用,自本法施行之日起,予以废止:

1. 中华人民共和国惩治军人违反职责罪暂行条例
2. 关于严惩严重破坏经济的罪犯的决定
3. 关于严惩严重危害社会治安的犯罪分子的决定
4. 关于惩治走私罪的补充规定
5. 关于惩治贪污罪贿赂罪的补充规定
6. 关于惩治泄露国家秘密犯罪的补充规定
7. 关于惩治捕杀国家重点保护的珍贵、濒危野生动物犯罪的补充规定
8. 关于惩治侮辱中华人民共和国国旗国徽罪的决定
9. 关于惩治盗掘古文化遗址古墓葬犯罪的补充规定
10. 关于惩治劫持航空器犯罪分子的决定
11. 关于惩治假冒注册商标犯罪的补充规定
12. 关于惩治生产、销售伪劣商品犯罪的决定

13. 关于惩治侵犯著作权的犯罪的决定
14. 关于惩治违反公司法的犯罪的决定
15. 关于处理逃跑或者重新犯罪的劳改犯和劳教人员的决定

**附件二**

全国人民代表大会常务委员会制定的下列补充规定和决定予以保留,其中,有关行政处罚和行政措施的规定继续有效;有关刑事责任的规定已纳入本法,自本法施行之日起,适用本法规定:

1. 关于禁毒的决定①
2. 关于惩治走私、制作、贩卖、传播淫秽物品的犯罪分子的决定
3. 关于严禁卖淫嫖娼的决定
4. 关于严惩拐卖、绑架妇女、儿童的犯罪分子的决定
5. 关于惩治偷税、抗税犯罪的补充规定②
6. 关于严惩组织、运送他人偷越国(边)境犯罪的补充规定③
7. 关于惩治破坏金融秩序犯罪的决定
8. 关于惩治虚开、伪造和非法出售增值税专用发票犯罪的决定

---

① 根据《中华人民共和国禁毒法》第七十一条的规定,本决定自 2008 年 6 月 1 日起废止。
② 根据《全国人民代表大会常务委员会关于废止部分法律的决定》,本规定自 2009 年 6 月 27 日起废止。
③ 根据《全国人民代表大会常务委员会关于废止部分法律的决定》,本规定自 2009 年 6 月 27 日起废止。

# 附录一　配套核心法规

## 中华人民共和国刑法修正案

（1999年12月25日第九届全国人民代表大会常务委员会第十三次会议通过　1999年12月25日中华人民共和国主席令第二十七号公布　自公布之日起施行）

为了惩治破坏社会主义市场经济秩序的犯罪，保障社会主义现代化建设的顺利进行，对刑法作如下补充修改：

一、第一百六十二条后增加一条，作为第一百六十二条之一："隐匿或者故意销毁依法应当保存的会计凭证、会计帐簿、财务会计报告，情节严重的，处五年以下有期徒刑或者拘役，并处或者单处二万元以上二十万元以下罚金。

"单位犯前款罪的，对单位判处罚金，并对其直接负责的主管人员和其他直接责任人员，依照前款的规定处罚。"

二、将刑法第一百六十八条修改为："国有公司、企业的工作人员，由于严重不负责任或者滥用职权，造成国有公司、企业破产或者严重损失，致使国家利益遭受重大损失的，处三年以下有期徒刑或者拘役；致使国家利益遭受特别重大损失的，处三年以上七年以下有期徒刑。

"国有事业单位的工作人员有前款行为，致使国家利益遭受重大损失的，依照前款的规定处罚。

"国有公司、企业、事业单位的工作人员，徇私舞弊，犯前两款罪的，依照第一款的规定从重处罚。"

三、将刑法第一百七十四条修改为："未经国家有关主管部门批准，擅自设立商业银行、证券交易所、期货交易所、证券公司、期货经纪公司、保险公司或者其他金融机构的，处三年以下有期徒刑或者拘役，并处或者单处二万元以上二十万元以下罚金；情节严重的，处三年以上十年以下有期徒刑，并处五万元以上五十万元以下罚金。

"伪造、变造、转让商业银行、证券交易所、期货交易所、证券公司、期货经纪公司、保险公司或者其他金融机构的经营许可证或者批准文件的,依照前款的规定处罚。

"单位犯前两款罪的,对单位判处罚金,并对其直接负责的主管人员和其他直接责任人员,依照第一款的规定处罚。"

四、将刑法第一百八十条修改为:"证券、期货交易内幕信息的知情人员或者非法获取证券、期货交易内幕信息的人员,在涉及证券的发行,证券、期货交易或者其他对证券、期货交易价格有重大影响的信息尚未公开前,买入或者卖出该证券,或者从事与该内幕信息有关的期货交易,或者泄露该信息,情节严重的,处五年以下有期徒刑或者拘役,并处或者单处违法所得一倍以上五倍以下罚金;情节特别严重的,处五年以上十年以下有期徒刑,并处违法所得一倍以上五倍以下罚金。

"单位犯前款罪的,对单位判处罚金,并对其直接负责的主管人员和其他直接责任人员,处五年以下有期徒刑或者拘役。

"内幕信息、知情人员的范围,依照法律、行政法规的规定确定。"

五、将刑法第一百八十一条修改为:"编造并且传播影响证券、期货交易的虚假信息,扰乱证券、期货交易市场,造成严重后果的,处五年以下有期徒刑或者拘役,并处或者单处一万元以上十万元以下罚金。

"证券交易所、期货交易所、证券公司、期货经纪公司的从业人员,证券业协会、期货业协会或者证券期货监督管理部门的工作人员,故意提供虚假信息或者伪造、变造、销毁交易记录,诱骗投资者买卖证券、期货合约,造成严重后果的,处五年以下有期徒刑或者拘役,并处或者单处一万元以上十万元以下罚金;情节特别恶劣的,处五年以上十年以下有期徒刑,并处二万元以上二十万元以下罚金。

"单位犯前两款罪的,对单位判处罚金,并对其直接负责的主管人员和其他直接责任人员,处五年以下有期徒刑或者拘役。"

六、将刑法第一百八十二条修改为:"有下列情形之一,操纵证券、期货交易价格,获取不正当利益或者转嫁风险,情节严重的,处五年以下有期徒刑或者拘役,并处或者单处违法所得一倍以上五倍以下罚金:

(一)单独或者合谋,集中资金优势、持股或者持仓优势或者利用信息优势联合或者连续买卖,操纵证券、期货交易价格的;

(二)与他人串通,以事先约定的时间、价格和方式相互进行证券、期货交易,或者相互买卖并不持有的证券,影响证券、期货交易价格或者证券、期货交

易量的;

(三)以自己为交易对象,进行不转移证券所有权的自买自卖,或者以自己为交易对象,自买自卖期货合约,影响证券、期货交易价格或者证券、期货交易量的;

(四)以其他方法操纵证券、期货交易价格的。

"单位犯前款罪的,对单位判处罚金,并对其直接负责的主管人员和其他直接责任人员,处五年以下有期徒刑或者拘役。"

**七、**将刑法第一百八十五条修改为:"商业银行、证券交易所、期货交易所、证券公司、期货经纪公司、保险公司或者其他金融机构的工作人员利用职务上的便利,挪用本单位或者客户资金的,依照本法第二百七十二条的规定定罪处罚。

"国有商业银行、证券交易所、期货交易所、证券公司、期货经纪公司、保险公司或者其他国有金融机构的工作人员和国有商业银行、证券交易所、期货交易所、证券公司、期货经纪公司、保险公司或者其他国有金融机构委派到前款规定中的非国有机构从事公务的人员有前款行为的,依照本法第三百八十四条的规定定罪处罚。"

**八、**刑法第二百二十五条增加一项,作为第三项:"未经国家有关主管部门批准,非法经营证券、期货或者保险业务的;"原第三项改为第四项。

**九、**本修正案自公布之日起施行。

# 中华人民共和国刑法修正案(二)

(2001年8月31日第九届全国人民代表大会常务委员会第二十三次会议通过 2001年8月31日中华人民共和国主席令第五十六号公布 自公布之日起施行)

为了惩治毁林开垦和乱占滥用林地的犯罪,切实保护森林资源,将刑法第三百四十二条修改为:

"违反土地管理法规,非法占用耕地、林地等农用地,改变被占用土地用途,数量较大,造成耕地、林地等农用地大量毁坏的,处五年以下有期徒刑或者拘役,并处或者单处罚金。"

本修正案自公布之日起施行。

# 中华人民共和国刑法修正案(三)

(2001年12月29日第九届全国人民代表大会常务委员会第二十五次会议通过 2001年12月29日中华人民共和国主席令第六十四号公布 自公布之日起施行)

为了惩治恐怖活动犯罪,保障国家和人民生命、财产安全,维护社会秩序,对刑法作如下补充修改:

一、将刑法第一百一十四条修改为:"放火、决水、爆炸以及投放毒害性、放射性、传染病病原体等物质或者以其他危险方法危害公共安全,尚未造成严重后果的,处三年以上十年以下有期徒刑。"

二、将刑法第一百一十五条第一款修改为:"放火、决水、爆炸以及投放毒害性、放射性、传染病病原体等物质或者以其他危险方法致人重伤、死亡或者使公私财产遭受重大损失的,处十年以上有期徒刑、无期徒刑或者死刑。"

三、将刑法第一百二十条第一款修改为:"组织、领导恐怖活动组织的,处十年以上有期徒刑或者无期徒刑;积极参加的,处三年以上十年以下有期徒刑;其他参加的,处三年以下有期徒刑、拘役、管制或者剥夺政治权利。"

四、刑法第一百二十条后增加一条,作为第一百二十条之一:"资助恐怖活动组织或者实施恐怖活动的个人的,处五年以下有期徒刑、拘役、管制或者剥夺政治权利,并处罚金;情节严重的,处五年以上有期徒刑,并处罚金或者没收财产。

"单位犯前款罪的,对单位判处罚金,并对其直接负责的主管人员和其他直接责任人员,依照前款的规定处罚。"

五、将刑法第一百二十五条第二款修改为:"非法制造、买卖、运输、储存毒害性、放射性、传染病病原体等物质,危害公共安全的,依照前款的规定处罚。"

六、将刑法第一百二十七条修改为:"盗窃、抢夺枪支、弹药、爆炸物的,或者盗窃、抢夺毒害性、放射性、传染病病原体等物质,危害公共安全的,处三年以上十年以下有期徒刑;情节严重的,处十年以上有期徒刑、无期徒刑或者死刑。

"抢劫枪支、弹药、爆炸物的,或者抢劫毒害性、放射性、传染病病原体等物质,危害公共安全的,或者盗窃、抢夺国家机关、军警人员、民兵的枪支、弹药、爆炸物的,处十年以上有期徒刑、无期徒刑或者死刑。"

七、将刑法第一百九十一条修改为:"明知是毒品犯罪、黑社会性质的组织犯罪、恐怖活动犯罪、走私犯罪的违法所得及其产生的收益,为掩饰、隐瞒其来源和性质,有下列行为之一的,没收实施以上犯罪的违法所得及其产生的收益,处五年以下有期徒刑或者拘役,并处或者单处洗钱数额百分之五以上百分之二十以下罚金;情节严重的,处五年以上十年以下有期徒刑,并处洗钱数额百分之五以上百分之二十以下罚金:(一)提供资金帐户的;(二)协助将财产转换为现金或者金融票据的;(三)通过转帐或者其他结算方式协助资金转移的;(四)协助将资金汇往境外的;(五)以其他方法掩饰、隐瞒犯罪的违法所得及其收益的来源和性质的。

"单位犯前款罪的,对单位判处罚金,并对其直接负责的主管人员和其他直接责任人员,处五年以下有期徒刑或者拘役;情节严重的,处五年以上十年以下有期徒刑。"

八、刑法第二百九十一条后增加一条,作为第二百九十一条之一:"投放虚假的爆炸性、毒害性、放射性、传染病病原体等物质,或者编造爆炸威胁、生化威胁、放射威胁等恐怖信息,或者明知是编造的恐怖信息而故意传播,严重扰乱社会秩序的,处五年以下有期徒刑、拘役或者管制;造成严重后果的,处五年以上有期徒刑。"

九、本修正案自公布之日起施行。

# 中华人民共和国刑法修正案(四)

(2002年12月28日第九届全国人民代表大会常务委员会第三十一次会议通过 2002年12月28日中华人民共和国主席令第八十三号公布 自公布之日起施行)

为了惩治破坏社会主义市场经济秩序、妨害社会管理秩序和国家机关工作人员的渎职犯罪行为,保障社会主义现代化建设的顺利进行,保障公民的人身安全,对刑法作如下修改和补充:

一、将刑法第一百四十五条修改为:"生产不符合保障人体健康的国家标准、行业标准的医疗器械、医用卫生材料,或者销售明知是不符合保障人体健康的国家标准、行业标准的医疗器械、医用卫生材料,足以严重危害人体健康的,处三年以下有期徒刑或者拘役,并处销售金额百分之五十以上二倍以下罚金;

对人体健康造成严重危害的,处三年以上十年以下有期徒刑,并处销售金额百分之五十以上二倍以下罚金;后果特别严重的,处十年以上有期徒刑或者无期徒刑,并处销售金额百分之五十以上二倍以下罚金或者没收财产。"

二、在第一百五十二条中增加一款作为第二款:"逃避海关监管将境外固体废物、液态废物和气态废物运输进境,情节严重的,处五年以下有期徒刑,并处或者单处罚金;情节特别严重的,处五年以上有期徒刑,并处罚金。"

原第二款作为第三款,修改为:"单位犯前两款罪的,对单位判处罚金,并对其直接负责的主管人员和其他直接责任人员,依照前两款的规定处罚。"

三、将刑法第一百五十五条修改为:"下列行为,以走私罪论处,依照本节的有关规定处罚:(一)直接向走私人非法收购国家禁止进口物品的,或者直接向走私人非法收购走私进口的其他货物、物品,数额较大的;(二)在内海、领海、界河、界湖运输、收购、贩卖国家禁止进出口物品的,或者运输、收购、贩卖国家限制进出口货物、物品,数额较大,没有合法证明的。"

四、刑法第二百四十四条后增加一条,作为第二百四十四条之一:"违反劳动管理法规,雇用未满十六周岁的未成年人从事超强度体力劳动的,或者从事高空、井下作业的,或者在爆炸性、易燃性、放射性、毒害性等危险环境下从事劳动,情节严重的,对直接责任人员,处三年以下有期徒刑或者拘役,并处罚金;情节特别严重的,处三年以上七年以下有期徒刑,并处罚金。

"有前款行为,造成事故,又构成其他犯罪的,依照数罪并罚的规定处罚。"

五、将刑法第三百二十九条第三款修改为:"以原料利用为名,进口不能用作原料的固体废物、液态废物和气态废物的,依照本法第一百五十二条第二款、第三款的规定定罪处罚。"

六、将刑法第三百四十四条修改为:"违反国家规定,非法采伐、毁坏珍贵树木或者国家重点保护的其他植物的,或者非法收购、运输、加工、出售珍贵树木或者国家重点保护的其他植物及其制品的,处三年以下有期徒刑、拘役或者管制,并处罚金;情节严重的,处三年以上七年以下有期徒刑,并处罚金。"

七、将刑法第三百四十五条修改为:"盗伐森林或者其他林木,数量较大的,处三年以下有期徒刑、拘役或者管制,并处或者单处罚金;数量巨大的,处三年以上七年以下有期徒刑,并处罚金;数量特别巨大的,处七年以上有期徒刑,并处罚金。

"违反森林法的规定,滥伐森林或者其他林木,数量较大的,处三年以下有期徒刑、拘役或者管制,并处或者单处罚金;数量巨大的,处三年以上七年以下有期徒刑,并处罚金。

"非法收购、运输明知是盗伐、滥伐的林木,情节严重的,处三年以下有期徒刑、拘役或者管制,并处或者单处罚金;情节特别严重的,处三年以上七年以下有期徒刑,并处罚金。

"盗伐、滥伐国家级自然保护区内的森林或者其他林木的,从重处罚。"

八、将刑法第三百九十九条修改为:"司法工作人员徇私枉法、徇情枉法,对明知是无罪的人而使他受追诉、对明知是有罪的人而故意包庇不使他受追诉,或者在刑事审判活动中故意违背事实和法律作枉法裁判的,处五年以下有期徒刑或者拘役;情节严重的,处五年以上十年以下有期徒刑;情节特别严重的,处十年以上有期徒刑。

"在民事、行政审判活动中故意违背事实和法律作枉法裁判,情节严重的,处五年以下有期徒刑或者拘役;情节特别严重的,处五年以上十年以下有期徒刑。

"在执行判决、裁定活动中,严重不负责任或者滥用职权,不依法采取诉讼保全措施、不履行法定执行职责,或者违法采取诉讼保全措施、强制执行措施,致使当事人或者其他人的利益遭受重大损失的,处五年以下有期徒刑或者拘役;致使当事人或者其他人的利益遭受特别重大损失的,处五年以上十年以下有期徒刑。

"司法工作人员收受贿赂,有前三款行为的,同时又构成本法第三百八十五条规定之罪的,依照处罚较重的规定定罪处罚。"

九、本修正案自公布之日起施行。

# 中华人民共和国刑法修正案(五)

(2005年2月28日第十届全国人民代表大会常务委员会第十四次会议通过 2005年2月28日中华人民共和国主席令第三十二号公布 自公布之日起施行)

一、在刑法第一百七十七条后增加一条,作为第一百七十七条之一:"有下列情形之一,妨害信用卡管理的,处三年以下有期徒刑或者拘役,并处或者单处一万元以上十万元以下罚金;数量巨大或者有其他严重情节的,处三年以上十年以下有期徒刑,并处二万元以上二十万元以下罚金:

"(一)明知是伪造的信用卡而持有、运输的,或者明知是伪造的空白信用卡

而持有、运输,数量较大的;

"(二)非法持有他人信用卡,数量较大的;

"(三)使用虚假的身份证明骗领信用卡的;

"(四)出售、购买、为他人提供伪造的信用卡或者以虚假的身份证明骗领的信用卡的。

"窃取、收买或者非法提供他人信用卡信息资料的,依照前款规定处罚。

"银行或者其他金融机构的工作人员利用职务上的便利,犯第二款罪的,从重处罚。"

二、将刑法第一百九十六条修改为:"有下列情形之一,进行信用卡诈骗活动,数额较大的,处五年以下有期徒刑或者拘役,并处二万元以上二十万元以下罚金,数额巨大或者有其他严重情节的,处五年以上十年以下有期徒刑,并处五万元以上五十万元以下罚金;数额特别巨大或者有其他特别严重情节的,处十年以上有期徒刑或者无期徒刑,并处五万元以上五十万元以下罚金或者没收财产:

"(一)使用伪造的信用卡,或者使用以虚假的身份证明骗领的信用卡的;

"(二)使用作废的信用卡的;

"(三)冒用他人信用卡的;

"(四)恶意透支的。

"前款所称恶意透支,是指持卡人以非法占有为目的,超过规定限额或者规定期限透支,并且经发卡银行催收后仍不归还的行为。

"盗窃信用卡并使用的,依照本法第二百六十四条的规定定罪处罚。"

三、在刑法第三百六十九条中增加一款作为第二款,将该条修改为:"破坏武器装备、军事设施、军事通信的,处三年以下有期徒刑、拘役或者管制;破坏重要武器装备、军事设施、军事通信的,处三年以上十年以下有期徒刑;情节特别严重的,处十年以上有期徒刑、无期徒刑或者死刑。

"过失犯前款罪,造成严重后果的,处三年以下有期徒刑或者拘役;造成特别严重后果的,处三年以上七年以下有期徒刑。

"战时犯前两款罪的,从重处罚。"

四、本修正案自公布之日起施行。

# 中华人民共和国刑法修正案(六)

(2006年6月29日第十届全国人民代表大会常务委员会第二十二次会议通过 2006年6月29日中华人民共和国主席令第五十一号公布 自公布之日起施行)

一、将刑法第一百三十四条修改为:"在生产、作业中违反有关安全管理的规定,因而发生重大伤亡事故或者造成其他严重后果的,处三年以下有期徒刑或者拘役;情节特别恶劣的,处三年以上七年以下有期徒刑。

"强令他人违章冒险作业,因而发生重大伤亡事故或者造成其他严重后果的,处五年以下有期徒刑或者拘役;情节特别恶劣的,处五年以上有期徒刑。"

二、将刑法第一百三十五条修改为:"安全生产设施或者安全生产条件不符合国家规定,因而发生重大伤亡事故或者造成其他严重后果的,对直接负责的主管人员和其他直接责任人员,处三年以下有期徒刑或者拘役;情节特别恶劣的,处三年以上七年以下有期徒刑。"

三、在刑法第一百三十五条后增加一条,作为第一百三十五条之一:"举办大型群众性活动违反安全管理规定,因而发生重大伤亡事故或者造成其他严重后果的,对直接负责的主管人员和其他直接责任人员,处三年以下有期徒刑或者拘役;情节特别恶劣的,处三年以上七年以下有期徒刑。"

四、在刑法第一百三十九条后增加一条,作为第一百三十九条之一:"在安全事故发生后,负有报告职责的人员不报或者谎报事故情况,贻误事故抢救,情节严重的,处三年以下有期徒刑或者拘役;情节特别严重的,处三年以上七年以下有期徒刑。"

五、将刑法第一百六十一条修改为:"依法负有信息披露义务的公司、企业向股东和社会公众提供虚假的或者隐瞒重要事实的财务会计报告,或者对依法应当披露的其他重要信息不按照规定披露,严重损害股东或者其他人利益,或者有其他严重情节的,对其直接负责的主管人员和其他直接责任人员,处三年以下有期徒刑或者拘役,并处或者单处二万元以上二十万元以下罚金。"

六、在刑法第一百六十二条之一后增加一条,作为第一百六十二条之二:"公司、企业通过隐匿财产、承担虚构的债务或者以其他方法转移、处分财产,实施虚假破产,严重损害债权人或者其他人利益的,对其直接负责的主管人员和其他直接责任人员,处五年以下有期徒刑或者拘役,并处或者单处二万元以上二十万元以下罚金。"

七、将刑法第一百六十三条修改为:"公司、企业或者其他单位的工作人员利用职务上的便利,索取他人财物或者非法收受他人财物,为他人谋取利益,数额较大的,处五年以下有期徒刑或者拘役;数额巨大的,处五年以上有期徒刑,可以并处没收财产。

"公司、企业或者其他单位的工作人员在经济往来中,利用职务上的便利,违反国家规定,收受各种名义的回扣、手续费,归个人所有的,依照前款的规定处罚。

"国有公司、企业或者其他国有单位中从事公务的人员和国有公司、企业或者其他国有单位委派到非国有公司、企业以及其他单位从事公务的人员有前两款行为的,依照本法第三百八十五条、第三百八十六条的规定定罪处罚。"

八、将刑法第一百六十四条第一款修改为:"为谋取不正当利益,给予公司、企业或者其他单位的工作人员以财物,数额较大的,处三年以下有期徒刑或者拘役;数额巨大的,处三年以上十年以下有期徒刑,并处罚金。"

九、在刑法第一百六十九条后增加一条,作为第一百六十九条之一:"上市公司的董事、监事、高级管理人员违背对公司的忠实义务,利用职务便利,操纵上市公司从事下列行为之一,致使上市公司利益遭受重大损失的,处三年以下有期徒刑或者拘役,并处或者单处罚金;致使上市公司利益遭受特别重大损失的,处三年以上七年以下有期徒刑,并处罚金:

"(一)无偿向其他单位或者个人提供资金、商品、服务或者其他资产的;

"(二)以明显不公平的条件,提供或者接受资金、商品、服务或者其他资产的;

"(三)向明显不具有清偿能力的单位或者个人提供资金、商品、服务或者其他资产的;

"(四)为明显不具有清偿能力的单位或者个人提供担保,或者无正当理由为其他单位或者个人提供担保的;

"(五)无正当理由放弃债权、承担债务的;

"(六)采用其他方式损害上市公司利益的。

"上市公司的控股股东或者实际控制人,指使上市公司董事、监事、高级管理人员实施前款行为的,依照前款的规定处罚。

"犯前款罪的上市公司的控股股东或者实际控制人是单位的,对单位判处罚金,并对其直接负责的主管人员和其他直接责任人员,依照第一款的规定处罚。"

十、在刑法第一百七十五条后增加一条，作为第一百七十五条之一："以欺骗手段取得银行或者其他金融机构贷款、票据承兑、信用证、保函等，给银行或者其他金融机构造成重大损失或者有其他严重情节的，处三年以下有期徒刑或者拘役，并处或者单处罚金；给银行或者其他金融机构造成特别重大损失或者有其他特别严重情节的，处三年以上七年以下有期徒刑，并处罚金。

"单位犯前款罪的，对单位判处罚金，并对其直接负责的主管人员和其他直接责任人员，依照前款的规定处罚。"

十一、将刑法第一百八十二条修改为："有下列情形之一，操纵证券、期货市场，情节严重的，处五年以下有期徒刑或者拘役，并处或者单处罚金；情节特别严重的，处五年以上十年以下有期徒刑，并处罚金：

"（一）单独或者合谋，集中资金优势、持股或者持仓优势或者利用信息优势联合或者连续买卖，操纵证券、期货交易价格或者证券、期货交易量的；

"（二）与他人串通，以事先约定的时间、价格和方式相互进行证券、期货交易，影响证券、期货交易价格或者证券、期货交易量的；

"（三）在自己实际控制的帐户之间进行证券交易，或者以自己为交易对象，自买自卖期货合约，影响证券、期货交易价格或者证券、期货交易量的；

"（四）以其他方法操纵证券、期货市场的。

"单位犯前款罪的，对单位判处罚金，并对其直接负责的主管人员和其他直接责任人员，依照前款的规定处罚。"

十二、在刑法第一百八十五条后增加一条，作为第一百八十五条之一："商业银行、证券交易所、期货交易所、证券公司、期货经纪公司、保险公司或者其他金融机构，违背受托义务，擅自运用客户资金或者其他委托、信托的财产，情节严重的，对单位判处罚金，并对其直接负责的主管人员和其他直接责任人员，处三年以下有期徒刑或者拘役，并处三万元以上三十万元以下罚金；情节特别严重的，处三年以上十年以下有期徒刑，并处五万元以上五十万元以下罚金。

"社会保障基金管理机构、住房公积金管理机构等公众资金管理机构，以及保险公司、保险资产管理公司、证券投资基金管理公司，违反国家规定运用资金的，对其直接负责的主管人员和其他直接责任人员，依照前款的规定处罚。"

十三、将刑法第一百八十六条第一款、第二款修改为："银行或者其他金融机构的工作人员违反国家规定发放贷款，数额巨大或者造成重大损失的，处五年以下有期徒刑或者拘役，并处一万元以上十万元以下罚金；数额特别巨大或者造成特别重大损失的，处五年以上有期徒刑，并处二万元以上二十万元以下罚金。

"银行或者其他金融机构的工作人员违反国家规定,向关系人发放贷款的,依照前款的规定从重处罚。"

十四、将刑法第一百八十七条第一款修改为:"银行或者其他金融机构的工作人员吸收客户资金不入帐,数额巨大或者造成重大损失的,处五年以下有期徒刑或者拘役,并处二万元以上二十万元以下罚金;数额特别巨大或者造成特别重大损失的,处五年以上有期徒刑,并处五万元以上五十万元以下罚金。"

十五、将刑法第一百八十八条第一款修改为:"银行或者其他金融机构的工作人员违反规定,为他人出具信用证或者其他保函、票据、存单、资信证明,情节严重的,处五年以下有期徒刑或者拘役;情节特别严重的,处五年以上有期徒刑。"

十六、将刑法第一百九十一条第一款修改为:"明知是毒品犯罪、黑社会性质的组织犯罪、恐怖活动犯罪、走私犯罪、贪污贿赂犯罪、破坏金融管理秩序犯罪、金融诈骗犯罪的所得及其产生的收益,为掩饰、隐瞒其来源和性质,有下列行为之一的,没收实施以上犯罪的所得及其产生的收益,处五年以下有期徒刑或者拘役,并处或者单处洗钱数额百分之五以上百分之二十以下罚金;情节严重的,处五年以上十年以下有期徒刑,并处洗钱数额百分之五以上百分之二十以下罚金:

"(一)提供资金帐户的;

"(二)协助将财产转换为现金、金融票据、有价证券的;

"(三)通过转帐或者其他结算方式协助资金转移的;

"(四)协助将资金汇往境外的;

"(五)以其他方法掩饰、隐瞒犯罪所得及其收益的来源和性质的。"

十七、在刑法第二百六十二条后增加一条,作为第二百六十二条之一:"以暴力、胁迫手段组织残疾人或者不满十四周岁的未成年人乞讨的,处三年以下有期徒刑或者拘役,并处罚金;情节严重的,处三年以上七年以下有期徒刑,并处罚金。"

十八、将刑法第三百零三条修改为:"以营利为目的,聚众赌博或者以赌博为业的,处三年以下有期徒刑、拘役或者管制,并处罚金。

"开设赌场的,处三年以下有期徒刑、拘役或者管制,并处罚金;情节严重的,处三年以上十年以下有期徒刑,并处罚金。"

十九、将刑法第三百一十二条修改为:"明知是犯罪所得及其产生的收益而予以窝藏、转移、收购、代为销售或者以其他方法掩饰、隐瞒的,处三年以下有期徒刑、拘役或者管制,并处或者单处罚金;情节严重的,处三年以上七年以下有期徒刑,并处罚金。"

二十、在刑法第三百九十九条后增加一条,作为第三百九十九条之一:"依法承担仲裁职责的人员,在仲裁活动中故意违背事实和法律作枉法裁决,情节严重的,处三年以下有期徒刑或者拘役;情节特别严重的,处三年以上七年以下有期徒刑。"

二十一、本修正案自公布之日起施行。

# 中华人民共和国刑法修正案(七)

(2009年2月28日第十一届全国人民代表大会常务委员会第七次会议通过 2009年2月28日中华人民共和国主席令第十号公布 自公布之日起施行)

一、将刑法第一百五十一条第三款修改为:"走私珍稀植物及其制品等国家禁止进出口的其他货物、物品的,处五年以下有期徒刑或者拘役,并处或者单处罚金;情节严重的,处五年以上有期徒刑,并处罚金。"

二、将刑法第一百八十条第一款修改为:"证券、期货交易内幕信息的知情人员或者非法获取证券、期货交易内幕信息的人员,在涉及证券的发行,证券、期货交易或者其他对证券、期货交易价格有重大影响的信息尚未公开前,买入或者卖出该证券,或者从事与该内幕信息有关的期货交易,或者泄露该信息,或者明示、暗示他人从事上述交易活动,情节严重的,处五年以下有期徒刑或者拘役,并处或者单处违法所得一倍以上五倍以下罚金;情节特别严重的,处五年以上十年以下有期徒刑,并处违法所得一倍以上五倍以下罚金。"

增加一款作为第四款:"证券交易所、期货交易所、证券公司、期货经纪公司、基金管理公司、商业银行、保险公司等金融机构的从业人员以及有关监管部门或者行业协会的工作人员,利用因职务便利获取的内幕信息以外的其他未公开的信息,违反规定,从事与该信息相关的证券、期货交易活动,或者明示、暗示他人从事相关交易活动,情节严重的,依照第一款的规定处罚。"

三、将刑法第二百零一条修改为:"纳税人采取欺骗、隐瞒手段进行虚假纳税申报或者不申报,逃避缴纳税款数额较大并且占应纳税额百分之十以上的,处三年以下有期徒刑或者拘役,并处罚金;数额巨大并且占应纳税额百分之三十以上的,处三年以上七年以下有期徒刑,并处罚金。

"扣缴义务人采取前款所列手段,不缴或者少缴已扣、已收税款,数额较大的,依照前款的规定处罚。

"对多次实施前两款行为,未经处理的,按照累计数额计算。

"有第一款行为,经税务机关依法下达追缴通知后,补缴应纳税款,缴纳滞纳金,已受行政处罚的,不予追究刑事责任;但是,五年内因逃避缴纳税款受过刑事处罚或者被税务机关给予二次以上行政处罚的除外。"

四、在刑法第二百二十四条后增加一条,作为第二百二十四条之一:"组织、领导以推销商品、提供服务等经营活动为名,要求参加者以缴纳费用或者购买商品、服务等方式获得加入资格,并按照一定顺序组成层级,直接或者间接以发展人员的数量作为计酬或者返利依据,引诱、胁迫参加者继续发展他人参加,骗取财物,扰乱经济社会秩序的传销活动的,处五年以下有期徒刑或者拘役,并处罚金;情节严重的,处五年以上有期徒刑,并处罚金。"

五、将刑法第二百二十五条第三项修改为:"未经国家有关主管部门批准非法经营证券、期货、保险业务的,或者非法从事资金支付结算业务的;"

六、将刑法第二百三十九条修改为:"以勒索财物为目的绑架他人的,或者绑架他人作为人质的,处十年以上有期徒刑或者无期徒刑,并处罚金或者没收财产;情节较轻的,处五年以上十年以下有期徒刑,并处罚金。

"犯前款罪,致使被绑架人死亡或者杀害被绑架人的,处死刑,并处没收财产。

"以勒索财物为目的偷盗婴幼儿的,依照前两款的规定处罚。"

七、在刑法第二百五十三条后增加一条,作为第二百五十三条之一:"国家机关或者金融、电信、交通、教育、医疗等单位的工作人员,违反国家规定,将本单位在履行职责或者提供服务过程中获得的公民个人信息,出售或者非法提供给他人,情节严重的,处三年以下有期徒刑或者拘役,并处或者单处罚金。

"窃取或者以其他方法非法获取上述信息,情节严重的,依照前款的规定处罚。

"单位犯前两款罪的,对单位判处罚金,并对其直接负责的主管人员和其他直接责任人员,依照各该款的规定处罚。"

八、在刑法第二百六十二条之一后增加一条,作为第二百六十二条之二:"组织未成年人进行盗窃、诈骗、抢夺、敲诈勒索等违反治安管理活动的,处三年以下有期徒刑或者拘役,并处罚金;情节严重的,处三年以上七年以下有期徒刑,并处罚金。"

九、在刑法第二百八十五条中增加两款作为第二款、第三款："违反国家规定,侵入前款规定以外的计算机信息系统或者采用其他技术手段,获取该计算机信息系统中存储、处理或者传输的数据,或者对该计算机信息系统实施非法控制,情节严重的,处三年以下有期徒刑或者拘役,并处或者单处罚金;情节特别严重的,处三年以上七年以下有期徒刑,并处罚金。

"提供专门用于侵入、非法控制计算机信息系统的程序、工具,或者明知他人实施侵入、非法控制计算机信息系统的违法犯罪行为而为其提供程序、工具,情节严重的,依照前款的规定处罚。"

十、在刑法第三百一十二条中增加一款作为第二款："单位犯前款罪的,对单位判处罚金,并对其直接负责的主管人员和其他直接责任人员,依照前款的规定处罚。"

十一、将刑法第三百三十七条第一款修改为："违反有关动植物防疫、检疫的国家规定,引起重大动植物疫情的,或者有引起重大动植物疫情危险,情节严重的,处三年以下有期徒刑或者拘役,并处或者单处罚金。"

十二、将刑法第三百七十五条第二款修改为："非法生产、买卖武装部队制式服装,情节严重的,处三年以下有期徒刑、拘役或者管制,并处或者单处罚金。"

增加一款作为第三款："伪造、盗窃、买卖或者非法提供、使用武装部队车辆号牌等专用标志,情节严重的,处三年以下有期徒刑、拘役或者管制,并处或者单处罚金;情节特别严重的,处三年以上七年以下有期徒刑,并处罚金。"

原第三款作为第四款,修改为："单位犯第二款、第三款罪的,对单位判处罚金,并对其直接负责的主管人员和其他直接责任人员,依照各该款的规定处罚。"

十三、在刑法第三百八十八条后增加一条作为第三百八十八条之一："国家工作人员的近亲属或者其他与该国家工作人员关系密切的人,通过该国家工作人员职务上的行为,或者利用该国家工作人员职权或者地位形成的便利条件,通过其他国家工作人员职务上的行为,为请托人谋取不正当利益,索取请托人财物或者收受请托人财物,数额较大或者有其他较重情节的,处三年以下有期徒刑或者拘役,并处罚金;数额巨大或者有其他严重情节的,处三年以上七年以下有期徒刑,并处罚金;数额特别巨大或者有其他特别严重情节的,处七年以上有期徒刑,并处罚金或者没收财产。

"离职的国家工作人员或者其近亲属以及其他与其关系密切的人,利用该离职的国家工作人员原职权或者地位形成的便利条件实施前款行为的,依照前款的规定定罪处罚。"

十四、将刑法第三百九十五条第一款修改为:"国家工作人员的财产、支出明显超过合法收入,差额巨大的,可以责令该国家工作人员说明来源,不能说明来源的,差额部分以非法所得论,处五年以下有期徒刑或者拘役;差额特别巨大的,处五年以上十年以下有期徒刑。财产的差额部分予以追缴。"

十五、本修正案自公布之日起施行。

# 中华人民共和国刑法修正案(八)

(2011年2月25日第十一届全国人民代表大会常务委员会第十九次会议通过 2011年2月25日中华人民共和国主席令第四十一号公布 自2011年5月1日起施行)

一、在刑法第十七条后增加一条,作为第十七条之一:"已满七十五周岁的人故意犯罪的,可以从轻或者减轻处罚;过失犯罪的,应当从轻或者减轻处罚。"

二、在刑法第三十八条中增加一款作为第二款:"判处管制,可以根据犯罪情况,同时禁止犯罪分子在执行期间从事特定活动,进入特定区域、场所,接触特定的人。"

原第二款作为第三款,修改为:"对判处管制的犯罪分子,依法实行社区矫正。"

增加一款作为第四款:"违反第二款规定的禁止令的,由公安机关依照《中华人民共和国治安管理处罚法》的规定处罚。"

三、在刑法第四十九条中增加一款作为第二款:"审判的时候已满七十五周岁的人,不适用死刑,但以特别残忍手段致人死亡的除外。"

四、将刑法第五十条修改为:"判处死刑缓期执行的,在死刑缓期执行期间,如果没有故意犯罪,二年期满以后,减为无期徒刑;如果确有重大立功表现,二年期满以后,减为二十五年有期徒刑;如果故意犯罪,查证属实的,由最高人民法院核准,执行死刑。

"对被判处死刑缓期执行的累犯以及因故意杀人、强奸、抢劫、绑架、放火、爆炸、投放危险物质或者有组织的暴力性犯罪被判处死刑缓期执行的犯罪分子,人民法院根据犯罪情节等情况可以同时决定对其限制减刑。"

五、将刑法第六十三条第一款修改为:"犯罪分子具有本法规定的减轻处罚情节的,应当在法定刑以下判处刑罚;本法规定有数个量刑幅度的,应当在法定量刑幅度的下一个量刑幅度内判处刑罚。"

六、将刑法第六十五条第一款修改为:"被判处有期徒刑以上刑罚的犯罪分子,刑罚执行完毕或者赦免以后,在五年以内再犯应当判处有期徒刑以上刑罚之罪的,是累犯,应当从重处罚,但是过失犯罪和不满十八周岁的人犯罪的除外。"

七、将刑法第六十六条修改为:"危害国家安全犯罪、恐怖活动犯罪、黑社会性质的组织犯罪的犯罪分子,在刑罚执行完毕或者赦免以后,在任何时候再犯上述任一类罪的,都以累犯论处。"

八、在刑法第六十七条中增加一款作为第三款:"犯罪嫌疑人虽不具有前两款规定的自首情节,但是如实供述自己罪行的,可以从轻处罚;因其如实供述自己罪行,避免特别严重后果发生的,可以减轻处罚。"

九、删去刑法第六十八条第二款。

十、将刑法第六十九条修改为:"判决宣告以前一人犯数罪的,除判处死刑和无期徒刑的以外,应当在总和刑期以下、数刑中最高刑期以上,酌情决定执行的刑期,但是管制最高不能超过三年,拘役最高不能超过一年,有期徒刑总和刑期不满三十五年的,最高不能超过二十年,总和刑期在三十五年以上的,最高不能超过二十五年。

"数罪中有判处附加刑的,附加刑仍须执行,其中附加刑种类相同的,合并执行,种类不同的,分别执行。"

十一、将刑法第七十二条修改为:"对于被判处拘役、三年以下有期徒刑的犯罪分子,同时符合下列条件的,可以宣告缓刑,对其中不满十八周岁的人、怀孕的妇女和已满七十五周岁的人,应当宣告缓刑:

"(一)犯罪情节较轻;

"(二)有悔罪表现;

"(三)没有再犯罪的危险;

"(四)宣告缓刑对所居住社区没有重大不良影响。

"宣告缓刑,可以根据犯罪情况,同时禁止犯罪分子在缓刑考验期限内从事特定活动,进入特定区域、场所,接触特定的人。

"被宣告缓刑的犯罪分子,如果被判处附加刑,附加刑仍须执行。"

十二、将刑法第七十四条修改为:"对于累犯和犯罪集团的首要分子,不适用缓刑。"

十三、将刑法第七十六条修改为:"对宣告缓刑的犯罪分子,在缓刑考验期限内,依法实行社区矫正,如果没有本法第七十七条规定的情形,缓刑考验期满,原判的刑罚就不再执行,并公开予以宣告。"

十四、将刑法第七十七条第二款修改为:"被宣告缓刑的犯罪分子,在缓刑考验期限内,违反法律、行政法规或者国务院有关部门关于缓刑的监督管理规定,或者违反人民法院判决中的禁止令,情节严重的,应当撤销缓刑,执行原判刑罚。"

十五、将刑法第七十八条第二款修改为:"减刑以后实际执行的刑期不能少于下列期限:

"(一)判处管制、拘役、有期徒刑的,不能少于原判刑期的二分之一;

"(二)判处无期徒刑的,不能少于十三年;

"(三)人民法院依照本法第五十条第二款规定限制减刑的死刑缓期执行的犯罪分子,缓期执行期满后依法减为无期徒刑的,不能少于二十五年,缓期执行期满后依法减为二十五年有期徒刑的,不能少于二十年。"

十六、将刑法第八十一条修改为:"被判处有期徒刑的犯罪分子,执行原判刑期二分之一以上,被判处无期徒刑的犯罪分子,实际执行十三年以上,如果认真遵守监规,接受教育改造,确有悔改表现,没有再犯罪的危险的,可以假释。如果有特殊情况,经最高人民法院核准,可以不受上述执行刑期的限制。

"对累犯以及因故意杀人、强奸、抢劫、绑架、放火、爆炸、投放危险物质或者有组织的暴力性犯罪被判处十年以上有期徒刑、无期徒刑的犯罪分子,不得假释。

"对犯罪分子决定假释时,应当考虑其假释后对所居住社区的影响。"

十七、将刑法第八十五条修改为:"对假释的犯罪分子,在假释考验期限内,依法实行社区矫正,如果没有本法第八十六条规定的情形,假释考验期满,就认为原判刑罚已经执行完毕,并公开予以宣告。"

十八、将刑法第八十六条第二款修改为:"被假释的犯罪分子,在假释考验期限内,有违反法律、行政法规或者国务院有关部门关于假释的监督管理规定的行为,尚未构成新的犯罪的,应当依照法定程序撤销假释,收监执行未执行完毕的刑罚。"

十九、在刑法第一百条中增加一款作为第二款:"犯罪的时候不满十八周岁被判处五年有期徒刑以下刑罚的人,免除前款规定的报告义务。"

二十、将刑法第一百零七条修改为:"境内外机构、组织或者个人资助实施本章第一百零二条、第一百零三条、第一百零四条、第一百零五条规定之罪的,对直接责任人员,处五年以下有期徒刑、拘役、管制或者剥夺政治权利;情节严重的,处五年以上有期徒刑。"

二十一、将刑法第一百零九条修改为:"国家机关工作人员在履行公务期间,擅离岗位,叛逃境外或者在境外叛逃的,处五年以下有期徒刑、拘役、管制或者剥夺政治权利;情节严重的,处五年以上十年以下有期徒刑。

"掌握国家秘密的国家工作人员叛逃境外或者在境外叛逃的,依照前款的规定从重处罚。"

二十二、在刑法第一百三十三条后增加一条,作为第一百三十三条之一:"在道路上驾驶机动车追逐竞驶,情节恶劣的,或者在道路上醉酒驾驶机动车的,处拘役,并处罚金。

"有前款行为,同时构成其他犯罪的,依照处罚较重的规定定罪处罚。"

二十三、将刑法第一百四十一条第一款修改为:"生产、销售假药的,处三年以下有期徒刑或者拘役,并处罚金;对人体健康造成严重危害或者有其他严重情节的,处三年以上十年以下有期徒刑,并处罚金;致人死亡或者有其他特别严重情节的,处十年以上有期徒刑、无期徒刑或者死刑,并处罚金或者没收财产。"

二十四、将刑法第一百四十三条修改为:"生产、销售不符合食品安全标准的食品,足以造成严重食物中毒事故或者其他严重食源性疾病的,处三年以下有期徒刑或者拘役,并处罚金;对人体健康造成严重危害或者有其他严重情节的,处三年以上七年以下有期徒刑,并处罚金;后果特别严重的,处七年以上有期徒刑或者无期徒刑,并处罚金或者没收财产。"

二十五、将刑法第一百四十四条修改为:"在生产、销售的食品中掺入有毒、有害的非食品原料的,或者销售明知掺有有毒、有害的非食品原料的食品的,处五年以下有期徒刑,并处罚金;对人体健康造成严重危害或者有其他严重情节的,处五年以上十年以下有期徒刑,并处罚金;致人死亡或者有其他特别严重情节的,依照本法第一百四十一条的规定处罚。"

二十六、将刑法第一百五十一条修改为:"走私武器、弹药、核材料或者伪造的货币的,处七年以上有期徒刑,并处罚金或者没收财产;情节特别严重的,处无期徒刑或者死刑,并处没收财产;情节较轻的,处三年以上七年以下有期徒刑,并处罚金。

"走私国家禁止出口的文物、黄金、白银和其他贵重金属或者国家禁止进出口的珍贵动物及其制品的,处五年以上十年以下有期徒刑,并处罚金;情节特别严重的,处十年以上有期徒刑或者无期徒刑,并处没收财产;情节较轻的,处五年以下有期徒刑,并处罚金。

"走私珍稀植物及其制品等国家禁止进出口的其他货物、物品的,处五年以下有期徒刑或者拘役,并处或者单处罚金;情节严重的,处五年以上有期徒刑,并处罚金。

"单位犯本条规定之罪的,对单位判处罚金,并对其直接负责的主管人员和其他直接责任人员,依照本条各款的规定处罚。"

二十七、将刑法第一百五十三条第一款修改为:"走私本法第一百五十一条、第一百五十二条、第三百四十七条规定以外的货物、物品的,根据情节轻重,分别依照下列规定处罚:

"(一)走私货物、物品偷逃应缴税额较大或者一年内曾因走私被给予二次行政处罚后又走私的,处三年以下有期徒刑或者拘役,并处偷逃应缴税额一倍以上五倍以下罚金。

"(二)走私货物、物品偷逃应缴税额巨大或者有其他严重情节的,处二年以上十年以下有期徒刑,并处偷逃应缴税额一倍以上五倍以下罚金。

"(三)走私货物、物品偷逃应缴税额特别巨大或者有其他特别严重情节的,处十年以上有期徒刑或者无期徒刑,并处偷逃应缴税额一倍以上五倍以下罚金或者没收财产。"

二十八、将刑法第一百五十七条第一款修改为:"武装掩护走私的,依照本法第一百五十一条第一款的规定从重处罚。"

二十九、将刑法第一百六十四条修改为:"为谋取不正当利益,给予公司、企业或者其他单位的工作人员以财物,数额较大的,处三年以下有期徒刑或者拘役;数额巨大的,处二年以上十年以下有期徒刑,并处罚金。

"为谋取不正当商业利益,给予外国公职人员或者国际公共组织官员以财物的,依照前款的规定处罚。

"单位犯前两款罪的,对单位判处罚金,并对其直接负责的主管人员和其他直接责任人员,依照第一款的规定处罚。

"行贿人在被追诉前主动交待行贿行为的,可以减轻处罚或者免除处罚。"

三十、将刑法第一百九十九条修改为:"犯本节第一百九十二条规定之罪,数额特别巨大并且给国家和人民利益造成特别重大损失的,处无期徒刑或者死刑,并处没收财产。"

三十一、将刑法第二百条修改为:"单位犯本节第一百九十二条、第一百九十四条、第一百九十五条规定之罪的,对单位判处罚金,并对其直接负责的主管人员和其他直接责任人员,处五年以下有期徒刑或者拘役,可以并处罚金;数额巨大或者有其他严重情节的,处五年以上十年以下有期徒刑,并处罚金;数额特别巨大或者有其他特别严重情节的,处十年以上有期徒刑或者无期徒刑,并处罚金。"

三十二、删去刑法第二百零五条第二款。

三十三、在刑法第二百零五条后增加一条,作为第二百零五条之一:"虚开本法第二百零五条规定以外的其他发票,情节严重的,处二年以下有期徒刑、拘役或者管制,并处罚金;情节特别严重的,处二年以上七年以下有期徒刑,并处罚金。

"单位犯前款罪的,对单位判处罚金,并对其直接负责的主管人员和其他直接责任人员,依照前款的规定处罚。"

三十四、删去刑法第二百零六条第二款。

三十五、在刑法第二百一十条后增加一条,作为第二百一十条之一:"明知是伪造的发票而持有,数量较大的,处二年以下有期徒刑、拘役或者管制,并处罚金;数量巨大的,处二年以上七年以下有期徒刑,并处罚金。

"单位犯前款罪的,对单位判处罚金,并对其直接负责的主管人员和其他直接责任人员,依照前款的规定处罚。"

三十六、将刑法第二百二十六条修改为:"以暴力、威胁手段,实施下列行为之一,情节严重的,处三年以下有期徒刑或者拘役,并处或者单处罚金;情节特别严重的,处三年以上七年以下有期徒刑,并处罚金:

"(一)强买强卖商品的;

"(二)强迫他人提供或者接受服务的;

"(三)强迫他人参与或者退出投标、拍卖的;

"(四)强迫他人转让或者收购公司、企业的股份、债券或者其他资产的;

"(五)强迫他人参与或者退出特定的经营活动的。"

三十七、在刑法第二百三十四条后增加一条,作为第二百三十四条之一:"组织他人出卖人体器官的,处五年以下有期徒刑,并处罚金;情节严重的,处五年以上有期徒刑,并处罚金或者没收财产。

"未经本人同意摘取其器官,或者摘取不满十八周岁的人的器官,或者强迫、欺骗他人捐献器官的,依照本法第二百三十四条、第二百三十二条的规定定罪处罚。

"违背本人生前意愿摘取其尸体器官,或者本人生前未表示同意,违反国家规定,违背其近亲属意愿摘取其尸体器官的,依照本法第三百零二条的规定定罪处罚。"

三十八、将刑法第二百四十四条修改为:"以暴力、威胁或者限制人身自由的方法强迫他人劳动的,处三年以下有期徒刑或者拘役,并处罚金;情节严重的,处三年以上十年以下有期徒刑,并处罚金。

"明知他人实施前款行为,为其招募、运送人员或者有其他协助强迫他人劳动行为的,依照前款的规定处罚。

"单位犯前两款罪的,对单位判处罚金,并对其直接负责的主管人员和其他直接责任人员,依照第一款的规定处罚。"

三十九、将刑法第二百六十四条修改为:"盗窃公私财物,数额较大的,或者多次盗窃、入户盗窃、携带凶器盗窃、扒窃的,处三年以下有期徒刑、拘役或者管制,并处或者单处罚金;数额巨大或者有其他严重情节的,处三年以上十年以下有期徒刑,并处罚金;数额特别巨大或者有其他特别严重情节的,处十年以上有期徒刑或者无期徒刑,并处罚金或者没收财产。"

四十、将刑法第二百七十四条修改为:"敲诈勒索公私财物,数额较大或者多次敲诈勒索的,处三年以下有期徒刑、拘役或者管制,并处或者单处罚金;数额巨大或者有其他严重情节的,处三年以上十年以下有期徒刑,并处罚金;数额特别巨大或者有其他特别严重情节的,处十年以上有期徒刑,并处罚金。"

四十一、在刑法第二百七十六条后增加一条,作为第二百七十六条之一:"以转移财产、逃匿等方法逃避支付劳动者的劳动报酬或者有能力支付而不支付劳动者的劳动报酬,数额较大,经政府有关部门责令支付仍不支付的,处三年以下有期徒刑或者拘役,并处或者单处罚金;造成严重后果的,处三年以上七年以下有期徒刑,并处罚金。

"单位犯前款罪的,对单位判处罚金,并对其直接负责的主管人员和其他直接责任人员,依照前款的规定处罚。

"有前两款行为,尚未造成严重后果,在提起公诉前支付劳动者的劳动报酬,并依法承担相应赔偿责任的,可以减轻或者免除处罚。"

四十二、将刑法第二百九十三条修改为:"有下列寻衅滋事行为之一,破坏社会秩序的,处五年以下有期徒刑、拘役或者管制:

"(一)随意殴打他人,情节恶劣的;

"(二)追逐、拦截、辱骂、恐吓他人,情节恶劣的;

"(三)强拿硬要或者任意损毁、占用公私财物,情节严重的;

"(四)在公共场所起哄闹事,造成公共场所秩序严重混乱的。

"纠集他人多次实施前款行为,严重破坏社会秩序的,处五年以上十年以下有期徒刑,可以并处罚金。"

四十三、将刑法第二百九十四条修改为:"组织、领导黑社会性质的组织的,处七年以上有期徒刑,并处没收财产;积极参加的,处三年以上七年以下有期徒刑,可以并处罚金或者没收财产;其他参加的,处三年以下有期徒刑、拘役、管制或者剥夺政治权利,可以并处罚金。

"境外的黑社会组织的人员到中华人民共和国境内发展组织成员的,处三年以上十年以下有期徒刑。

"国家机关工作人员包庇黑社会性质的组织,或者纵容黑社会性质的组织进行违法犯罪活动的,处五年以下有期徒刑;情节严重的,处五年以上有期徒刑。

"犯前三款罪又有其他犯罪行为的,依照数罪并罚的规定处罚。

"黑社会性质的组织应当同时具备以下特征:

"(一)形成较稳定的犯罪组织,人数较多,有明确的组织者、领导者,骨干成员基本固定;

"(二)有组织地通过违法犯罪活动或者其他手段获取经济利益,具有一定的经济实力,以支持该组织的活动;

"(三)以暴力、威胁或者其他手段,有组织地多次进行违法犯罪活动,为非作恶,欺压、残害群众;

"(四)通过实施违法犯罪活动,或者利用国家工作人员的包庇或者纵容,称霸一方,在一定区域或者行业内,形成非法控制或者重大影响,严重破坏经济、社会生活秩序。"

四十四、将刑法第二百九十五条修改为:"传授犯罪方法的,处五年以下有期徒刑、拘役或者管制;情节严重的,处五年以上十年以下有期徒刑;情节特别严重的,处十年以上有期徒刑或者无期徒刑。"

四十五、将刑法第三百二十八条第一款修改为:"盗掘具有历史、艺术、科学价值的古文化遗址、古墓葬的,处三年以上十年以下有期徒刑,并处罚金;情节较轻的,处三年以下有期徒刑、拘役或者管制,并处罚金;有下列情形之一的,处十年以上有期徒刑或者无期徒刑,并处罚金或者没收财产:

"(一)盗掘确定为全国重点文物保护单位和省级文物保护单位的古文化遗址、古墓葬的;

"(二)盗掘古文化遗址、古墓葬集团的首要分子;

"(三)多次盗掘古文化遗址、古墓葬的;

"(四)盗掘古文化遗址、古墓葬,并盗窃珍贵文物或者造成珍贵文物严重破坏的。"

四十六、将刑法第三百三十八条修改为:"违反国家规定,排放、倾倒或者处置有放射性的废物、含传染病病原体的废物、有毒物质或者其他有害物质,严重污染环境的，处三年以下有期徒刑或者拘役，并处或者单处罚金；后果特别严重的，处三年以上七年以下有期徒刑，并处罚金。"

四十七、将刑法第三百四十三条第一款修改为："违反矿产资源法的规定，未取得采矿许可证擅自采矿，擅自进入国家规划矿区、对国民经济具有重要价值的矿区和他人矿区范围采矿，或者擅自开采国家规定实行保护性开采的特定矿种，情节严重的，处三年以下有期徒刑、拘役或者管制，并处或者单处罚金；情节特别严重的，处三年以上七年以下有期徒刑，并处罚金。"

四十八、将刑法第三百五十八条第三款修改为："为组织卖淫的人招募、运送人员或者有其他协助组织他人卖淫行为的，处五年以下有期徒刑，并处罚金；情节严重的，处五年以上十年以下有期徒刑，并处罚金。"

四十九、在刑法第四百零八条后增加一条，作为第四百零八条之一："负有食品安全监督管理职责的国家机关工作人员，滥用职权或者玩忽职守，导致发生重大食品安全事故或者造成其他严重后果的，处五年以下有期徒刑或者拘役；造成特别严重后果的，处五年以上十年以下有期徒刑。

"徇私舞弊犯前款罪的，从重处罚。"

五十、本修正案自2011年5月1日起施行。

# 中华人民共和国刑法修正案（九）

（2015年8月29日第十二届全国人民代表大会常务委员会第十六次会议通过　2015年8月29日中华人民共和国主席令第三十号公布　自2015年11月1日起施行）

一、在刑法第三十七条后增加一条，作为第三十七条之一："因利用职业便利实施犯罪，或者实施违背职业要求的特定义务的犯罪被判处刑罚的，人民法院可以根据犯罪情况和预防再犯罪的需要，禁止其自刑罚执行完毕之日或者假释之日起从事相关职业，期限为三年至五年。

"被禁止从事相关职业的人违反人民法院依照前款规定作出的决定的，由公安机关依法给予处罚；情节严重的，依照本法第三百一十三条的规定定罪处罚。

"其他法律、行政法规对其从事相关职业另有禁止或者限制性规定的，从其规定。"

二、将刑法第五十条第一款修改为:"判处死刑缓期执行的,在死刑缓期执行期间,如果没有故意犯罪,二年期满以后,减为无期徒刑;如果确有重大立功表现,二年期满以后,减为二十五年有期徒刑;如果故意犯罪,情节恶劣的,报请最高人民法院核准后执行死刑;对于故意犯罪未执行死刑的,死刑缓期执行的期间重新计算,并报最高人民法院备案。"

三、将刑法第五十三条修改为:"罚金在判决指定的期限内一次或者分期缴纳。期满不缴纳的,强制缴纳。对于不能全部缴纳罚金的,人民法院在任何时候发现被执行人有可以执行的财产,应当随时追缴。

"由于遭遇不能抗拒的灾祸等原因缴纳确实有困难的,经人民法院裁定,可以延期缴纳、酌情减少或者免除。"

四、在刑法第六十九条中增加一款作为第二款:"数罪中有判处有期徒刑和拘役的,执行有期徒刑。数罪中有判处有期徒刑和管制,或者拘役和管制的,有期徒刑、拘役执行完毕后,管制仍须执行。"

原第二款作为第三款。

五、将刑法第一百二十条修改为:"组织、领导恐怖活动组织的,处十年以上有期徒刑或者无期徒刑,并处没收财产;积极参加的,处三年以上十年以下有期徒刑,并处罚金;其他参加的,处三年以下有期徒刑、拘役、管制或者剥夺政治权利,可以并处罚金。

"犯前款罪并实施杀人、爆炸、绑架等犯罪的,依照数罪并罚的规定处罚。"

六、将刑法第一百二十条之一修改为:"资助恐怖活动组织、实施恐怖活动的个人的,或者资助恐怖活动培训的,处五年以下有期徒刑、拘役、管制或者剥夺政治权利,并处罚金;情节严重的,处五年以上有期徒刑,并处罚金或者没收财产。

"为恐怖活动组织、实施恐怖活动或者恐怖活动培训招募、运送人员的,依照前款的规定处罚。

"单位犯前两款罪的,对单位判处罚金,并对其直接负责的主管人员和其他直接责任人员,依照第一款的规定处罚。"

七、在刑法第一百二十条之一后增加五条,作为第一百二十条之二、第一百二十条之三、第一百二十条之四、第一百二十条之五、第一百二十条之六:

"第一百二十条之二 有下列情形之一的,处五年以下有期徒刑、拘役、管制或者剥夺政治权利,并处罚金;情节严重的,处五年以上有期徒刑,并处罚金或者没收财产:

"(一)为实施恐怖活动准备凶器、危险物品或者其他工具的;

"(二)组织恐怖活动培训或者积极参加恐怖活动培训的;

"(三)为实施恐怖活动与境外恐怖活动组织或者人员联络的;

"(四)为实施恐怖活动进行策划或者其他准备的。

"有前款行为,同时构成其他犯罪的,依照处罚较重的规定定罪处罚。

"第一百二十条之三 以制作、散发宣扬恐怖主义、极端主义的图书、音频视频资料或者其他物品,或者通过讲授、发布信息等方式宣扬恐怖主义、极端主义的,或者煽动实施恐怖活动的,处五年以下有期徒刑、拘役、管制或者剥夺政治权利,并处罚金;情节严重的,处五年以上有期徒刑,并处罚金或者没收财产。

"第一百二十条之四 利用极端主义煽动、胁迫群众破坏国家法律确立的婚姻、司法、教育、社会管理等制度实施的,处三年以下有期徒刑、拘役或者管制,并处罚金;情节严重的,处三年以上七年以下有期徒刑,并处罚金;情节特别严重的,处七年以上有期徒刑,并处罚金或者没收财产。

"第一百二十条之五 以暴力、胁迫等方式强制他人在公共场所穿着、佩戴宣扬恐怖主义、极端主义服饰、标志的,处三年以下有期徒刑、拘役或者管制,并处罚金。

"第一百二十条之六 明知是宣扬恐怖主义、极端主义的图书、音频视频资料或者其他物品而非法持有,情节严重的,处三年以下有期徒刑、拘役或者管制,并处或者单处罚金。"

八、将刑法第一百三十三条之一修改为:"在道路上驾驶机动车,有下列情形之一的,处拘役,并处罚金:

"(一)追逐竞驶,情节恶劣的;

"(二)醉酒驾驶机动车的;

"(三)从事校车业务或者旅客运输,严重超过额定乘员载客,或者严重超过规定时速行驶的;

"(四)违反危险化学品安全管理规定运输危险化学品,危及公共安全的。

"机动车所有人、管理人对前款第三项、第四项行为负有直接责任的,依照前款的规定处罚。

"有前两款行为,同时构成其他犯罪的,依照处罚较重的规定定罪处罚。"

九、将刑法第一百五十一条第一款修改为:"走私武器、弹药、核材料或者伪造的货币的,处七年以上有期徒刑,并处罚金或者没收财产;情节特别严重的,处无期徒刑,并处没收财产;情节较轻的,处三年以上七年以下有期徒刑,并处罚金。"

十、将刑法第一百六十四条第一款修改为:"为谋取不正当利益,给予公司、企业或者其他单位的工作人员以财物,数额较大的,处三年以下有期徒刑或者拘役,并处罚金;数额巨大的,处三年以上十年以下有期徒刑,并处罚金。"

十一、将刑法第一百七十条修改为:"伪造货币的,处三年以上十年以下有期徒刑,并处罚金;有下列情形之一的,处十年以上有期徒刑或者无期徒刑,并处罚金或者没收财产:

"(一)伪造货币集团的首要分子;

"(二)伪造货币数额特别巨大的;

"(三)有其他特别严重情节的。"

十二、删去刑法第一百九十九条。

十三、将刑法第二百三十七条修改为:"以暴力、胁迫或者其他方法强制猥亵他人或者侮辱妇女的,处五年以下有期徒刑或者拘役。

"聚众或者在公共场所当众犯前款罪的,或者有其他恶劣情节的,处五年以上有期徒刑。

"猥亵儿童的,依照前两款的规定从重处罚。"

十四、将刑法第二百三十九条第二款修改为:"犯前款罪,杀害被绑架人的,或者故意伤害被绑架人,致人重伤、死亡的,处无期徒刑或者死刑,并处没收财产。"

十五、将刑法第二百四十一条第六款修改为:"收买被拐卖的妇女、儿童,对被买儿童没有虐待行为,不阻碍对其进行解救的,可以从轻处罚;按照被买妇女的意愿,不阻碍其返回原居住地的,可以从轻或者减轻处罚。"

十六、在刑法第二百四十六条中增加一款作为第三款:"通过信息网络实施第一款规定的行为,被害人向人民法院告诉,但提供证据确有困难的,人民法院可以要求公安机关提供协助。"

十七、将刑法第二百五十三条之一修改为:"违反国家有关规定,向他人出售或者提供公民个人信息,情节严重的,处三年以下有期徒刑或者拘役,并处或者单处罚金;情节特别严重的,处三年以上七年以下有期徒刑,并处罚金。

"违反国家有关规定,将在履行职责或者提供服务过程中获得的公民个人信息,出售或者提供给他人的,依照前款的规定从重处罚。

"窃取或者以其他方法非法获取公民个人信息的,依照第一款的规定处罚。

"单位犯前三款罪的,对单位判处罚金,并对其直接负责的主管人员和其他直接责任人员,依照各该款的规定处罚。"

十八、将刑法第二百六十条第三款修改为:"第一款罪,告诉的才处理,但被害人没有能力告诉,或者因受到强制、威吓无法告诉的除外。"

十九、在刑法第二百六十条后增加一条,作为第二百六十条之一:"对未成年人、老年人、患病的人、残疾人等负有监护、看护职责的人虐待被监护、看护的人,情节恶劣的,处三年以下有期徒刑或者拘役。

"单位犯前款罪的,对单位判处罚金,并对其直接负责的主管人员和其他直接责任人员,依照前款的规定处罚。

"有第一款行为,同时构成其他犯罪的,依照处罚较重的规定定罪处罚。"

二十、将刑法第二百六十七条第一款修改为:"抢夺公私财物,数额较大的,或者多次抢夺的,处三年以下有期徒刑、拘役或者管制,并处或者单处罚金;数额巨大或者有其他严重情节的,处三年以上十年以下有期徒刑,并处罚金;数额特别巨大或者有其他特别严重情节的,处十年以上有期徒刑或者无期徒刑,并处罚金或者没收财产。"

二十一、在刑法第二百七十七条中增加一款作为第五款:"暴力袭击正在依法执行职务的人民警察的,依照第 款的规定从重处罚。"

二十二、将刑法第二百八十条修改为:"伪造、变造、买卖或者盗窃、抢夺、毁灭国家机关的公文、证件、印章的,处三年以下有期徒刑、拘役、管制或者剥夺政治权利,并处罚金;情节严重的,处三年以上十年以下有期徒刑,并处罚金。

"伪造公司、企业、事业单位、人民团体的印章的,处三年以下有期徒刑、拘役、管制或者剥夺政治权利,并处罚金。

"伪造、变造、买卖居民身份证、护照、社会保障卡、驾驶证等依法可以用于证明身份的证件的,处三年以下有期徒刑、拘役、管制或者剥夺政治权利,并处罚金;情节严重的,处三年以上七年以下有期徒刑,并处罚金。"

二十三、在刑法第二百八十条后增加一条作为第二百八十条之一:"在依照国家规定应当提供身份证明的活动中,使用伪造、变造的或者盗用他人的居民身份证、护照、社会保障卡、驾驶证等依法可以用于证明身份的证件,情节严重的,处拘役或者管制,并处或者单处罚金。

"有前款行为,同时构成其他犯罪的,依照处罚较重的规定定罪处罚。"

二十四、将刑法第二百八十三条修改为:"非法生产、销售专用间谍器材或者窃听、窃照专用器材的,处三年以下有期徒刑、拘役或者管制,并处或者单处罚金;情节严重的,处三年以上七年以下有期徒刑,并处罚金。

"单位犯前款罪的,对单位判处罚金,并对其直接负责的主管人员和其他直接责任人员,依照前款的规定处罚。"

二十五、在刑法第二百八十四条后增加 条,作为第二百八十四条之一:"在法律规定的国家考试中,组织作弊的,处三年以下有期徒刑或者拘役,并处或者单处罚金；情节严重的，处三年以上七年以下有期徒刑，并处罚金。

"为他人实施前款犯罪提供作弊器材或者其他帮助的，依照前款的规定处罚。

"为实施考试作弊行为，向他人非法出售或者提供第一款规定的考试的试题、答案的，依照第一款的规定处罚。

"代替他人或者让他人代替自己参加第一款规定的考试的，处拘役或者管制，并处或者单处罚金。"

二十六、在刑法第二百八十五条中增加一款作为第四款："单位犯前三款罪的，对单位判处罚金，并对其直接负责的主管人员和其他直接责任人员，依照各该款的规定处罚。"

二十七、在刑法第二百八十六条中增加一款作为第四款："单位犯前三款罪的，对单位判处罚金，并对其直接负责的主管人员和其他直接责任人员，依照第一款的规定处罚。"

二十八、在刑法第二百八十六条后增加一条，作为第二百八十六条之一："网络服务提供者不履行法律、行政法规规定的信息网络安全管理义务，经监管部门责令采取改正措施而拒不改正，有下列情形之一的，处三年以下有期徒刑、拘役或者管制，并处或者单处罚金：

"（一）致使违法信息大量传播的；

"（二）致使用户信息泄露，造成严重后果的；

"（三）致使刑事案件证据灭失，情节严重的；

"（四）有其他严重情节的。

"单位犯前款罪的，对单位判处罚金，并对其直接负责的主管人员和其他直接责任人员，依照前款的规定处罚。

"有前两款行为，同时构成其他犯罪的，依照处罚较重的规定定罪处罚。"

二十九、在刑法第二百八十七条后增加二条，作为第二百八十七条之一、第二百八十七条之二：

"第二百八十七条之一  利用信息网络实施下列行为之一，情节严重的，处三年以下有期徒刑或者拘役，并处或者单处罚金：

"（一）设立用于实施诈骗、传授犯罪方法、制作或者销售违禁物品、管制物品等违法犯罪活动的网站、通讯群组的；

"（二）发布有关制作或者销售毒品、枪支、淫秽物品等违禁物品、管制物品或者其他违法犯罪信息的；

"（三）为实施诈骗等违法犯罪活动发布信息的。

"单位犯前款罪的,对单位判处罚金,并对其直接负责的主管人员和其他直接责任人员,依照第一款的规定处罚。

"有前两款行为,同时构成其他犯罪的,依照处罚较重的规定定罪处罚。

"第二百八十七条之二　明知他人利用信息网络实施犯罪,为其犯罪提供互联网接入、服务器托管、网络存储、通讯传输等技术支持,或者提供广告推广、支付结算等帮助,情节严重的,处三年以下有期徒刑或者拘役,并处或者单处罚金。

"单位犯前款罪的,对单位判处罚金,并对其直接负责的主管人员和其他直接责任人员,依照第一款的规定处罚。

"有前两款行为,同时构成其他犯罪的,依照处罚较重的规定定罪处罚。"

三十、将刑法第二百八十八条第一款修改为:"违反国家规定,擅自设置、使用无线电台(站),或者擅自使用无线电频率,干扰无线电通讯秩序,情节严重的,处三年以下有期徒刑、拘役或者管制,并处或者单处罚金;情节特别严重的,处三年以上七年以下有期徒刑,并处罚金。"

三十一、将刑法第二百九十条第一款修改为:"聚众扰乱社会秩序,情节严重,致使工作、生产、营业和教学、科研、医疗无法进行,造成严重损失的,对首要分子,处三年以上七年以下有期徒刑;对其他积极参加的,处三年以下有期徒刑、拘役、管制或者剥夺政治权利。"

增加二款作为第三款、第四款:"多次扰乱国家机关工作秩序,经行政处罚后仍不改正,造成严重后果的,处三年以下有期徒刑、拘役或者管制。

"多次组织、资助他人非法聚集,扰乱社会秩序,情节严重的,依照前款的规定处罚。"

三十二、在刑法第二百九十一条之一中增加一款作为第二款:"编造虚假的险情、疫情、灾情、警情,在信息网络或者其他媒体上传播,或者明知是上述虚假信息,故意在信息网络或者其他媒体上传播,严重扰乱社会秩序的,处三年以下有期徒刑、拘役或者管制;造成严重后果的,处三年以上七年以下有期徒刑。"

三十三、将刑法第三百条修改为:"组织、利用会道门、邪教组织或者利用迷信破坏国家法律、行政法规实施的,处三年以上七年以下有期徒刑,并处罚金;情节特别严重的,处七年以上有期徒刑或者无期徒刑,并处罚金或者没收财产;情节较轻的,处三年以下有期徒刑、拘役、管制或者剥夺政治权利,并处或者单处罚金。

"组织、利用会道门、邪教组织或者利用迷信蒙骗他人,致人重伤、死亡的,依照前款的规定处罚。

"犯第一款罪又有奸淫妇女、诈骗财物等犯罪行为的,依照数罪并罚的规定处罚。"

三十四、将刑法第三百零二条修改为:"盗窃、侮辱、故意毁坏尸体、尸骨、骨灰的,处三年以下有期徒刑、拘役或者管制。"

三十五、在刑法第三百零七条后增加一条,作为第三百零七条之一:"以捏造的事实提起民事诉讼,妨害司法秩序或者严重侵害他人合法权益的,处三年以下有期徒刑、拘役或者管制,并处或者单处罚金;情节严重的,处三年以上七年以下有期徒刑,并处罚金。

"单位犯前款罪的,对单位判处罚金,并对其直接负责的主管人员和其他直接责任人员,依照前款的规定处罚。

"有第一款行为,非法占有他人财产或者逃避合法债务,又构成其他犯罪的,依照处罚较重的规定定罪从重处罚。

"司法工作人员利用职权,与他人共同实施前三款行为的,从重处罚;同时构成其他犯罪的,依照处罚较重的规定定罪从重处罚。"

三十六、在刑法第三百零八条后增加一条,作为第三百零八条之一:"司法工作人员、辩护人、诉讼代理人或者其他诉讼参与人,泄露依法不公开审理的案件中不应当公开的信息,造成信息公开传播或者其他严重后果的,处三年以下有期徒刑、拘役或者管制,并处或者单处罚金。

"有前款行为,泄露国家秘密的,依照本法第三百九十八条的规定定罪处罚。

"公开披露、报道第一款规定的案件信息,情节严重的,依照第一款的规定处罚。

"单位犯前款罪的,对单位判处罚金,并对其直接负责的主管人员和其他直接责任人员,依照第一款的规定处罚。"

三十七、将刑法第三百零九条修改为:"有下列扰乱法庭秩序情形之一的,处三年以下有期徒刑、拘役、管制或者罚金:

"(一)聚众哄闹、冲击法庭的;

"(二)殴打司法工作人员或者诉讼参与人的;

"(三)侮辱、诽谤、威胁司法工作人员或者诉讼参与人,不听法庭制止,严重扰乱法庭秩序的;

"(四)有毁坏法庭设施,抢夺、损毁诉讼文书、证据等扰乱法庭秩序行为,情节严重的。"

三十八、将刑法第三百一十一条修改为:"明知他人有间谍犯罪或者恐怖主义、极端主义犯罪行为,在司法机关向其调查有关情况、收集有关证据时,拒绝提供,情节严重的,处三年以下有期徒刑、拘役或者管制。"

三十九、将刑法第三百一十三条修改为:"对人民法院的判决、裁定有能力执行而拒不执行,情节严重的,处三年以下有期徒刑、拘役或者罚金;情节特别严重的,处三年以上七年以下有期徒刑,并处罚金。

"单位犯前款罪的,对单位判处罚金,并对其直接负责的主管人员和其他直接责任人员,依照前款的规定处罚。"

四十、将刑法第三百二十二条修改为:"违反国(边)境管理法规,偷越国(边)境,情节严重的,处一年以下有期徒刑、拘役或者管制,并处罚金;为参加恐怖活动组织、接受恐怖活动培训或者实施恐怖活动,偷越国(边)境的,处一年以上三年以下有期徒刑,并处罚金。"

四十一、将刑法第三百五十条第一款、第二款修改为:"违反国家规定,非法生产、买卖、运输醋酸酐、乙醚、三氯甲烷或者其他用于制造毒品的原料、配剂,或者携带上述物品进出境,情节较重的,处三年以下有期徒刑、拘役或者管制,并处罚金;情节严重的,处三年以上七年以下有期徒刑,并处罚金;情节特别严重的,处七年以上有期徒刑,并处罚金或者没收财产。

"明知他人制造毒品而为其生产、买卖、运输前款规定的物品的,以制造毒品罪的共犯论处。"

四十二、将刑法第三百五十八条修改为:"组织、强迫他人卖淫的,处五年以上十年以下有期徒刑,并处罚金;情节严重的,处十年以上有期徒刑或者无期徒刑,并处罚金或者没收财产。

"组织、强迫未成年人卖淫的,依照前款的规定从重处罚。

"犯前两款罪,并有杀害、伤害、强奸、绑架等犯罪行为的,依照数罪并罚的规定处罚。

"为组织卖淫的人招募、运送人员或者有其他协助组织他人卖淫行为的,处五年以下有期徒刑,并处罚金;情节严重的,处五年以上十年以下有期徒刑,并处罚金。"

四十三、删去刑法第三百六十条第二款。

四十四、将刑法第三百八十三条修改为:"对犯贪污罪的,根据情节轻重,分别依照下列规定处罚:

"(一)贪污数额较大或者有其他较重情节的,处三年以下有期徒刑或者拘役,并处罚金。

"(二)贪污数额巨大或者有其他严重情节的,处三年以上十年以下有期徒刑,并处罚金或者没收财产。

"(三)贪污数额特别巨大或者有其他特别严重情节的,处十年以上有期徒刑或者无期徒刑,并处罚金或者没收财产;数额特别巨大,并使国家和人民利益遭受特别重大损失的,处无期徒刑或者死刑,并处没收财产。

"对多次贪污未经处理的,按照累计贪污数额处罚。

"犯第一款罪,在提起公诉前如实供述自己罪行、真诚悔罪、积极退赃,避免、减少损害结果的发生,有第一项规定情形的,可以从轻、减轻或者免除处罚;有第二项、第三项规定情形的,可以从轻处罚。

"犯第一款罪,有第三项规定情形被判处死刑缓期执行的,人民法院根据犯罪情节等情况可以同时决定在其死刑缓期执行二年期满依法减为无期徒刑后,终身监禁,不得减刑、假释。"

四十五、将刑法第三百九十条修改为:"对犯行贿罪的,处五年以下有期徒刑或者拘役,并处罚金;因行贿谋取不正当利益,情节严重的,或者使国家利益遭受重大损失的,处五年以上十年以下有期徒刑,并处罚金;情节特别严重的,或者使国家利益遭受特别重大损失的,处十年以上有期徒刑或者无期徒刑,并处罚金或者没收财产。

"行贿人在被追诉前主动交待行贿行为的,可以从轻或者减轻处罚。其中,犯罪较轻的,对侦破重大案件起关键作用的,或者有重大立功表现的,可以减轻或者免除处罚。"

四十六、在刑法第三百九十条后增加一条,作为第三百九十条之一:"为谋取不正当利益,向国家工作人员的近亲属或者其他与该国家工作人员关系密切的人,或者向离职的国家工作人员或者其近亲属以及其他与其关系密切的人行贿的,处三年以下有期徒刑或者拘役,并处罚金;情节严重的,或者使国家利益遭受重大损失的,处三年以上七年以下有期徒刑,并处罚金;情节特别严重的,或者使国家利益遭受特别重大损失的,处七年以上十年以下有期徒刑,并处罚金。

"单位犯前款罪的,对单位判处罚金,并对其直接负责的主管人员和其他直接责任人员,处三年以下有期徒刑或者拘役,并处罚金。"

四十七、将刑法第三百九十一条第一款修改为:"为谋取不正当利益,给予国家机关、国有公司、企业、事业单位、人民团体以财物的,或者在经济往来中,违反国家规定,给予各种名义的回扣、手续费的,处三年以下有期徒刑或者拘役,并处罚金。"

四十八、将刑法第三百九十二条第一款修改为:"向国家工作人员介绍贿赂,情节严重的,处三年以下有期徒刑或者拘役,并处罚金。"

四十九、将刑法第三百九十三条修改为:"单位为谋取不正当利益而行贿,或者违反国家规定,给予国家工作人员以回扣、手续费,情节严重的,对单位判处罚金,并对其直接负责的主管人员和其他直接责任人员,处五年以下有期徒刑或者拘役,并处罚金。因行贿取得的违法所得归个人所有的,依照本法第三百八十九条、第三百九十条的规定定罪处罚。"

五十、将刑法第四百二十六条修改为:"以暴力、威胁方法,阻碍指挥人员或者值班、值勤人员执行职务的,处五年以下有期徒刑或者拘役;情节严重的,处五年以上十年以下有期徒刑;情节特别严重的,处十年以上有期徒刑或者无期徒刑。战时从重处罚。"

五十一、将刑法第四百三十三条修改为:"战时造谣惑众,动摇军心的,处三年以下有期徒刑;情节严重的,处三年以上十年以下有期徒刑;情节特别严重的,处十年以上有期徒刑或者无期徒刑。"

五十二、本修正案自 2015 年 11 月 1 日起施行。

# 中华人民共和国刑法修正案(十)

(2017 年 11 月 4 日第十二届全国人民代表大会常务委员会第三十次会议通过  2017 年 11 月 4 日中华人民共和国主席令第八十号公布  自公布之日起施行)

为了惩治侮辱国歌的犯罪行为,切实维护国歌奏唱、使用的严肃性和国家尊严,在刑法第二百九十九条中增加一款作为第二款,将该条修改为:

"在公共场合,故意以焚烧、毁损、涂划、玷污、践踏等方式侮辱中华人民共和国国旗、国徽的,处三年以下有期徒刑、拘役、管制或者剥夺政治权利。

"在公共场合,故意篡改中华人民共和国国歌歌词、曲谱,以歪曲、贬损方式奏唱国歌,或者以其他方式侮辱国歌,情节严重的,依照前款的规定处罚。"

本修正案自公布之日起施行。

# 中华人民共和国刑法修正案(十一)

(2020年12月26日第十三届全国人民代表大会常务委员会第二十四次会议通过 2020年12月26日中华人民共和国主席令第六十六号公布 自2021年3月1日起施行)

一、将刑法第十七条修改为:"已满十六周岁的人犯罪,应当负刑事责任。

"已满十四周岁不满十六周岁的人,犯故意杀人、故意伤害致人重伤或者死亡、强奸、抢劫、贩卖毒品、放火、爆炸、投放危险物质罪的,应当负刑事责任。

"已满十二周岁不满十四周岁的人,犯故意杀人、故意伤害罪,致人死亡或者以特别残忍手段致人重伤造成严重残疾,情节恶劣,经最高人民检察院核准追诉的,应当负刑事责任。

"对依照前三款规定追究刑事责任的不满十八周岁的人,应当从轻或者减轻处罚。

"因不满十六周岁不予刑事处罚的,责令其父母或者其他监护人加以管教;在必要的时候,依法进行专门矫治教育。"

二、在刑法第一百三十三条之一后增加一条,作为第一百三十三条之二:"对行驶中的公共交通工具的驾驶人员使用暴力或者抢控驾驶操纵装置,干扰公共交通工具正常行驶,危及公共安全的,处一年以下有期徒刑、拘役或者管制,并处或者单处罚金。

"前款规定的驾驶人员在行驶的公共交通工具上擅离职守,与他人互殴或者殴打他人,危及公共安全的,依照前款的规定处罚。

"有前两款行为,同时构成其他犯罪的,依照处罚较重的规定定罪处罚。"

三、将刑法第一百三十四条第二款修改为:"强令他人违章冒险作业,或者明知存在重大事故隐患而不排除,仍冒险组织作业,因而发生重大伤亡事故或者造成其他严重后果的,处五年以下有期徒刑或者拘役;情节特别恶劣的,处五年以上有期徒刑。"

四、在刑法第一百三十四条后增加一条,作为第一百三十四条之一:"在生产、作业中违反有关安全管理的规定,有下列情形之一,具有发生重大伤亡事故或者其他严重后果的现实危险的,处一年以下有期徒刑、拘役或者管制:

"(一)关闭、破坏直接关系生产安全的监控、报警、防护、救生设备、设施,或者篡改、隐瞒、销毁其相关数据、信息的；

"（二）因存在重大事故隐患被依法责令停产停业、停止施工、停止使用有关设备、设施、场所或者立即采取排除危险的整改措施，而拒不执行的；

"（三）涉及安全生产的事项未经依法批准或者许可，擅自从事矿山开采、金属冶炼、建筑施工，以及危险物品生产、经营、储存等高度危险的生产作业活动的。"

**五**、将刑法第一百四十一条修改为："生产、销售假药的，处三年以下有期徒刑或者拘役，并处罚金；对人体健康造成严重危害或者有其他严重情节的，处三年以上十年以下有期徒刑，并处罚金；致人死亡或者有其他特别严重情节的，处十年以上有期徒刑、无期徒刑或者死刑，并处罚金或者没收财产。

"药品使用单位的人员明知是假药而提供给他人使用的，依照前款的规定处罚。"

**六**、将刑法第一百四十二条修改为："生产、销售劣药，对人体健康造成严重危害的，处三年以上十年以下有期徒刑，并处罚金；后果特别严重的，处十年以上有期徒刑或者无期徒刑，并处罚金或者没收财产。

"药品使用单位的人员明知是劣药而提供给他人使用的，依照前款的规定处罚。"

**七**、在刑法第一百四十二条后增加一条，作为第一百四十二条之一："违反药品管理法规，有下列情形之一，足以严重危害人体健康的，处三年以下有期徒刑或者拘役，并处或者单处罚金；对人体健康造成严重危害或者有其他严重情节的，处三年以上七年以下有期徒刑，并处罚金：

"（一）生产、销售国务院药品监督管理部门禁止使用的药品的；

"（二）未取得药品相关批准证明文件生产、进口药品或者明知是上述药品而销售的；

"（三）药品申请注册中提供虚假的证明、数据、资料、样品或者采取其他欺骗手段的；

"（四）编造生产、检验记录的。

"有前款行为，同时又构成本法第一百四十一条、第一百四十二条规定之罪或者其他犯罪的，依照处罚较重的规定定罪处罚。"

**八**、将刑法第一百六十条修改为："在招股说明书、认股书、公司、企业债券募集办法等发行文件中隐瞒重要事实或者编造重大虚假内容，发行股票或者公司、企业债券、存托凭证或者国务院依法认定的其他证券，数额巨大、后果严重或者有其他严重情节的，处五年以下有期徒刑或者拘役，并处或者单处罚金；数额特别巨大、后果特别严重或者有其他特别严重情节的,处五年以上有期徒刑,并处罚金。

"控股股东、实际控制人组织、指使实施前款行为的,处五年以下有期徒刑或者拘役,并处或者单处非法募集资金金额百分之二十以上一倍以下罚金;数额特别巨大、后果特别严重或者有其他特别严重情节的,处五年以上有期徒刑,并处非法募集资金金额百分之二十以上一倍以下罚金。

"单位犯前两款罪的,对单位判处非法募集资金金额百分之二十以上一倍以下罚金,并对其直接负责的主管人员和其他直接责任人员,依照第一款的规定处罚。"

九、将刑法第一百六十一条修改为:"依法负有信息披露义务的公司、企业向股东和社会公众提供虚假的或者隐瞒重要事实的财务会计报告,或者对依法应当披露的其他重要信息不按照规定披露,严重损害股东或者其他人利益,或者有其他严重情节的,对其直接负责的主管人员和其他直接责任人员,处五年以下有期徒刑或者拘役,并处或者单处罚金;情节特别严重的,处五年以上十年以下有期徒刑,并处罚金。

"前款规定的公司、企业的控股股东、实际控制人实施或者组织、指使实施前款行为的,或者隐瞒相关事项导致前款规定的情形发生的,依照前款的规定处罚。

"犯前款罪的控股股东、实际控制人是单位的,对单位判处罚金,并对其直接负责的主管人员和其他直接责任人员,依照第一款的规定处罚。"

十、将刑法第一百六十三条第一款修改为:"公司、企业或者其他单位的工作人员,利用职务上的便利,索取他人财物或者非法收受他人财物,为他人谋取利益,数额较大的,处三年以下有期徒刑或者拘役,并处罚金;数额巨大或者有其他严重情节的,处三年以上十年以下有期徒刑,并处罚金;数额特别巨大或者有其他特别严重情节的,处十年以上有期徒刑或者无期徒刑,并处罚金。"

十一、将刑法第一百七十五条之一第一款修改为:"以欺骗手段取得银行或者其他金融机构贷款、票据承兑、信用证、保函等,给银行或者其他金融机构造成重大损失的,处三年以下有期徒刑或者拘役,并处或者单处罚金;给银行或者其他金融机构造成特别重大损失或者有其他特别严重情节的,处三年以上七年以下有期徒刑,并处罚金。"

十二、将刑法第一百七十六条修改为:"非法吸收公众存款或者变相吸收公众存款,扰乱金融秩序的,处三年以下有期徒刑或者拘役,并处或者单处罚金;数额巨大或者有其他严重情节的,处三年以上十年以下有期徒刑,并处罚金;数额特别巨大或者有其他特别严重情节的,处十年以上有期徒刑,并处罚金。

"单位犯前款罪的,对单位判处罚金,并对其直接负责的主管人员和其他直接责任人员,依照前款的规定处罚。

"有前两款行为,在提起公诉前积极退赃退赔,减少损害结果发生的,可以从轻或者减轻处罚。"

十三、将刑法第一百八十二条第一款修改为:"有下列情形之一,操纵证券、期货市场,影响证券、期货交易价格或者证券、期货交易量,情节严重的,处五年以下有期徒刑或者拘役,并处或者单处罚金;情节特别严重的,处五年以上十年以下有期徒刑,并处罚金:

"(一)单独或者合谋,集中资金优势、持股或者持仓优势或者利用信息优势联合或者连续买卖的;

"(二)与他人串通,以事先约定的时间、价格和方式相互进行证券、期货交易的;

"(三)在自己实际控制的帐户之间进行证券交易,或者以自己为交易对象,自买自卖期货合约的;

"(四)不以成交为目的,频繁或者大量申报买入、卖出证券、期货合约并撤销申报的;

"(五)利用虚假或者不确定的重大信息,诱导投资者进行证券、期货交易的;

"(六)对证券、证券发行人、期货交易标的公开作出评价、预测或者投资建议,同时进行反向证券交易或者相关期货交易的;

"(七)以其他方法操纵证券、期货市场的。"

十四、将刑法第一百九十一条修改为:"为掩饰、隐瞒毒品犯罪、黑社会性质的组织犯罪、恐怖活动犯罪、走私犯罪、贪污贿赂犯罪、破坏金融管理秩序犯罪、金融诈骗犯罪的所得及其产生的收益的来源和性质,有下列行为之一的,没收实施以上犯罪的所得及其产生的收益,处五年以下有期徒刑或者拘役,并处或者单处罚金;情节严重的,处五年以上十年以下有期徒刑,并处罚金:

"(一)提供资金帐户的;

"(二)将财产转换为现金、金融票据、有价证券的;

"(三)通过转帐或者其他支付结算方式转移资金的;

"(四)跨境转移资产的;

"(五)以其他方法掩饰、隐瞒犯罪所得及其收益的来源和性质的。

"单位犯前款罪的,对单位判处罚金,并对其直接负责的主管人员和其他直接责任人员,依照前款的规定处罚。"

**十五、**将刑法第一百九十二条修改为:"以非法占有为目的,使用诈骗方法非法集资,数额较大的,处三年以上七年以下有期徒刑,并处罚金;数额巨大或者有其他严重情节的,处七年以上有期徒刑或者无期徒刑,并处罚金或者没收财产。

"单位犯前款罪的,对单位判处罚金,并对其直接负责的主管人员和其他直接责任人员,依照前款的规定处罚。"

**十六、**将刑法第二百条修改为:"单位犯本节第一百九十四条、第一百九十五条规定之罪,对单位判处罚金,并对其直接负责的主管人员和其他直接责任人员,处五年以下有期徒刑或者拘役,可以并处罚金;数额巨大或者有其他严重情节的,处五年以上十年以下有期徒刑,并处罚金;数额特别巨大或者有其他特别严重情节的,处十年以上有期徒刑或者无期徒刑,并处罚金。"

**十七、**将刑法第二百一十三条修改为:"未经注册商标所有人许可,在同一种商品、服务上使用与其注册商标相同的商标,情节严重的,处三年以下有期徒刑,并处或者单处罚金;情节特别严重的,处三年以上十年以下有期徒刑,并处罚金。"

**十八、**将刑法第二百一十四条修改为:"销售明知是假冒注册商标的商品,违法所得数额较大或者有其他严重情节的,处三年以下有期徒刑,并处或者单处罚金;违法所得数额巨大或者有其他特别严重情节的,处三年以上十年以下有期徒刑,并处罚金。"

**十九、**将刑法第二百一十五条修改为:"伪造、擅自制造他人注册商标标识或者销售伪造、擅自制造的注册商标标识,情节严重的,处三年以下有期徒刑,并处或者单处罚金;情节特别严重的,处三年以上十年以下有期徒刑,并处罚金。"

**二十、**将刑法第二百一十七条修改为:"以营利为目的,有下列侵犯著作权或者与著作权有关的权利的情形之一,违法所得数额较大或者有其他严重情节的,处三年以下有期徒刑,并处或者单处罚金;违法所得数额巨大或者有其他特别严重情节的,处三年以上十年以下有期徒刑,并处罚金:

"(一)未经著作权人许可,复制发行、通过信息网络向公众传播其文字作品、音乐、美术、视听作品、计算机软件及法律、行政法规规定的其他作品的;

"(二)出版他人享有专有出版权的图书的;

"(三)未经录音录像制作者许可,复制发行、通过信息网络向公众传播其制作的录音录像;

"(四)未经表演者许可,复制发行录有其表演的录音录像制品,或者通过信息网络向公众传播其表演的;

"(五)制作、出售假冒他人署名的美术作品的;

"(六)未经著作权人或者与著作权有关的权利人许可,故意避开或者破坏权利人为其作品、录音录像制品等采取的保护著作权或者与著作权有关的权利的技术措施的。"

二十一、将刑法第二百一十八条修改为:"以营利为目的,销售明知是本法第二百一十七条规定的侵权复制品,违法所得数额巨大或者有其他严重情节的,处五年以下有期徒刑,并处或者单处罚金。"

二十二、将刑法第二百一十九条修改为:"有下列侵犯商业秘密行为之一,情节严重的,处三年以下有期徒刑,并处或者单处罚金;情节特别严重的,处三年以上十年以下有期徒刑,并处罚金:

"(一)以盗窃、贿赂、欺诈、胁迫、电子侵入或者其他不正当手段获取权利人的商业秘密的;

"(二)披露、使用或者允许他人使用以前项手段获取的权利人的商业秘密的;

"(三)违反保密义务或者违反权利人有关保守商业秘密的要求,披露、使用或者允许他人使用其所掌握的商业秘密的。

"明知前款所列行为,获取、披露、使用或者允许他人使用该商业秘密的,以侵犯商业秘密论。

"本条所称权利人,是指商业秘密的所有人和经商业秘密所有人许可的商业秘密使用人。"

二十三、在刑法第二百一十九条后增加一条,作为第二百一十九条之一:"为境外的机构、组织、人员窃取、刺探、收买、非法提供商业秘密的,处五年以下有期徒刑,并处或者单处罚金;情节严重的,处五年以上有期徒刑,并处罚金。"

二十四、将刑法第二百二十条修改为:"单位犯本节第二百一十三条至第二百一十九条之一规定之罪的,对单位判处罚金,并对其直接负责的主管人员和其他直接责任人员,依照本节各该条的规定处罚。"

二十五、将刑法第二百二十九条修改为:"承担资产评估、验资、验证、会计、审计、法律服务、保荐、安全评价、环境影响评价、环境监测等职责的中介组织的人员故意提供虚假证明文件,情节严重的,处五年以下有期徒刑或者拘役,并处罚金;有下列情形之一的,处五年以上十年以下有期徒刑,并处罚金:

"(一)提供与证券发行相关的虚假的资产评估、会计、审计、法律服务、保荐

等证明文件,情节特别严重的;

"(二)提供与重大资产交易相关的虚假的资产评估、会计、审计等证明文件,情节特别严重的;

"(三)在涉及公共安全的重大工程、项目中提供虚假的安全评价、环境影响评价等证明文件,致使公共财产、国家和人民利益遭受特别重大损失的。

"有前款行为,同时索取他人财物或者非法收受他人财物构成犯罪的,依照处罚较重的规定定罪处罚。

"第一款规定的人员,严重不负责任,出具的证明文件有重大失实,造成严重后果的,处三年以下有期徒刑或者拘役,并处或者单处罚金。"

二十六、将刑法第二百三十六条修改为:"以暴力、胁迫或者其他手段强奸妇女的,处三年以上十年以下有期徒刑。

"奸淫不满十四周岁的幼女的,以强奸论,从重处罚。

"强奸妇女、奸淫幼女,有下列情形之一的,处十年以上有期徒刑、无期徒刑或者死刑:

"(一)强奸妇女、奸淫幼女情节恶劣的;

"(二)强奸妇女、奸淫幼女多人的;

"(三)在公共场所当众强奸妇女、奸淫幼女的;

"(四)二人以上轮奸的;

"(五)奸淫不满十周岁的幼女或者造成幼女伤害的;

"(六)致使被害人重伤、死亡或者造成其他严重后果的。"

二十七、在刑法第二百三十六条后增加一条,作为第二百三十六条之一:"对已满十四周岁不满十六周岁的未成年女性负有监护、收养、看护、教育、医疗等特殊职责的人员,与该未成年女性发生性关系的,处三年以下有期徒刑;情节恶劣的,处三年以上十年以下有期徒刑。

"有前款行为,同时又构成本法第二百三十六条规定之罪的,依照处罚较重的规定定罪处罚。"

二十八、将刑法第二百三十七条第三款修改为:"猥亵儿童的,处五年以下有期徒刑;有下列情形之一的,处五年以上有期徒刑:

"(一)猥亵儿童多人或者多次的;

"(二)聚众猥亵儿童的,或者在公共场所当众猥亵儿童,情节恶劣的;

"(三)造成儿童伤害或者其他严重后果的;

"(四)猥亵手段恶劣或者有其他恶劣情节的。"

二十九、将刑法第二百七十一条第一款修改为:"公司、企业或者其他单位的工作人员,利用职务上的便利,将本单位财物非法占为己有,数额较大的,处三年以下有期徒刑或者拘役,并处罚金;数额巨大的,处三年以上十年以下有期徒刑,并处罚金;数额特别巨大的,处十年以上有期徒刑或者无期徒刑,并处罚金。"

三十、将刑法第二百七十二条修改为:"公司、企业或者其他单位的工作人员,利用职务上的便利,挪用本单位资金归个人使用或者借贷给他人,数额较大、超过三个月未还的,或者虽未超过三个月,但数额较大、进行营利活动的,或者进行非法活动的,处三年以下有期徒刑或者拘役;挪用本单位资金数额巨大的,处三年以上七年以下有期徒刑;数额特别巨大的,处七年以上有期徒刑。

"国有公司、企业或者其他国有单位中从事公务的人员和国有公司、企业或者其他国有单位委派到非国有公司、企业以及其他单位从事公务的人员有前款行为的,依照本法第三百八十四条的规定定罪处罚。

"有第一款行为,在提起公诉前将挪用的资金退还的,可以从轻或者减轻处罚。其中,犯罪较轻的,可以减轻或者免除处罚。"

三十一、将刑法第二百七十七条第五款修改为:"暴力袭击正在依法执行职务的人民警察的,处三年以下有期徒刑、拘役或者管制;使用枪支、管制刀具,或者以驾驶机动车撞击等手段,严重危及其人身安全的,处三年以上七年以下有期徒刑。"

三十二、在刑法第二百八十条之一后增加一条,作为第二百八十条之二:"盗用、冒用他人身份,顶替他人取得的高等学历教育入学资格、公务员录用资格、就业安置待遇的,处三年以下有期徒刑、拘役或者管制,并处罚金。

"组织、指使他人实施前款行为的,依照前款的规定从重处罚。

"国家工作人员有前两款行为,又构成其他犯罪的,依照数罪并罚的规定处罚。"

三十三、在刑法第二百九十一条之一后增加一条,作为第二百九十一条之二:"从建筑物或者其他高空抛掷物品,情节严重的,处 年以下有期徒刑、拘役或者管制,并处或者单处罚金。

"有前款行为,同时构成其他犯罪的,依照处罚较重的规定定罪处罚。"

三十四、在刑法第二百九十三条后增加一条,作为第二百九十三条之一:"有下列情形之一,催收高利放贷等产生的非法债务,情节严重的,处三年以下有期徒刑、拘役或者管制,并处或者单处罚金:

"(一)使用暴力、胁迫方法的;

"(二)限制他人人身自由或者侵入他人住宅的;

"(三)恐吓、跟踪、骚扰他人的。"

三十五、在刑法第二百九十九条后增加一条,作为第二百九十九条之一:"侮辱、诽谤或者以其他方式侵害英雄烈士的名誉、荣誉,损害社会公共利益,情节严重的,处三年以下有期徒刑、拘役、管制或者剥夺政治权利。"

三十六、将刑法第三百零三条修改为:"以营利为目的,聚众赌博或者以赌博为业,处三年以下有期徒刑、拘役或者管制,并处罚金。

"开设赌场的,处五年以下有期徒刑、拘役或者管制,并处罚金;情节严重的,处五年以上十年以下有期徒刑,并处罚金。

"组织中华人民共和国公民参与国(境)外赌博,数额巨大或者有其他严重情节的,依照前款的规定处罚。"

三十七、将刑法第三百三十条第一款修改为:"违反传染病防治法的规定,有下列情形之一,引起甲类传染病以及依法确定采取甲类传染病预防、控制措施的传染病传播或者有传播严重危险的,处三年以下有期徒刑或者拘役;后果特别严重的,处三年以上七年以下有期徒刑:

"(一)供水单位供应的饮用水不符合国家规定的卫生标准的;

"(二)拒绝按照疾病预防控制机构提出的卫生要求,对传染病病原体污染的污水、污物、场所和物品进行消毒处理的;

"(三)准许或者纵容传染病病人、病原携带者和疑似传染病病人从事国务院卫生行政部门规定禁止从事的易使该传染病扩散的工作的;

"(四)出售、运输疫区中被传染病病原体污染或者可能被传染病病原体污染的物品,未进行消毒处理的;

"(五)拒绝执行县级以上人民政府、疾病预防控制机构依照传染病防治法提出的预防、控制措施的。"

三十八、在刑法第三百三十四条后增加一条,作为第三百三十四条之一:"违反国家有关规定,非法采集我国人类遗传资源或者非法运送、邮寄、携带我国人类遗传资源材料出境,危害公众健康或者社会公共利益,情节严重的,处三年以下有期徒刑、拘役或者管制,并处或者单处罚金;情节特别严重的,处三年以上七年以下有期徒刑,并处罚金。"

三十九、在刑法第三百三十六条后增加一条,作为第三百三十六条之一:"将基因编辑、克隆的人类胚胎植入人体或者动物体内,或者将基因编辑、克隆的动物胚胎植入人体内,情节严重的,处三年以下有期徒刑或者拘役,并处罚金;情节特别严重的,处三年以上七年以下有期徒刑,并处罚金。"

四十、将刑法第三百三十八条修改为:"违反国家规定,排放、倾倒或者处置有放射性的废物、含传染病病原体的废物、有毒物质或者其他有害物质,严重污染环境的,处三年以下有期徒刑或者拘役,并处或者单处罚金;情节严重的,处三年以上七年以下有期徒刑,并处罚金;有下列情形之一的,处七年以上有期徒刑,并处罚金:

"(一)在饮用水水源保护区、自然保护地核心保护区等依法确定的重点保护区域排放、倾倒、处置有放射性的废物、含传染病病原体的废物、有毒物质,情节特别严重的;

"(二)向国家确定的重要江河、湖泊水域排放、倾倒、处置有放射性的废物、含传染病病原体的废物、有毒物质,情节特别严重的;

"(三)致使大量永久基本农田基本功能丧失或者遭受永久性破坏的;

"(四)致使多人重伤、严重疾病,或者致人严重残疾、死亡的。

"有前款行为,同时构成其他犯罪的,依照处罚较重的规定定罪处罚。"

**四十一、**在刑法第三百四十一条中增加一款作为第三款:"违反野生动物保护管理法规,以食用为目的非法猎捕、收购、运输、出售第一款规定以外的在野外环境自然生长繁殖的陆生野生动物,情节严重的,依照前款的规定处罚。"

**四十二、**在刑法第三百四十二条后增加一条,作为第三百四十二条之一:"违反自然保护地管理法规,在国家公园、国家级自然保护区进行开垦、开发活动或者修建建筑物,造成严重后果或者有其他恶劣情节的,处五年以下有期徒刑或者拘役,并处或者单处罚金。

"有前款行为,同时构成其他犯罪的,依照处罚较重的规定定罪处罚。"

**四十三、**在刑法第三百四十四条后增加一条,作为第三百四十四条之一:"违反国家规定,非法引进、释放或者丢弃外来入侵物种,情节严重的,处三年以下有期徒刑或者拘役,并处或者单处罚金。"

**四十四、**在刑法第三百五十五条后增加一条,作为第三百五十五条之一:"引诱、教唆、欺骗运动员使用兴奋剂参加国内、国际重大体育竞赛,或者明知运动员参加上述竞赛而向其提供兴奋剂,情节严重的,处三年以下有期徒刑或者拘役,并处罚金。

"组织、强迫运动员使用兴奋剂参加国内、国际重大体育竞赛的,依照前款的规定从重处罚。"

**四十五、**将刑法第四百零八条之一第一款修改为:"负有食品药品安全监督管理职责的国家机关工作人员,滥用职权或者玩忽职守,有下列情形之一,造成严重后果或者有其他严重情节的,处五年以下有期徒刑或者拘役;造成特别严重后果或者有其他特别严重情节的,处五年以上十年以下有期徒刑:

"（一）瞒报、谎报食品安全事故、药品安全事件的；

"（二）对发现的严重食品药品安全违法行为未按规定查处的；

"（三）在药品和特殊食品审批审评过程中，对不符合条件的申请准予许可的；

"（四）依法应当移交司法机关追究刑事责任不移交的；

"（五）有其他滥用职权或者玩忽职守行为的。"

**四十六、**将刑法第四百三十一条第二款修改为："为境外的机构、组织、人员窃取、刺探、收买、非法提供军事秘密的，处五年以上十年以下有期徒刑；情节严重的，处十年以上有期徒刑、无期徒刑或者死刑。"

**四十七、**将刑法第四百五十条修改为："本章适用于中国人民解放军的现役军官、文职干部、士兵及具有军籍的学员和中国人民武装警察部队的现役警官、文职干部、士兵及具有军籍的学员以及文职人员、执行军事任务的预备役人员和其他人员。"

**四十八、**本修正案自2021年3月1日起施行。

# 中华人民共和国刑法修正案（十二）

（2023年12月29日第十四届全国人民代表大会常务委员会第七次会议通过　2023年12月29日中华人民共和国主席令第十八号公布　自2024年3月1日起施行）

**一、**在刑法第一百六十五条中增加一款作为第二款，将该条修改为："国有公司、企业的董事、监事、高级管理人员，利用职务便利，自己经营或者为他人经营与其所任职公司、企业同类的营业，获取非法利益，数额巨大的，处三年以下有期徒刑或者拘役，并处或者单处罚金；数额特别巨大的，处三年以上七年以下有期徒刑，并处罚金。

"其他公司、企业的董事、监事、高级管理人员违反法律、行政法规规定，实施前款行为，致使公司、企业利益遭受重大损失的，依照前款的规定处罚。"

**二、**在刑法第一百六十六条中增加一款作为第二款，将该条修改为："国有公司、企业、事业单位的工作人员，利用职务便利，有下列情形之一，致使国家利益遭受重大损失的，处三年以下有期徒刑或者拘役，并处或者单处罚金；致使国家利益遭受特别重大损失的，处三年以上七年以下有期徒刑，并处罚金：

"（一）将本单位的盈利业务交由自己的亲友进行经营的；

"（二）以明显高于市场的价格从自己的亲友经营管理的单位采购商品、接受服务或者以明显低于市场的价格向自己的亲友经营管理的单位销售商品、提供服务的；

"（三）从自己的亲友经营管理的单位采购、接受不合格商品、服务的。

"其他公司、企业的工作人员违反法律、行政法规规定，实施前款行为，致使公司、企业利益遭受重大损失的，依照前款的规定处罚。"

三、在刑法第一百六十九条中增加一款作为第二款，将该条修改为："国有公司、企业或者其上级主管部门直接负责的主管人员，徇私舞弊，将国有资产低价折股或者低价出售，致使国家利益遭受重大损失的，处三年以下有期徒刑或者拘役；致使国家利益遭受特别重大损失的，处三年以上七年以下有期徒刑。

"其他公司、企业直接负责的主管人员，徇私舞弊，将公司、企业资产低价折股或者低价出售，致使公司、企业利益遭受重大损失的，依照前款的规定处罚。"

四、将刑法第三百八十七条第一款修改为："国家机关、国有公司、企业、事业单位、人民团体，索取、非法收受他人财物，为他人谋取利益，情节严重的，对单位判处罚金，并对其直接负责的主管人员和其他直接责任人员，处三年以下有期徒刑或者拘役；情节特别严重的，处三年以上十年以下有期徒刑。"

五、将刑法第三百九十条修改为："对犯行贿罪的，处三年以下有期徒刑或者拘役，并处罚金；因行贿谋取不正当利益，情节严重的，或者使国家利益遭受重大损失的，处三年以上十年以下有期徒刑，并处罚金；情节特别严重的，或者使国家利益遭受特别重大损失的，处十年以上有期徒刑或者无期徒刑，并处罚金或者没收财产。

"有下列情形之一的，从重处罚：

"（一）多次行贿或者向多人行贿的；

"（二）国家工作人员行贿的；

"（三）在国家重点工程、重大项目中行贿的；

"（四）为谋取职务、职级晋升、调整行贿的；

"（五）对监察、行政执法、司法工作人员行贿的；

"（六）在生态环境、财政金融、安全生产、食品药品、防灾救灾、社会保障、教育、医疗等领域行贿，实施违法犯罪活动的；

"（七）将违法所得用于行贿的。

"行贿人在被追诉前主动交待行贿行为的，可以从轻或者减轻处罚。其中，犯罪较轻的，对调查突破、侦破重大案件起关键作用的，或者有重大立功表现的,可以减轻或者免除处罚。"

六、将刑法第三百九十一条第一款修改为:"为谋取不正当利益,给予国家机关、国有公司、企业、事业单位、人民团体以财物的,或者在经济往来中,违反国家规定,给予各种名义的回扣、手续费的,处三年以下有期徒刑或者拘役,并处罚金;情节严重的,处三年以上七年以下有期徒刑,并处罚金。"

七、将刑法第三百九十三条修改为:"单位为谋取不正当利益而行贿,或者违反国家规定,给予国家工作人员以回扣、手续费,情节严重的,对单位判处罚金,并对其直接负责的主管人员和其他直接责任人员,处三年以下有期徒刑或者拘役,并处罚金;情节特别严重的,处三年以上十年以下有期徒刑,并处罚金。因行贿取得的违法所得归个人所有的,依照本法第三百八十九条、第三百九十条的规定定罪处罚。"

八、本修正案自2024年3月1日起施行。

# 全国人民代表大会常务委员会关于惩治骗购外汇、逃汇和非法买卖外汇犯罪的决定

(1998年12月29日第九届全国人民代表大会常务委员会第六次会议通过 1998年12月29日中华人民共和国主席令第十四号公布 自公布之日起施行)

为了惩治骗购外汇、逃汇和非法买卖外汇的犯罪行为,维护国家外汇管理秩序,对刑法作如下补充修改:

一、有下列情形之一,骗购外汇,数额较大的,处五年以下有期徒刑或者拘役,并处骗购外汇数额百分之五以上百分之三十以下罚金;数额巨大或者有其他严重情节的,处五年以上十年以下有期徒刑,并处骗购外汇数额百分之五以上百分之三十以下罚金;数额特别巨大或者有其他特别严重情节的,处十年以上有期徒刑或者无期徒刑,并处骗购外汇数额百分之五以上百分之三十以下罚金或者没收财产:

(一)使用伪造、变造的海关签发的报关单、进口证明、外汇管理部门核准件等凭证和单据的;

(二)重复使用海关签发的报关单、进口证明、外汇管理部门核准件等凭证

和单据的；

（三）以其他方式骗购外汇的。

伪造、变造海关签发的报关单、进口证明、外汇管理部门核准件等凭证和单据，并用于骗购外汇的，依照前款的规定从重处罚。

明知用于骗购外汇而提供人民币资金的，以共犯论处。

单位犯前三款罪的，对单位依照第一款的规定判处罚金，并对其直接负责的主管人员和其他直接责任人员，处五年以下有期徒刑或者拘役；数额巨大或者有其他严重情节的，处五年以上十年以下有期徒刑；数额特别巨大或者有其他特别严重情节的，处十年以上有期徒刑或者无期徒刑。

二、买卖伪造、变造的海关签发的报关单、进口证明、外汇管理部门核准件等凭证和单据或者国家机关的其他公文、证件、印章的，依照刑法第二百八十条的规定定罪处罚。

三、将刑法第一百九十条修改为：公司、企业或者其他单位，违反国家规定，擅自将外汇存放境外，或者将境内的外汇非法转移到境外，数额较大的，对单位判处逃汇数额百分之五以上百分之三十以下罚金，并对其直接负责的主管人员和其他直接责任人员，处五年以下有期徒刑或者拘役；数额巨大或者有其他严重情节的，对单位判处逃汇数额百分之五以上百分之三十以下罚金，并对其直接负责的主管人员和其他直接责任人员，处五年以上有期徒刑。

四、在国家规定的交易场所以外非法买卖外汇，扰乱市场秩序，情节严重的，依照刑法第二百二十五条的规定定罪处罚。

单位犯前款罪的，依照刑法第二百三十一条的规定处罚。

五、海关、外汇管理部门以及金融机构、从事对外贸易经营活动的公司、企业或者其他单位的工作人员与骗购外汇或者逃汇的行为人通谋，为其提供购买外汇的有关凭证或者其他便利的，或者明知是伪造、变造的凭证和单据而售汇、付汇的，以共犯论，依照本决定从重处罚。

六、海关、外汇管理部门的工作人员严重不负责任，造成大量外汇被骗购或者逃汇，致使国家利益遭受重大损失的，依照刑法第三百九十七条的规定定罪处罚。

七、金融机构、从事对外贸易经营活动的公司、企业的工作人员严重不负责任，造成大量外汇被骗购或者逃汇，致使国家利益遭受重大损失的，依照刑法第一百六十七条的规定定罪处罚。

八、犯本决定规定之罪，依法被追缴、没收的财物和罚金，一律上缴国库。

九、本决定自公布之日起施行。

# 全国人民代表大会常务委员会关于《中华人民共和国刑法》第九十三条第二款的解释

(2000年4月29日第九届全国人民代表大会常务委员会第十五次会议通过 根据2009年8月27日第十一届全国人民代表大会常务委员会第十次会议《关于修改部分法律的决定》修正)

全国人民代表大会常务委员会讨论了村民委员会等村基层组织人员在从事哪些工作时属于刑法第九十三条第二款规定的"其他依照法律从事公务的人员",解释如下:

村民委员会等村基层组织人员协助人民政府从事下列行政管理工作,属于刑法第九十三条第二款规定的"其他依照法律从事公务的人员":

(一)救灾、抢险、防汛、优抚、扶贫、移民、救济款物的管理;
(二)社会捐助公益事业款物的管理;
(三)国有土地的经营和管理;
(四)土地征收、征用补偿费用的管理;
(五)代征、代缴税款;
(六)有关计划生育、户籍、征兵工作;
(七)协助人民政府从事的其他行政管理工作。

村民委员会等村基层组织人员从事前款规定的公务,利用职务上的便利,非法占有公共财物、挪用公款、索取他人财物或者非法收受他人财物,构成犯罪的,适用刑法第三百八十二条和第三百八十三条贪污罪、第三百八十四条挪用公款罪、第三百八十五条和第三百八十六条受贿罪的规定。

现予公告。

## 全国人民代表大会常务委员会关于《中华人民共和国刑法》第二百二十八条、第三百四十二条、第四百一十条的解释

（2001年8月31日第九届全国人民代表大会常务委员会第二十三次会议通过 根据2009年8月27日第十一届全国人民代表大会常务委员会第十次会议《关于修改部分法律的决定》修正）

全国人民代表大会常务委员会讨论了刑法第二百二十八条、第三百四十二条、第四百一十条规定的"违反土地管理法规"和第四百一十条规定的"非法批准征收、征用、占用土地"的含义问题，解释如下：

刑法第二百二十八条、第三百四十二条、第四百一十条规定的"违反土地管理法规"，是指违反土地管理法、森林法、草原法等法律以及有关行政法规中关于土地管理的规定。

刑法第四百一十条规定的"非法批准征收、征用、占用土地"，是指非法批准征收、征用、占用耕地、林地等农用地以及其他土地。

现予公告。

## 全国人民代表大会常务委员会关于《中华人民共和国刑法》第二百九十四条第一款的解释

（2002年4月28日第九届全国人民代表大会常务委员会第二十七次会议通过）

全国人民代表大会常务委员会讨论了刑法第二百九十四条第一款规定的

"黑社会性质的组织"的含义问题,解释如下:

刑法第二百九十四条第一款规定的"黑社会性质的组织"应当同时具备以下特征:

(一)形成较稳定的犯罪组织,人数较多,有明确的组织者、领导者,骨干成员基本固定;

(二)有组织地通过违法犯罪活动或者其他手段获取经济利益,具有一定的经济实力,以支持该组织的活动;

(三)以暴力、威胁或者其他手段,有组织地多次进行违法犯罪活动,为非作恶,欺压、残害群众;

(四)通过实施违法犯罪活动,或者利用国家工作人员的包庇或者纵容,称霸一方,在一定区域或者行业内,形成非法控制或者重大影响,严重破坏经济、社会生活秩序。

现予公告。

# 全国人民代表大会常务委员会关于《中华人民共和国刑法》第三百八十四条第一款的解释

(2002年4月28日第九届全国人民代表大会常务委员会第二十七次会议通过)

全国人民代表大会常务委员会讨论了刑法第三百八十四条第一款规定的国家工作人员利用职务上的便利,挪用公款"归个人使用"的含义问题,解释如下:

有下列情形之一的,属于挪用公款"归个人使用":

(一)将公款供本人、亲友或者其他自然人使用的;

(二)以个人名义将公款供其他单位使用的;

(三)个人决定以单位名义将公款供其他单位使用,谋取个人利益的。

现予公告。

# 全国人民代表大会常务委员会关于《中华人民共和国刑法》第三百一十三条的解释

(2002年8月29日第九届全国人民代表大会常务委员会第二十九次会议通过)

全国人民代表大会常务委员会讨论了刑法第三百一十三条规定的"对人民法院的判决、裁定有能力执行而拒不执行，情节严重"的含义问题，解释如下：

刑法第三百一十三条规定的"人民法院的判决、裁定"，是指人民法院依法作出的具有执行内容并已发生法律效力的判决、裁定。人民法院为依法执行支付令、生效的调解书、仲裁裁决、公证债权文书等所作的裁定属于该条规定的裁定。

下列情形属于刑法第三百一十三条规定的"有能力执行而拒不执行，情节严重"的情形：

（一）被执行人隐藏、转移、故意毁损财产或者无偿转让财产，以明显不合理的低价转让财产，致使判决、裁定无法执行的；

（二）担保人或者被执行人隐藏、转移、故意毁损或者转让已向人民法院提供担保的财产，致使判决、裁定无法执行的；

（三）协助执行义务人接到人民法院协助执行通知书后，拒不协助执行，致使判决、裁定无法执行的；

（四）被执行人、担保人、协助执行义务人与国家机关工作人员通谋，利用国家机关工作人员的职权妨害执行，致使判决、裁定无法执行的；

（五）其他有能力执行而拒不执行，情节严重的情形。

国家机关工作人员有上述第四项行为的，以拒不执行判决、裁定罪的共犯追究刑事责任。国家机关工作人员收受贿赂或者滥用职权，有上述第四项行为的，同时又构成刑法第三百八十五条、第三百九十七条规定之罪的，依照处罚较重的规定定罪处罚。

现予公告。

## 全国人民代表大会常务委员会
## 关于《中华人民共和国刑法》第九章
## 渎职罪主体适用问题的解释

(2002年12月28日第九届全国人民代表大会
常务委员会第三十一次会议通过)

全国人大常委会根据司法实践中遇到的情况,讨论了刑法第九章渎职罪主体的适用问题,解释如下:

在依照法律、法规规定行使国家行政管理职权的组织中从事公务的人员,或者在受国家机关委托代表国家机关行使职权的组织中从事公务的人员,或者虽未列入国家机关人员编制但在国家机关中从事公务的人员,在代表国家机关行使职权时,有渎职行为,构成犯罪的,依照刑法关于渎职罪的规定追究刑事责任。

现予公告。

## 全国人民代表大会常务委员会
## 关于《中华人民共和国刑法》
## 有关信用卡规定的解释

(2004年12月29日第十届全国人民代表大会
常务委员会第十三次会议通过)

全国人民代表大会常务委员会根据司法实践中遇到的情况,讨论了刑法规定的"信用卡"的含义问题,解释如下:

刑法规定的"信用卡",是指由商业银行或者其他金融机构发行的具有消费支付、信用贷款、转账结算、存取现金等全部功能或者部分功能的电子支付卡。

现予公告。

## 全国人民代表大会常务委员会关于《中华人民共和国刑法》有关文物的规定适用于具有科学价值的古脊椎动物化石、古人类化石的解释

(2005年12月29日第十届全国人民代表大会常务委员会第十九次会议通过)

全国人民代表大会常务委员会根据司法实践中遇到的情况,讨论了关于走私、盗窃、损毁、倒卖或者非法转让具有科学价值的古脊椎动物化石、古人类化石的行为适用刑法有关规定的问题,解释如下:

刑法有关文物的规定,适用于具有科学价值的古脊椎动物化石、古人类化石。

现予公告。

## 全国人民代表大会常务委员会关于《中华人民共和国刑法》有关出口退税、抵扣税款的其他发票规定的解释

(2005年12月29日第十届全国人民代表大会常务委员会第十九次会议通过)

全国人民代表大会常务委员会根据司法实践中遇到的情况,讨论了刑法规定的"出口退税、抵扣税款的其他发票"的含义问题,解释如下:

刑法规定的"出口退税、抵扣税款的其他发票",是指除增值税专用发票以外的,具有出口退税、抵扣税款功能的收付款凭证或者完税凭证。

现予公告。

## 全国人民代表大会常务委员会关于《中华人民共和国刑法》第三十条的解释

(2014年4月24日第十二届全国人民代表大会
常务委员会第八次会议通过)

全国人民代表大会常务委员会根据司法实践中遇到的情况,讨论了刑法第三十条的含义及公司、企业、事业单位、机关、团体等单位实施刑法规定的危害社会的行为,法律未规定追究单位的刑事责任的,如何适用刑法有关规定的问题,解释如下:

公司、企业、事业单位、机关、团体等单位实施刑法规定的危害社会的行为,刑法分则和其他法律未规定追究单位的刑事责任的,对组织、策划、实施该危害社会行为的人依法追究刑事责任。

现予公告。

## 全国人民代表大会常务委员会关于《中华人民共和国刑法》第一百五十八条、第一百五十九条的解释

(2014年4月24日第十二届全国人民代表大会
常务委员会第八次会议通过)

全国人民代表大会常务委员会讨论了公司法修改后刑法第一百五十八条、第一百五十九条对实行注册资本实缴登记制、认缴登记制的公司的适用范围问题,解释如下:

刑法第一百五十八条、第一百五十九条的规定,只适用于依法实行注册资本实缴登记制的公司。

现予公告。

## 全国人民代表大会常务委员会
## 关于《中华人民共和国刑法》
## 第二百六十六条的解释

(2014年4月24日第十二届全国人民代表大会
常务委员会第八次会议通过)

全国人民代表大会常务委员会根据司法实践中遇到的情况,讨论了刑法第二百六十六条的含义及骗取养老、医疗、工伤、失业、生育等社会保险金或者其他社会保障待遇的行为如何适用刑法有关规定的问题,解释如下:

以欺诈、伪造证明材料或者其他手段骗取养老、医疗、工伤、失业、生育等社会保险金或者其他社会保障待遇的,属于刑法第二百六十六条规定的诈骗公私财物的行为。

现予公告。

## 全国人民代表大会常务委员会
## 关于《中华人民共和国刑法》
## 第三百四十一条、第三百一十二条的解释

(2014年4月24日第十二届全国人民代表大会
常务委员会第八次会议通过)

全国人民代表大会常务委员会根据司法实践中遇到的情况,讨论了刑法第三百四十一条第一款规定的非法收购国家重点保护的珍贵、濒危野生动物及其制品的含义和收购刑法第三百四十一条第二款规定的非法狩猎的野生动物如何适用刑法有关规定的问题,解释如下:

知道或者应当知道是国家重点保护的珍贵、濒危野生动物及其制品,为食

用或者其他目的而非法购买的,属于刑法第三百四十一条第一款规定的非法收购国家重点保护的珍贵、濒危野生动物及其制品的行为。

知道或者应当知道是刑法第三百四十一条第二款规定的非法狩猎的野生动物而购买的,属于刑法第三百一十二条第一款规定的明知是犯罪所得而收购的行为。

现予公告。

# 附录二
# 刑法相关司法解释、
# 司法业务文件汇总

一、总则
**1. 刑法的适用范围**
最高人民法院关于适用刑法时间效力规定若干问题的解释(1997.9.25)
最高人民检察院关于检察工作中具体适用修订刑法第十二条若干问题的通知(1997.10.6)
最高人民法院关于适用刑法第十二条几个问题的解释(1997.12.31)
最高人民检察院关于对跨越修订刑法施行日期的继续犯罪、连续犯罪以及其他同种数罪应如何具体适用刑法问题的批复(1998.12.2)
最高人民检察院关于《全国人民代表大会常务委员会关于〈中华人民共和国刑法〉第九十三条第二款的解释》的时间效力的批复(2000.6.29)
最高人民法院、最高人民检察院关于适用刑事司法解释时间效力问题的规定(2001.12.7)
最高人民法院关于《中华人民共和国刑法修正案(八)》时间效力问题的解释(2011.4.25)
最高人民法院关于《中华人民共和国刑法修正案(九)》时间效力问题的解释(2015.10.29)

**2. 犯罪**
(1) 刑事责任
最高人民检察院关于已满十四周岁不满十六周岁的人承担刑事责任范围问题的复函(2002.8.9)
最高人民检察院法律政策研究室关于相对刑事责任年龄的人承担刑事责任范围有关问题的答复(2003.4.18)
最高人民法院关于审理未成年人刑事案件具体应用法律若干问题的解释(2006.1.11)

最高人民法院、最高人民检察院、公安部关于依法适用正当防卫制度的指导意见(2020.8.28)

(2)单位犯罪

最高人民法院关于在审理经济纠纷案件中涉及经济犯罪嫌疑若干问题的规定(2020.12.29修正)

最高人民法院关于审理单位犯罪案件具体应用法律有关问题的解释(1999.6.25)

最高人民法院关于审理单位犯罪案件对其直接负责的主管人员和其他直接责任人员是否区分主犯、从犯问题的批复(2000.9.30)

最高人民检察院关于涉嫌犯罪单位被撤销、注销、吊销营业执照或者宣告破产的应如何进行追诉问题的批复(2002.7.9)

最高人民法院研究室关于外国公司、企业、事业单位在我国领域内犯罪如何适用法律问题的答复(2003.10.15)

3. 刑罚

(1)主刑

最高人民法院关于对怀孕妇女在羁押期间自然流产审判时是否可以适用死刑问题的批复(1998.8.7)

最高人民法院关于刑事裁判文书中刑期起止日期如何表述问题的批复(2000.2.29)

最高人民法院关于统一行使死刑案件核准权有关问题的决定(2006.12.28)

最高人民法院关于死刑缓期执行限制减刑案件审理程序若干问题的规定(2011.4.25)

最高人民法院、最高人民检察院、公安部、司法部关于对判处管制、宣告缓刑的犯罪分子适用禁止令有关问题的规定(试行)(2011.4.28)

(2)附加刑

最高人民法院关于对故意伤害、盗窃等严重破坏社会秩序的犯罪分子能否附加剥夺政治权利问题的批复(1997.12.31)

最高人民法院关于适用财产刑若干问题的规定(2000.12.13)

最高人民法院研究室关于如何理解"在法定刑以下判处刑罚"问题的答复(2012.5.30)

4. 刑罚的具体运用

(1)量刑

最高人民法院关于贯彻宽严相济刑事政策的若干意见(2010.2.8)

最高人民法院关于在审判执行工作中切实规范自由裁量权行使保障法律统

一适用的指导意见(2012.2.28)

最高人民法院关于适用刑法第六十四条有关问题的批复(2013.10.21)

最高人民法院、最高人民检察院、公安部、国家安全部、司法部关于规范量刑程序若干问题的意见(2020.11.6)

最高人民法院、最高人民检察院关于常见犯罪的量刑指导意见(2021.6.16)

最高人民法院、最高人民检察院关于常见犯罪的量刑指导意见(二)(试行)(2024.6.25)

(2)自首和立功

最高人民法院关于处理自首和立功具体应用法律若干问题的解释(1998.4.17)

最高人民法院关于被告人对行为性质的辩解是否影响自首成立问题的批复(2004.3.26)

最高人民法院、最高人民检察院关于办理职务犯罪案件认定自首、立功等量刑情节若干问题的意见(2009.3.12)

最高人民法院关于处理自首和立功若干具体问题的意见(2010.12.22)

(3)数罪并罚

最高人民法院关于在执行附加刑剥夺政治权利期间犯新罪应如何处理的批复(2009.5.25)

最高人民法院关于罪犯因漏罪、新罪数罪并罚时原减刑裁定应如何处理的意见(2012.1.18)

(4)缓刑

最高人民检察院法律政策研究室关于对数罪并罚决定执行刑期为三年以下有期徒刑的犯罪分子能否适用缓刑问题的复函(1998.9.17)

最高人民法院关于撤销缓刑时罪犯在宣告缓刑前羁押的时间能否折抵刑期问题的批复(2002.4.10)

最高人民法院、最高人民检察院关于办理职务犯罪案件严格适用缓刑、免予刑事处罚若干问题的意见(2012.8.8)

最高人民法院、最高人民检察院关于缓刑犯在考验期满后五年内再犯应当判处有期徒刑以上刑罚之罪应否认定为累犯问题的批复(2020.1.17)

(5)减刑、假释

最高人民法院研究室关于假释时间效力法律适用问题的答复(2011.7.15)

最高人民法院关于执行《关于办理减刑、假释案件具体应用法律若干问题的规定》有关问题的通知(2013.9.11)

最高人民法院关于减刑、假释案件审理程序的规定(2014.4.23)

人民检察院办理减刑、假释案件规定(2014.8.1)

监狱提请减刑假释工作程序规定(2014.10.11 修订)

最高人民法院关于办理减刑、假释案件具体应用法律的规定(2016.11.14)

最高人民法院关于办理减刑、假释案件具体应用法律的补充规定(2019.4.24)

## 二、分则

### 1. 罪名

最高人民法院关于执行《中华人民共和国刑法》确定罪名的规定(1997.12.11)

最高人民检察院关于适用刑法分则规定的犯罪的罪名的意见(根据历次补充规定修正)

最高人民法院、最高人民检察院关于执行《中华人民共和国刑法》确定罪名的补充规定(2002.3.15)

最高人民法院、最高人民检察院关于执行《中华人民共和国刑法》确定罪名的补充规定(二)(2003.8.15)

最高人民法院、最高人民检察院关于执行《中华人民共和国刑法》确定罪名的补充规定(三)(2007.10.25)

最高人民法院、最高人民检察院关于执行《中华人民共和国刑法》确定罪名的补充规定(四)(2009.10.14)

最高人民法院、最高人民检察院关于执行《中华人民共和国刑法》确定罪名的补充规定(五)(2011.4.27)

最高人民法院、最高人民检察院关于执行《中华人民共和国刑法》确定罪名的补充规定(六)(2015.10.30)

最高人民法院、最高人民检察院关于执行《中华人民共和国刑法》确定罪名的补充规定(七)(2021.2.26)

最高人民法院、最高人民检察院关于执行《中华人民共和国刑法》确定罪名的补充规定(八)(2024.1.30)

### 2. 立案标准

最高人民检察院关于人民检察院直接受理立案侦查案件立案标准的规定(试行)(1999.9.9)

人民检察院直接受理立案侦查的渎职侵权重特大案件标准(试行)(2001.7.20)

最高人民检察院关于渎职侵权犯罪案件立案标准的规定(2006.7.26)

最高人民检察院、公安部关于公安机关管辖的刑事案件立案追诉标准的规定(一)(2008.6.25)

最高人民检察院、公安部关于公安机关管辖的刑事案件立案追诉标准的规定(二)(2022.4.6修订)

最高人民检察院、公安部关于公安机关管辖的刑事案件立案追诉标准的规定(三)(2012.5.16)

公安部关于妨害国(边)境管理犯罪案件立案标准及有关问题的通知(2000.3.31)

狱内刑事案件立案标准(2001.3.9)

军人违反职责罪案件立案标准的规定(2013.2.26)

**3. 危害国家安全罪**

最高人民法院关于审理为境外窃取、刺探、收买、非法提供国家秘密、情报案件具体应用法律若干问题的解释(2001.1.17)

**4. 危害公共安全罪**

最高人民检察院关于将公务用枪用作借债质押的行为如何适用法律问题的批复(1998.11.3)

最高人民法院关于审理交通肇事刑事案件具体应用法律若干问题的解释(2000.11.15)

最高人民法院、最高人民检察院关于办理非法制造、买卖、运输、储存毒鼠强等禁用剧毒化学品刑事案件具体应用法律若干问题的解释(2003.9.4)

最高人民法院关于审理破坏公用电信设施刑事案件具体应用法律若干问题的解释(2004.12.30)

最高人民法院、最高人民检察院关于办理盗窃油气、破坏油气设备等刑事案件具体应用法律若干问题的解释(2007.1.15)

最高人民法院关于审理破坏电力设备刑事案件具体应用法律若干问题的解释(2007.8.15)

最高人民法院关于醉酒驾车犯罪法律适用问题的意见(2009.9.11)

最高人民法院关于审理非法制造、买卖、运输枪支、弹药、爆炸物等刑事案件具体应用法律若干问题的解释(2009.11.16修正)

最高人民法院关于审理破坏广播电视设施等刑事案件具体应用法律若干问题的解释(2011.6.7)

最高人民法院关于进一步加强危害生产安全刑事案件审判工作的意见(2011.12.30)

最高人民法院、最高人民检察院、公安部、司法部关于办理醉酒危险驾驶刑

事案件的意见(2023.12.13)

最高人民法院、最高人民检察院关于办理危害生产安全刑事案件适用法律若干问题的解释(2015.12.14)

最高人民法院、最高人民检察院关于办理危害生产安全刑事案件适用法律若干问题的解释(二)(2022.12.25)

最高人民法院、最高人民检察院、公安部关于办理盗窃油气、破坏油气设备等刑事案件适用法律若干问题的意见(2018.9.28)

最高人民法院、最高人民检察院、公安部、司法部关于办理恐怖活动和极端主义犯罪案件适用法律若干问题的意见(2018.3.16)

最高人民法院、最高人民检察院、公安部关于依法惩治妨害公共交通工具安全驾驶违法犯罪行为的指导意见(2019.1.8)

最高人民法院、最高人民检察院、公安部、司法部关于依法惩治妨害新型冠状病毒感染肺炎疫情防控违法犯罪的意见(2020.2.6)

最高人民法院、最高人民检察院、公安部关于办理涉窨井盖相关刑事案件的指导意见(2020.3.16)

**5. 破坏社会主义市场经济秩序罪**

(1)生产、销售伪劣商品罪

最高人民法院、最高人民检察院关于办理生产、销售伪劣商品刑事案件具体应用法律若干问题的解释(2001.4.9)

最高人民法院、最高人民检察院关于办理非法生产、销售、使用禁止在饲料和动物饮用水中使用的药品等刑事案件具体应用法律若干问题的解释(2002.8.16)

最高人民法院、最高人民检察院、公安部、国家烟草专卖局关于办理假冒伪劣烟草制品等刑事案件适用法律问题座谈会纪要(2003.12.23)

最高人民法院、最高人民检察院、公安部关于依法严惩"地沟油"犯罪活动的通知(2012.1.9)

最高人民法院、最高人民检察院关于办理危害食品安全刑事案件适用法律若干问题的解释(2021.12.30)

最高人民法院、最高人民检察院关于办理危害药品安全刑事案件适用法律若干问题的解释(2022.3.3)

(2)走私罪

最高人民检察院关于擅自销售进料加工保税货物的行为法律适用问题的解释(2000.10.16)

最高人民法院、最高人民检察院、海关总署关于办理走私刑事案件适用法律

若干问题的意见(2002.7.8)

最高人民法院关于严格执行有关走私案件涉案财物处理规定的通知(2006.4.30)

最高人民法院关于审理走私犯罪案件适用法律有关问题的通知(2011.4.26)

最高人民法院、最高人民检察院关于办理走私刑事案件适用法律若干问题的解释(2014.8.12)

(3)妨害对公司、企业的管理秩序罪

最高人民检察院法律政策研究室关于中国农业发展银行及其分支机构的工作人员法律适用问题的答复(2002.9.23)

最高人民法院关于如何认定国有控股、参股股份有限公司中的国有公司、企业人员的解释(2005.8.1)

最高人民法院、最高人民检察院关于办理国家出资企业中职务犯罪案件具体应用法律若干问题的意见(2010.11.26)

最高人民检察院、公安部关于严格依法办理虚报注册资本和虚假出资抽逃出资刑事案件的通知(2014.5.20)

(4)破坏金融管理秩序罪

最高人民法院关于审理骗购外汇、非法买卖外汇刑事案件具体应用法律若干问题的解释(1998.8.28)

最高人民法院、最高人民检察院、公安部办理骗汇、逃汇犯罪案件联席会议纪要(1999.6.7)

最高人民法院关于审理伪造货币等案件具体应用法律若干问题的解释(2000.9.8)

最高人民法院关于审理伪造货币等案件具体应用法律若干问题的解释(二)(2010.10.20)

全国法院审理金融犯罪案件工作座谈会纪要(2001.1.21)

最高人民法院、最高人民检察院关于办理洗钱刑事案件适用法律若干问题的解释(2024.8.20)

最高人民法院、最高人民检察院关于办理妨害信用卡管理刑事案件具体应用法律若干问题的解释(2018.11.28修正)

最高人民法院研究室关于信用卡犯罪法律适用若干问题的复函(2010.7.5)

最高人民法院关于审理非法集资刑事案件具体应用法律若干问题的解释(2022.2.23修正)

最高人民法院关于非法集资刑事案件性质认定问题的通知(2011.8.18)

最高人民法院、最高人民检察院关于办理内幕交易、泄露内幕信息刑事案件具体应用法律若干问题的解释(2012.3.29)

最高人民法院、最高人民检察院、公安部关于办理非法集资刑事案件适用法律若干问题的意见(2014.3.25)

(5)金融诈骗罪

最高人民检察院法律政策研究室关于保险诈骗未遂能否按犯罪处理问题的答复(1998.11.27)

最高人民检察院关于拾得他人信用卡并在自动柜员机(ATM机)上使用的行为如何定性问题的批复(2008.4.18)

(6)危害税收征管罪

最高人民法院、最高人民检察院关于办理危害税收征管刑事案件适用法律若干问题的解释(2024.3.15)

最高人民检察院法律政策研究室关于税务机关工作人员通过企业以"高开低征"的方法代增值税专用发票的行为如何适用法律问题的答复(2004.3.17)

(7)侵犯知识产权罪

最高人民法院关于审理非法出版物刑事案件具体应用法律若干问题的解释(1998.12.17)

最高人民法院、最高人民检察院关于办理侵犯知识产权刑事案件适用法律若干问题的解释(2025.4.23)

最高人民法院、最高人民检察院、公安部关于办理侵犯知识产权刑事案件适用法律若干问题的意见(2011.1.10)

(8)扰乱市场秩序罪

最高人民法院关于审理倒卖车票刑事案件有关问题的解释(1999.9.6)

最高人民法院关于审理扰乱电信市场管理秩序案件具体应用法律若干问题的解释(2000.5.12)

最高人民法院关于对变造、倒卖变造邮票行为如何适用法律问题的解释(2000.12.5)

最高人民检察院关于非法经营国际或港澳台地区电信业务行为法律适用问题的批复(2002.2.6)

最高人民检察院关于公证员出具公证书有重大失实行为如何适用法律问题的批复(2009.1.7)

最高人民法院、最高人民检察院关于办理非法生产、销售烟草专卖品等刑事案件具体应用法律若干问题的解释(2010.3.2)

最高人民法院、最高人民检察院、公安部关于办理组织领导传销活动刑事案

件适用法律若干问题的意见(2013.11.25)

最高人民法院、最高人民检察院、公安部、国家安全部关于依法办理非法生产销售使用"伪基站"设备案件的意见(2014.3.14)

最高人民检察院关于强迫借贷行为适用法律问题的批复(2014.4.17)

最高人民检察院关于地质工程勘测院和其他履行勘测职责的单位及其工作人员能否成为刑法第二百二十九条规定的有关犯罪主体的批复(2015.10.27)

### 6. 侵犯公民人身权利、民主权利罪

最高人民检察院法律政策研究室关于以出卖为目的的倒卖外国妇女的行为是否构成拐卖妇女罪的答复(1998.12.24)

最高人民法院关于审理拐卖妇女案件适用法律有关问题的解释(2000.1.3)

公安部关于打击拐卖妇女儿童犯罪适用法律和政策有关问题的意见(2000.3.17)

最高人民法院关于对为索取法律不予保护的债务非法拘禁他人的行为如何定罪问题的解释(2000.7.13)

最高人民法院关于对在绑架过程中以暴力、胁迫等手段当场劫取被害人财物的行为如何适用法律问题的答复(2001.11.8)

最高人民法院、最高人民检察院、公安部、司法部关于依法惩治拐卖妇女儿童犯罪的意见(2010.3.15)

最高人民法院、最高人民检察院、公安部关于依法惩处侵害公民个人信息犯罪活动的通知(2013.4.23)

最高人民法院、最高人民检察院关于办理利用信息网络实施诽谤等刑事案件适用法律若干问题的解释(2013.9.6)

最高人民法院、最高人民检察院、公安部、司法部关于办理性侵害未成年人刑事案件的意见(2023.11.30)

最高人民法院、最高人民检察院、公安部、司法部、国家卫生和计划生育委员会关于依法惩处涉医违法犯罪维护正常医疗秩序的意见(2014.4.22)

最高人民检察院关于强制隔离戒毒所工作人员能否成为虐待被监管人罪主体问题的批复(2015.2.15)

最高人民法院、最高人民检察院、公安部、司法部关于依法办理家庭暴力犯罪案件的意见(2015.3.2)

最高人民法院关于审理拐卖妇女儿童犯罪案件具体应用法律若干问题的解释(2016.12.21)

最高人民法院、最高人民检察院关于办理侵犯公民个人信息刑事案件适用法律若干问题的解释(2017.5.8)

最高人民法院、最高人民检察院关于办理扰乱无线电通讯管理秩序等刑事案件适用法律若干问题的解释(2017.6.27)

最高人民法院、最高人民检察院关于办理强奸、猥亵未成年人刑事案件适用法律若干问题的解释(2023.5.24)

### 7. 侵犯财产罪

最高人民法院、最高人民检察院、公安部、国家工商行政管理局关于依法查处盗窃、抢劫机动车案件的规定(1998.5.8)

最高人民法院关于村民小组组长利用职务便利非法占有公共财物行为如何定性问题的批复(1999.6.25)

最高人民法院关于对受委托管理、经营国有财产人员挪用国有资金行为如何定罪问题的批复(2000.2.16)

最高人民法院关于审理抢劫案件具体应用法律若干问题的解释(2000.11.22)

最高人民法院关于如何理解刑法第二百七十二条规定的"挪用本单位资金归个人使用或者借贷给他人"问题的批复(2000.7.20)

最高人民检察院关于挪用尚未注册成立公司资金的行为适用法律问题的批复(2000.10.9)

最高人民法院关于在国有资本控股、参股的股份有限公司中从事管理工作的人员利用职务便利非法占有本公司财物如何定罪问题的批复(2001.5.23)

最高人民法院关于抢劫过程中故意杀人案件如何定罪问题的批复(2001.5.23)

最高人民检察院关于单位有关人员组织实施盗窃行为如何适用法律问题的批复(2002.8.9)

最高人民检察院法律政策研究室关于通过伪造证据骗取法院民事裁判占有他人财物的行为如何适用法律问题的答复(2002.9.25)

最高人民检察院关于挪用失业保险基金和下岗职工基本生活保障资金的行为适用法律问题的批复(2003.1.28)

最高人民法院关于审理抢劫、抢夺刑事案件适用法律若干问题的意见(2005.6.8)

最高人民法院、最高人民检察院关于办理与盗窃、抢劫、诈骗、抢夺机动车相关刑事案件具体应用法律若干问题的解释(2007.5.9)

最高人民法院、最高人民检察院关于办理诈骗刑事案件具体应用法律若干问题的解释(2011.3.1)

最高人民法院关于审理拒不支付劳动报酬刑事案件适用法律若干问题的解

释(2013.1.16)

最高人民法院、最高人民检察院关于办理盗窃刑事案件适用法律若干问题的解释(2013.4.2)

最高人民法院、最高人民检察院关于办理敲诈勒索刑事案件适用法律若干问题的解释(2013.4.23)

最高人民法院、最高人民检察院关于办理抢夺刑事案件适用法律若干问题的解释(2013.11.11)

最高人民法院关于审理抢劫刑事案件适用法律若干问题的指导意见(2016.1.6)

最高人民法院、最高人民检察院、公安部关于办理电信网络诈骗等刑事案件适用法律若干问题的意见(2016.12.19)

最高人民法院、最高人民检察院、公安部关于办理电信网络诈骗案刑事案件适用法律若干问题的意见(二)(2021.6.17)

**8. 妨害社会管理秩序罪**

(1)扰乱公共秩序罪

最高人民检察院法律政策研究室关于买卖伪造的国家机关证件行为是否构成犯罪问题的答复(1999.6.21)

最高人民检察院关于以暴力威胁方法阻碍事业编制人员依法执行行政执法职务是否可对侵害人以妨害公务罪论处的批复(2000.4.24)

最高人民法院关于审理黑社会性质组织犯罪的案件具体应用法律若干问题的解释(2000.12.5)

最高人民法院、最高人民检察院关于办理伪造、贩卖伪造的高等院校学历、学位证明刑事案件如何适用法律问题的解释(2001.7.3)

最高人民检察院法律政策研究室关于买卖尚未加盖印章的空白《边境证》行为如何适用法律问题的答复(2002.9.25)

最高人民检察院法律政策研究室关于伪造、变造、买卖政府设立的临时性机构的公文、证件、印章行为如何适用法律问题的答复(2003.6.3)

最高人民法院研究室关于对参加聚众斗殴受重伤或者死亡的人及其家属提出的民事赔偿请求能否予以支持问题的答复(2004.11.11)

最高人民法院、最高人民检察院关于办理赌博刑事案件具体应用法律若干问题的解释(2005.5.11)

最高人民法院、最高人民检察院、公安部办理黑社会性质组织犯罪案件座谈会纪要(2009.12.15)

最高人民法院、最高人民检察院、公安部关于办理网络赌博犯罪案件适用法

律若干问题的意见(2010.8.31)

最高人民法院、最高人民检察院、公安部关于办理利用赌博机开设赌场案件适用法律若干问题的意见(2014.3.26)

最高人民法院、最高人民检察院关于办理危害计算机信息系统安全刑事案件应用法律若干问题的解释(2011.8.1)

最高人民法院、最高人民检察院关于办理寻衅滋事刑事案件适用法律若干问题的解释(2013.7.15)

最高人民法院关于审理编造、故意传播虚假恐怖信息刑事案件适用法律若干问题的解释(2013.9.18)

最高人民法院、最高人民检察院关于办理组织、利用邪教组织破坏法律实施等刑事案件适用法律若干问题的解释(2017.1.25)

最高人民法院、最高人民检察院关于办理扰乱无线电通讯管理秩序等刑事案件适用法律若干问题的解释(2017.6.27)

最高人民法院、最高人民检察院关于办理组织考试作弊等刑事案件适用法律若干问题的解释(2019.9.2)

最高人民法院、最高人民检察院关于办理非法利用信息网络、帮助信息网络犯罪活动等刑事案件适用法律若干问题的解释(2019.10.21)

最高人民法院、最高人民检察院关于办理袭警刑事案件适用法律若干问题的解释(2025.1.15)

(2)妨害司法罪

最高人民法院研究室关于拒不执行人民法院调解书的行为是否构成拒不执行判决、裁定罪的答复(2000.12.14)

最高人民法院、最高人民检察院、公安部关于依法严肃查处拒不执行判决、裁定和暴力抗拒法院执行犯罪行为有关问题的通知(2007.8.30)

最高人民法院关于审理掩饰、隐瞒犯罪所得、犯罪所得收益刑事案件适用法律若干问题的解释(2021.4.13)

最高人民法院、最高人民检察院关于办理拒不执行判决、裁定刑事案件适用法律若干问题的解释(2024.10.30)

(3)妨害国(边)境管理罪

最高人民法院、最高人民检察院关于办理妨害国(边)境管理刑事案件应用法律若干问题的解释(2012.12.12)

(4)妨害文物管理罪

最高人民法院、最高人民检察院关于办理妨害文物管理等刑事案件适用法律若干问题的解释(2015.12.30)

(5)危害公共卫生罪

最高人民法院、最高人民检察院关于办理妨害预防、控制突发传染病疫情等灾害的刑事案件具体应用法律若干问题的解释(2003.5.14)

最高人民法院、最高人民检察院关于办理非法采供血液等刑事案件具体应用法律若干问题的解释(2008.9.22)

最高人民法院关于审理非法行医刑事案件具体应用法律若干问题的解释(2016.12.16修正)

最高人民法院、最高人民检察院、公安部等关于进一步加强国境卫生检疫工作 依法惩治妨害国境卫生检疫违法犯罪的意见(2020.3.13)

(6)破坏环境资源保护罪

最高人民法院关于审理破坏土地资源刑事案件具体应用法律若干问题的解释(2000.6.19)

最高人民法院关于审理破坏森林资源刑事案件适用法律若干问题的解释(2023.8.13)

最高人民法院、最高人民检察院关于办理破坏野生动物资源刑事案件适用法律若干问题的解释(2022.4.6)

最高人民法院、最高人民检察院、国家林业局、公安部、海关总署关于破坏野生动物资源刑事案件中涉及的CITES附录Ⅰ和附录Ⅱ所列陆生野生动物制品价值核定问题的通知(2012.9.17)

最高人民法院关于审理破坏草原资源刑事案件应用法律若干问题的解释(2012.11.2)

最高人民法院、最高人民检察院关于办理非法采矿、破坏性采矿刑事案件适用法律若干问题的解释(2016.11.28)

最高人民法院、最高人民检察院关于办理环境污染刑事案件适用法律若干问题的解释(2023.8.8)

最高人民法院、最高人民检察院关于办理破坏黑土地资源刑事案件适用法律若干问题的解释(2025.4.30)

最高人民法院、最高人民检察院关于适用《中华人民共和国刑法》第三百四十四条有关问题的批复(2020.3.19)

(7)走私、贩卖、运输、制造毒品罪

最高人民检察院法律政策研究室关于安定注射液是否属于刑法第三百五十五条规定的精神药品问题的答复(2002.10.24)

最高人民法院、最高人民检察院、公安部办理毒品犯罪案件适用法律若干问题的意见(2007.11.8)

最高人民法院、最高人民检察院、公安部关于办理制毒物品犯罪案件适用法律若干问题的意见(2009.6.23)

最高人民法院、最高人民检察院、公安部关于办理走私、非法买卖麻黄碱类复方制剂等刑事案件适用法律若干问题的意见(2012.6.18)

最高人民法院、最高人民检察院、公安部、农业部、国家食品药品监督管理总局关于进一步加强麻黄草管理严厉打击非法买卖麻黄草等违法犯罪活动的通知(2013.5.21)

最高人民法院、最高人民检察院、公安部关于规范毒品名称表述若干问题的意见(2014.8.20)

最高人民法院、最高人民检察院、公安部关于办理邻氯苯基环戊酮等三种制毒物品犯罪案件定罪量刑数量标准的通知(2014.9.5)

全国法院毒品案件审判工作会议纪要(2023.6.26)

最高人民法院关于审理毒品犯罪案件适用法律若干问题的解释(2016.4.6)

(8)组织、强迫、引诱、容留、介绍卖淫罪

最高人民法院、最高人民检察院关于办理组织、强迫、引诱、容留、介绍卖淫刑事案件适用法律若干问题的解释(2017.7.21)

(9)制作、贩卖、传播淫秽物品罪

最高人民法院、最高人民检察院关于办理利用互联网、移动通讯终端、声讯台制作、复制、出版、贩卖、传播淫秽电子信息刑事案件具体应用法律若干问题的解释(2004.9.3)

最高人民法院、最高人民检察院关于办理利用互联网、移动通讯终端、声讯台制作、复制、出版、贩卖、传播淫秽电子信息刑事案件具体应用法律若干问题的解释(二)(2010.2.2)

### 9.危害国防利益罪

最高人民法院关于审理危害军事通信刑事案件具体应用法律若干问题的解释(2007.6.26)

最高人民法院、最高人民检察院关于办理妨害武装部队制式服装、车辆号牌管理秩序等刑事案件具体应用法律若干问题的解释(2011.7.20)

### 10.贪污贿赂罪

最高人民检察院关于挪用国库券如何定性问题的批复(1997.10.13)

最高人民法院关于审理挪用公款案件具体应用法律若干问题的解释(1998.4.29)

最高人民检察院关于国家工作人员挪用非特定公物能否定罪的请示的批复(2000.3.15)

最高人民法院关于审理贪污、职务侵占案件如何认定共同犯罪几个问题的解释(2000.6.30)

最高人民法院关于国家工作人员利用职务上的便利为他人谋取利益离退休后收受财物行为如何处理问题的批复(2000.7.13)

最高人民检察院关于佛教协会工作人员能否构成受贿罪或者公司、企业人员受贿罪主体问题的答复(2003.1.13)

最高人民检察院法律政策研究室关于集体性质的乡镇卫生院院长利用职务之便收受他人财物的行为如何适用法律问题的答复(2003.4.2)

最高人民法院关于挪用公款犯罪如何计算追诉期限问题的批复(2003.9.22)

全国法院审理经济犯罪案件工作座谈会纪要(2003.11.13)

最高人民法院研究室关于对行为人通过伪造国家机关公文、证件担任国家工作人员职务并利用职务上的便利侵占本单位财物、收受贿赂、挪用本单位资金等行为如何适用法律问题的答复(2004.3.20)

最高人民检察院法律政策研究室关于国家机关、国有公司、企业委派到非国有公司、企业从事公务但尚未依照规定程序获取该单位职务的人员是否适用刑法第九十三条第二款问题的答复(2004.11.3)

最高人民检察院法律政策研究室关于国有单位的内设机构能否构成单位受贿罪主体问题的答复(2006.9.12)

最高人民法院、最高人民检察院关于办理受贿刑事案件适用法律若干问题的意见(2007.7.8)

最高人民法院、最高人民检察院关于办理商业贿赂刑事案件适用法律若干问题的意见(2008.11.20)

最高人民法院、最高人民检察院关于办理国家出资企业中职务犯罪案件具体应用法律若干问题的意见(2010.11.26)

最高人民法院、最高人民检察院关于办理行贿刑事案件具体应用法律若干问题的解释(2012.12.26)

最高人民法院、最高人民检察院关于办理贪污贿赂刑事案件适用法律若干问题的解释(2016.4.18)

最高人民检察院关于贪污养老、医疗等社会保险基金能否适用《最高人民法院、最高人民检察院关于办理贪污贿赂刑事案件适用法律若干问题的解释》第一条第二款第一项规定的批复(2017.7.26)

**11. 渎职罪**

最高人民检察院关于镇财政所所长是否适用国家机关工作人员的批复

(2000.5.4)

最高人民检察院关于合同制民警能否成为玩忽职守罪主体问题的批复(2000.10.9)

最高人民检察院关于属工人编制的乡(镇)工商所所长能否依照刑法第397条的规定追究刑事责任问题的批复(2000.10.31)

最高人民检察院关于工人等非监管机关在编监管人员私放在押人员行为和失职致使在押人员脱逃行为适用法律问题的解释(2001.3.2)

最高人民检察院关于企业事业单位的公安机构在机构改革过程中其工作人员能否构成渎职侵权犯罪主体问题的批复(2002.4.29)

最高人民检察院法律政策研究室关于对海事局工作人员如何使用法律问题的答复(2003.1.13)

最高人民检察院法律政策研究室关于非司法工作人员是否可以构成徇私枉法罪共犯问题的答复(2003.4.16)

最高人民检察院关于对林业主管部门工作人员在发放林木采伐许可证之外滥用职权玩忽职守致使森林遭受严重破坏的行为适用法律问题的批复(2007.5.16)

最高人民法院、最高人民检察院关于办理渎职刑事案件适用法律若干问题的解释(一)(2012.12.7)

**12. 军人违反职责罪**

最高人民法院、最高人民检察院关于对军人非战时逃离部队的行为能否定罪处罚问题的批复(2000.12.5)

# 附录三
# 刑法体系图[①]

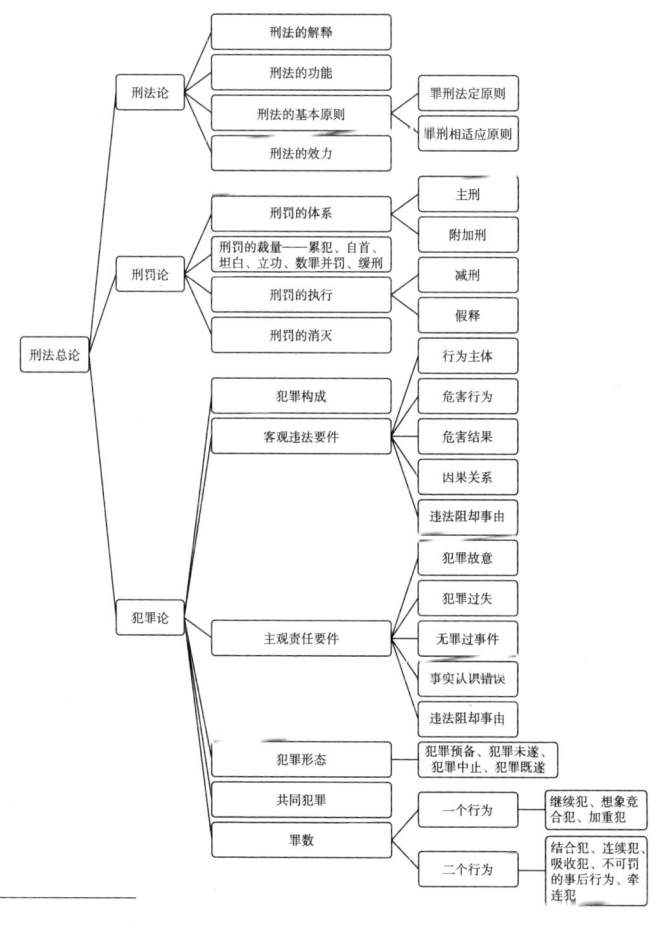

刑法总论
- 刑法论
  - 刑法的解释
  - 刑法的功能
  - 刑法的基本原则
    - 罪刑法定原则
    - 罪刑相适应原则
  - 刑法的效力
- 刑罚论
  - 刑罚的体系
    - 主刑
    - 附加刑
  - 刑罚的裁量——累犯、自首、坦白、立功、数罪并罚、缓刑
  - 刑罚的执行
    - 减刑
    - 假释
  - 刑罚的消灭
- 犯罪论
  - 犯罪构成
  - 客观违法要件
    - 行为主体
    - 危害行为
    - 危害结果
    - 因果关系
    - 违法阻却事由
  - 主观责任要件
    - 犯罪故意
    - 犯罪过失
    - 无罪过事件
    - 事实认识错误
    - 违法阻却事由
  - 犯罪形态：犯罪预备、犯罪未遂、犯罪中止、犯罪既遂
  - 共同犯罪
  - 罪数
    - 一个行为：继续犯、想象竞合犯、加重犯
    - 二个行为：结合犯、连续犯、吸收犯、不可罚的事后行为、牵连犯

---

① 本部分图表系编者自制。

```
刑法分则
├── 危害国家安全罪
├── 危害公共安全罪
├── 破坏社会主义市场经济秩序罪
│   ├── 生产、销售伪劣商品罪
│   ├── 走私罪
│   ├── 妨害对公司、企业的管理秩序罪
│   ├── 破坏金融管理秩序罪
│   ├── 金融诈骗罪
│   ├── 危害税收征管罪
│   ├── 侵犯知识产权罪
│   └── 扰乱市场秩序罪
├── 侵犯公民人身权利、民主权利罪
├── 侵犯财产罪
├── 妨害社会管理秩序罪
│   ├── 扰乱公共秩序罪
│   ├── 妨害司法罪
│   ├── 妨害国（边）境管理罪
│   ├── 妨害文物管理罪
│   ├── 危害公共卫生罪
│   ├── 破坏环境资源保护罪
│   ├── 走私、贩卖、运输、制造毒品罪
│   ├── 组织、强迫、引诱、容留、介绍卖淫罪
│   └── 制作、贩卖、传播淫秽物品罪
├── 危害国防利益罪
├── 贪污贿赂罪
├── 渎职罪
└── 军人违反职责罪
```